宮城聰の演劇世界

孤独と向き合う力

塚本知佳／本橋哲也
Tsukamoto Tomoka／Motohashi Tetsuya

青弓社

❖『マハーバーラタ〜ナラ王の冒険〜』(駿府城公園:2015年)[撮影:平尾正志]=第1章

❖『黄金の馬車』(野外劇場「有度」:2013年)[撮影:日置真光]=第2章

❖『グスコーブドリの伝記』(静岡芸術劇場:2015年)[撮影:日置真光] =第3章

❖『王女メデイア』(東京国立博物館本館特別5室:2005年)[撮影:内田琢麻] =第4章

❖『ク・ナウカで夢幻能な「オセロー」』（東京国立博物館日本庭園特設能舞台：2005年）［撮影：内田琢麻］＝第5章

❖『夜叉ヶ池』（静岡芸術劇場：2015年）［撮影：Eiji Nakao］＝第6章

❖『ペール・ギュント』(静岡芸術劇場:2012年)[撮影:Eiji Nakao]=第7章

❖『ハムレット』(静岡芸術劇場:2015年)[撮影:K.Miura]=第8章

❖『忠臣蔵』(静岡芸術劇場：2013年)［撮影：K.Miura］＝第9章

❖『真夏の夜の夢』(静岡芸術劇場：2014年)［撮影：K.Miura］＝第10章

❖『メフィストと呼ばれた男』（静岡芸術劇場：2015年）［撮影：日置真光］＝第11章

❖『グリム童話〜少女と悪魔と風車小屋〜』（静岡芸術劇場：2011年）［撮影：K.Miura］＝第12章

❖『ふたりの女　平成版 ふたりの面妖があなたに絡む』（野外劇場「有度」：2015年）［撮影：日置真光］＝第13章

❖『黒蜥蜴』（静岡芸術劇場：2016年）［撮影：Eiji Nakao］＝第14章

宮城聰の演劇世界──孤独と向き合う力／目次

はじめに　　　　　　　　　　　　　　　　　　　　19

第I部　インタビュー篇

A　宮城聰インタビュー──孤独と向き合う力　22

B　俳優インタビュー　32

阿部一徳　32
美加理　34
吉植荘一郎　36
大高浩一　38
武石守正　40

C　スタッフインタビュー　42

中野真希　42
棚川寛子　44
深沢　襟　46
村松厚志　48
成島洋子　51

第II部　作品篇

A　旅：行き着く先はどこ？　　56

第1章　『マハーバーラタ〜ナラ王の冒険〜』　　56
　　　　──神話と袖

　　1　神話と伝統　57
　　2　「誰でも神の世界が現れたように思いました」　58
　　　　──リングと高層ビル
　　3　「王には料理の腕前を授けようぞ」──十二単と腹掛け　60
　　4　「私は泣きながら蛇に飲まれます」──蛇と象　62
　　5　「ダマヤンティ姫は、再び婿選び式を開催いたします」　64
　　　　──箒とホクロ
　　6　「あまねく平和の訪れに　心に悦びあらしめよ」　67
　　　　──馬車と肉
　　7　神話ふたたび　68

| コラム1　海外公演 | 70 |

第2章　『黄金の馬車』──メタシアターと山車　　71

　　1　劇中劇と歴史意識　72
　　2　「芝居はうけたのよ！」──船と幟　73

3　「舞台ではいざなみの命、浮世ではカミーラと申します」　74
　　　　　──櫛と烏帽子
　　　4　「あたしがあたしの居場所で何をしようが勝手でしょう」　78
　　　　　──勾玉と桶
　　　5　「黄金の馬車はわたしたちのものよ！」──剣と小旗　79
　　　6　「いいえ、私には芝居が現実。ここに残るわ」──鏡と御簾　81
　　　7　役者と孤独　84

| コラム2　舞台芸術公園　　　　　　　　　　　　　　　　　　　86 |

第3章　『グスコーブドリの伝記』──科学とお茶　　　87

　　　1　「あらゆる透明な幽霊の複合体」　88
　　　2　「蘭の花を煮よう」──絵本と白衣　89
　　　3　「ここはサイエンスフィクションの世界ですからね」　91
　　　　　──上着と煙
　　　4　「農民になりたい」──手帳と肥料　94
　　　5　「未来は明るいです」──木枠とテープ　94
　　　6　「お茶を淹れましょう」──模型とページ　96
　　　7　幸福と科学　97

| コラム3　人形劇　　　　　　　　　　　　　　　　　　　　　　99 |

B　ジェンダー：人はなぜ変わる？　　100

第4章　『王女メデイア』——鎮魂と書物　　100

1. 植民地と女性　101
2. 「いちばん惨めなのが、わたしたち人間の女」　102
   ——紙袋とサーベル
3. 「アジアから来た女というだけで」——ラジオと盆　104
4. 「これはメデイアじゃないわ」——ゴム手袋と扇子　106
5. 「我が子を手にかける、だから何だというの」　108
   ——ネクタイと包丁
6. 「わたしたちはここ。どうぞご覧あれ」——法律書と鈴　111
7. 歴史の天使たち　112

コラム4　ムーバー／スピーカー　　115

第5章　『ク・ナウカで夢幻能な「オセロー」』　　116
　　　　——漂着とハンカチーフ

1. デズデモーナ・ゲーム　117
2. 「サイプラスの港につきて候ふ」——頭巾と壺　118
3. 「跡弔ひて賜び給へ」——ヴェールとベルト　120
4. 「本人の口からお聞きください」——仮面と板　121
5. 「われ知らぬ間に」——ドレスと橋掛かり　123
6. 「しばし我が身はためらひて」——籠手と鋏　124
7. 弔いと魔女　126

| コラム5　シェイクスピア | 129 |

第6章　『夜叉ヶ池』——約束と鐘　130

1　民話と現代　131
2　「水は、美しい」——紗幕と字幕　132
3　「お談話を一つ、お聞かせなすって下さいましな」　133
　　——白髪と竜神
4　「生命のために恋は棄てない」——文箱と子守唄　136
5　「人は、心のままに活きねばならない」——太郎と太鼓　139
6　「一所に唄をうたいましょうね」——鎌と撞木　141
7　犠牲と自由　143

| コラム6　演劇鑑賞教室 | 145 |

第7章　『ペール・ギュント』——帝国と双六　146

1　戦争と近代国民国家　147
2　「おれは王様になる、皇帝になる」——紙カブトとぼろ服　148
3　「おのれ自身に満足せよ」——尻尾と左目　150
4　「わたしがきた道には、戻り道はないの」——ボタンと斧　152
5　「ギュント的おのれ自身」——羽織袴と竹馬　154
6　「あなたの罪じゃない」——タマネギと柄杓　156
7　父親と銀貨　159

| コラム7　オペラ | 161 |

C　言語：わたしって誰?　162

第8章　『ハムレット』──記憶とチョコレート　162

1　記憶の反共同体　163
2　「この身を忘れるな」──ビー玉と剣玉　163
3　「ことば、ことば、ことば」──本と雲　165
4　「尼寺へ行くがいい」──紙と円筒　167
5　「お願い、私を忘れないで」──柩と髑髏　169
6　「あとは、沈黙」──杯とダンボール箱　171
7　喪としての演劇　174

コラム8　宮城聰名言集──演劇篇　176

第9章　『忠臣蔵』──武士道とソロバン　177

1　現代口語演劇と身体性　178
2　「道場じゃなくて、算術習わせろって言うんだよ」　179
　　──帳面と決済箱
3　「決めた、身の振り方?」──文机と袴　181
4　「汚名を晴らすじゃなくて、汚名をすすぐでしょ」　183
　　──硯と湯呑み
5　「切腹は見たことあるもん」──襷と打ち掛け　185
6　「あの、算術に、確率って言うのがあるんですけど」　187
　　──竿と筆
7　民主主義と独裁政治　189

| コラム9　利賀と静岡 | 191 |

第10章　『真夏の夜の夢』——コトバと新聞紙　192

1　シェイクスピアと野田秀樹　193
2　「気のせいではないの」——メガネとパーカッション　194
3　「聞いてくれないか」——暖簾とバク　196
4　「こいつに一筆」——契約書と籠　199
5　「森が消えていました」——灰と逆隠れみの　200
6　「今、呑みこんでしまったコトバでお話し」——涙とノート　203
7　言霊と夢　205

| コラム10　音楽 | 207 |

第11章　『メフィストと呼ばれた男』——リハーサルと椅子　208

1　「もうとうに、わたしたちの家じゃないのよ」——演劇と亡命　209
2　「私のすべきことは分かってる」——テーブルと柱　210
3　「ただの俳優にすぎないのよ」——カップと制服　212
4　「私は今メフィストを演じるべきかい？」——王冠と化粧台　214
5　「なにかが腐っているのだ」——銃と死体　216
6　「私は…私は…」——客席と幕　218
7　「芸術なんかじゃ太刀打ちできないような悲劇が、
　　この世には存在するのよ」——詩学と政治学　219

| コラム11　宮城聰名言集——劇場篇 | 221 |

D 身体：向こうには何が？　222

第12章 『グリム童話〜少女と悪魔と風車小屋〜』　222
──奇跡と手

1 童話と暴力　223
2 「すべてのものが、あるべき場所に」──折り紙とまばたき　224
3 「両手をきりおとせ」──影絵とアコーディオン　226
4 「あなたが二度妃にして下さった」──梨と鳥　229
5 「花々の名前をお教えしたのは無駄だったのか？」　230
──骸骨と十字架
6 「これからは、すべての奇跡に驚き続けよう」　232
──バケツとシーツ
7 詩の復権と弱い演劇　235

コラム12　悪魔　237

第13章 『ふたりの女　平成版 ふたりの面妖があなたに絡む』　238
──分身と砂

1 アングラと革命　239
2 「僕を『あなた』と呼ぶ見知らぬ妻に会いました」　240
──サウンド・バギーと鍵
3 「こんなところに止めちゃ困る」──サーキットと駐車場　243
4 「その六条という女。永遠に消してみせるわ」　245
──髪油とケーキ
5 「それはあなたが、僕の影法師を見ているからです」　247
──フェリーと風呂敷

6　「パット・ブーンの『砂に書いたラブレター』をかけて」　249
　　　　　──手紙とアリ
　　　7　器官と身体　250

| コラム13　俳優宮城聰　　　　　　　　　　　　　　　　　　253 |

第14章　『黒蜥蜴』──変装と宝石　　　254

　　　1　戦後と高度成長　255
　　　2　「物と物とがすなおにキスするような
　　　　　世界に生きていたいの」──電気飴と産毛　256
　　　3　「指紋よりたしかなもの」──トランプと紋章　259
　　　4　「そして最後に勝つのはこっちさ」──長椅子と書類　260
　　　5　「この世界には二度と奇蹟が起らないように
　　　　　なったんだよ」──ライターと夜光虫　263
　　　6　「うれしいわ、あなたが生きていて」──ダイヤと石ころ　265
　　　7　美意識と自死　267

| コラム14　演劇の教科書？　　　　　　　　　　　　　　　269 |

宮城聰主要演出作品リスト　　　　　　　　　　　　　　　270

おわりに　　　　　　　　　　　　　　　　　　　　　　279

装丁写真
カバー表上　『マハーバーラタ〜ナラ王の冒険〜』（野外劇場「有度」、2012年）［撮影：K.Miura］
　　　　下　『マハーバーラタ〜ナラ王の冒険〜』（野外劇場「有度」、2012年）［撮影：日置真光］
　　　裏　　『マハーバーラタ〜ナラ王の冒険〜』（駿府城公園、2015年）［撮影：Eiji Nakao］
本扉　　　　『マハーバーラタ〜ナラ王の冒険〜』（駿府城公園、2015年）［撮影：平尾正志］

装丁──神田昇和

はじめに

　この本は、現在、SPAC（Shizuoka Performing Arts Center）＝静岡県舞台芸術センターの芸術総監督である演出家・宮城聰さんの演劇活動を、インタビューと具体的な舞台作品の分析を通して紹介するものです。1959年・東京都生まれの宮城さんは、東京教育大学附属駒場高校の演劇部にはじまり、東京大学在学中の冥風過劇団の活動、ソロ・パフォーマンス「ミヤギサトシショー」、そして90年にク・ナウカ シアターカンパニーを旗揚げ、2007年にSPAC芸術総監督就任と、40年近く演劇作品を作り続けています。

　ク・ナウカを結成した早い時期から海外公演をおこない、SPACでの活動も日本という枠にとどまらず広く世界へと向かっています。2014年には『マハーバーラタ〜ナラ王の冒険〜』で、日本の現代演劇作品としては20年ぶりとなる、フランスのアヴィニョン演劇祭の公式プログラムに招聘され、「世界」による認知もますます高まっています。その一方で、公立劇場の芸術総監督として中学生や高校生を対象とした鑑賞事業をはじめとする、地域での演劇の裾野を広げる活動も精力的におこなっています。

　このような宮城さんの演劇を、美的な側面と同時に歴史的・社会的な側面、つまり詩学と政治力学の両面から捉えようというのが本書のもくろみです。すでに2016年はレヴィ＝ストロースの仮説から発想された『イナバとナバホの白兎』と、シェイクスピア原作の『冬物語』の上演が予告されています。宮城さんの作品に触れたことがある方には一緒に再訪し、まだ触れていない方にはこれを機に、その舞台を探訪してほしいと思います。

　宮城さんの作品を文化の政治学として考えるためには、社会学的視点としてのマクロな言説分析と、美学的視点としてのミクロな舞台分析がともに必要です。そのためにここでは、一つの役を語り手（スピーカー）と動き手（ムーバー）に分けて演じる宮城さん独自の演出手法を真似て「二人一役」の共著という形を取りました。しかしそもそも演劇批評というのは無謀な営みと言えます。1つの舞台を作り上げるために宮城さん、俳優、スタッフのみなさんがそそぐ多大な時間や努力や才能は、私たちがそれを観て何か書くための時間や能力とは比べものになりません。それでも舞台に胸を打たれた

ことを文字にしたい——どこまでいっても批評は舞台に追いつきませんし、ここで書かれていることも作品のほんの一部にすぎないことは自明ですが、限られた紙幅のなかで舞台作品と向き合い続けました。

さて、本書の構成を手短に説明しておきます。

第Ⅰ部「インタビュー篇」は、宮城さん、俳優およびスタッフのみなさんのインタビューを掲載しました。宮城さんとの作品作りについて、心に残るエピソードを交えた貴重なお話を聞くことができました。

第Ⅱ部「作品篇」は、宮城作品の解析を試みています。宮城さんが演出した14の作品を「旅」「ジェンダー」「言語」「身体」という4つの主題に分け、各章ごとに1つの作品について論じました。ここでは考える手がかりとして4つの主題に分けましたが、宮城さんの舞台は多様で多角的で、1つの主題に収まるものではありません。ですので、読者のみなさんが別の視点を見つけていただけたら幸いです。もちろん14作品だけでは宮城さんの演劇活動の全貌を紹介するには十分ではありませんが、ほかの作品ついては別の機会に論じたいと望んでいます。各章には、最も気になるテーマと、舞台を見ていちばん印象に残っているものを並べたサブタイトルをつけました。章のはじめに、対象とした舞台の上演データと粗筋を紹介する〈ストーリー〉を置き、その後は7節に分けて舞台を追っていきます。各章とも、第1節では舞台の歴史的な背景、第7節ではおもに演劇の方法論や特定の舞台が私たちの日常にどう関わるかについて述べてみました。第2節から第6節のタイトルは、その舞台の台詞と出てくるモノで構成しました。台詞は上演台本から引用しましたが、読みの便宜をはかり台本にはないルビを振ったところがあります。各章の間には関連するコラムを設けました。

巻末には、宮城さんのおもな演出作品を編年順にまとめた「宮城聰主要演出作品リスト」を付けました。その活動がいかに多岐で、世界のさまざまな場所を旅しているのかを実感していただければと思います。

宮城さんは〈演劇で哲学し、演劇に生きる人〉ではないかと思います。そして私たちも書きながら、演劇を題材として自分の生き方や自分たちの社会が作る、文化や歴史や芸術について考えることの素晴らしさを学ぶことができました。この本が「演劇専門書」ではなく、宮城作品を知るための、そして宮城作品を通して世界を知るための、ささやかなガイドブックとなりますことを——さあ、一緒に〈宮城聰の演劇世界〉の旅へ出かけましょう。

第Ⅰ部　インタビュー篇

A　宮城聰インタビュー──孤独と向き合う力

世界から容認される

──演劇との出会いは？

　中学1年のとき、同じ学校の高校1年の野田秀樹さんが文化祭で演じた別役実の『門』が初めて見た現代演劇です。ある場面が強烈に記憶に残りました。そこでやっていることが、コンプレックスを裏返してそれを表現にするということだと中1ながらにわかったからだと思います。そのコンプレックスは基本的に肉体──自分の肉体が何らかの意味で欠落している、その欠落を拠り所にふっと水上に顔を出すみたいな瞬間があり得る、と。3年の時に野田さんが『ひかりごけ』を上演しました。飢饉の村でひとり生き残った少年が、ひととちがう身体を持っていることを、逆に選ばれている刻印なのだと捉えかえすことで不思議に輝く──演劇というシステムの根本に関わることが描かれていた。それを見て演劇が持っている不思議な魔術に気がついたのだと思うんです。その翌年、高校1年のとき、どこか居場所を見つけられないような人たちと演劇部を作りました。

──当時、演劇や思想に関して影響を受けた人はいますか？

　子どもの頃から天邪鬼なところがあって、すでになされていることをフォローするのはカッコ悪いと思っていた。でもその頃は芸術は野田秀樹さんのような特別な人がやるもので、世の中の役に立つのが自分に許された立派な仕事だと考えていたので、世の中を良くするにはどうしたらいいのかを考えていました。ただ良かれと思ってやったことも、本当に良い結果をもたらすかどうかはわからないということも少しずつ知るようになるわけです。1970年代末になるとどういう社会体制にすればいいのか本当にわからないという感じで、なら連帯というのは一体どうやって実現するのか？　そういう現実に直面して、一つの仕事を人と一緒にやれるモデルが欲しかった。考えや生理は違うけれど一緒にできる、そういう時に演劇というシャーレなら

ば、考えの違う人も一緒にできるのではないかと思うようになりました。
——そして冥風過劇団など学生劇団の活動を始め、ク・ナウカシアターカンパニー（以下、ク・ナウカと略記）で1990年にプロになる……。

　冥風過劇団は実験室というかシャーレであって、3年ぐらい経つと連帯というものもあり得るという感じがしてきた。アタマで考えることには違いがあっても全体としてはその人を受け入れている。冥風はそういうシャーレなのでプロ化しようとは思っていなかった。身体訓練法の開発、メディテーションや東洋体育的なものを試しながら、メンバーもどんどん変わっていく。あるとき宮城さん一人だったらプロデュースしてもいいと言ってくれた人がいて、86年9月に駒場小劇場で一人芝居『迷宮生活』をやることになりました。自分の能力を客観的に評価してもらう初めての体験です。一人芝居では演出家としての僕は役者である自分のことをよくわかっているから、成果が割と効率よく出る。ですが、自分の頭の中のものしか出てこないというつまらなさがあって飽きちゃう。それと日本語がわかる人にしか通じないという制約に突き当たる。そこで一人でやるのは限界があり、やっぱり集団でやるしかないと思うようになりました。

——演劇と祝祭との関係について、たとえばジェシー・ノーマンのステージに祝祭があると言われていますが……。

　ノーマンのリサイタルは、不思議なことに客席にいる自分が「ここにいてもいい」と宇宙から容認されているという感じがしたんです。これは一人芝居をやっているときの僕自身の目標でした。ノーマンの場合はプログラムがそのように組まれている。最初は技術的にすごいと思わせておいて、そのうち聴衆に投げかけていくような曲、最後にはお客さんと一緒に歌ったりして、まるで親鸞みたいに「私も普通のおばさんよ」となって終わる。

　一人芝居時代の最後の作品はパトリック・ジュースキントの『香水』で、主人公グルヌイユは自分が作った香水で人々が恍惚とする様を見て、そこでもっとも絶望する。僕自身が舞台で身をもってそれを感じました。クライマックスでお客さんが気持ちよさそうになっているのが青山円形劇場の舞台からよく見える。まさにグルヌイユと同じように、僕が作った香水を感じてお客さんは陶酔しているけれど、実は僕のことなど全然見ていない。それでその後しばらく芝居をやりたくなくなりました。その半年後にク・ナウカの旗揚げがあり、だから集団で、ということになっていくんです。

宮城聰［撮影：新良太］

　世界にいること自体が容認されている、それをお客さんに味わってほしい、そのことを僕は祝祭と呼んでいます。昔の祝祭というのは共同体の中で、一つの価値観を全員が共有していることを確認する儀式で、旅回りの芸人は、観客全員が同じく泣いたり、笑ったり、怒ったりするのを演じていく。お客さんは自分が泣いているところでみんなが泣いているので安心する。でもそれはかつてのお祭りであって、現代のお祭りは自分が笑うところで隣の人は泣いたり、ハラハラしたりする。違う人たちが同じお盆の上に乗っているのが今日の都市における祝祭です。ギリシャ悲劇は、選挙権を持つ成人男子と、女たちや外国人や奴隷のように違う価値観を持っている者とで異なる価値観を、一緒に舞台に出した最初の演劇ですね。同じように今日の祝祭も異なる価値観にもかかわらず、一つのお盆に乗っている。価値観は違っても「一緒にいられてちょっと嬉しい」、お客さんもそういうふうに感じられる芝居をしたい。アヴィニョン演劇祭の輪の舞台もそのお盆をそのまま形にしたもので、これが僕の言う祝祭です。

裂け目を露呈する

——演劇は、「他者の他者性を表現する芸術である」、また「役者の身体のざらざらした感

覚、違和感を忘れさせない」とおっしゃっていますが、良い演出家とは？

　十人演出家がいれば十通りのやり方があると思います。演出家は寂しいから、たとえば僕もツアーで皆が疲れている時「僕もそうなんだよ」と言って寄り添いたくなるけれど、そうなってはいけないと思うんです。演出家はいつまでも異邦人で「何を考えてるのかわからない」と俳優から思われていなくちゃいけない。だから僕はそういう時にわざと俳優を苛立たせるようなことを言っちゃったりする。そういう異邦人がいることで、俳優一人ひとりも自分の体に対する違和感を思い出せる。僕は小さい頃から、皆が盛り上がって一群になっていると、ああはなれないと思いました。疎外ということでしょうが、そういう感覚が大事なんだということを演出家になってからもずっと思っています。

　——宮城さんの作る舞台空間は、普通の空間とはまったく異なりますが……。

　ク・ナウカの二人一役というのは、皆が僕を見てうっとりしている時に、演じている僕が一番引き裂かれていたという感覚に関係があります。乖離したものがたまたま自分という壜の中に入っている。けれどそれが自分だとつかめる感じが全然しない。人が見ている宮城聰というのは幻影で、僕はこんなに分裂しているのに、お客さんは舞台の上に調和のとれた統一体を見たいと思っている、それが人間の幸せなあり方だから。だったら引き裂かれていることを露呈する——最初から動きと台詞を分けることにしておけば、調和のとれた統一体がないので、幻影を見られて落胆することもない。本当は誰でも内部で分裂している存在なのに上手な俳優はそのことを糊塗する。でもそれは欺瞞で、乖離していることを露呈させたうえで、遥か彼方にある調和を幻視してもらう。それこそが正直な演劇ではないかと思ったんです。一般に分裂を露呈させてはいけないルールがある中で、わざとさらけ出して「人間こういうもんだよね」と言っている異分子が共同体に一人くらいいてもいい。よくそれを「聖(ひじり)」と言っていますが、一人だけ農耕もせずズレている、そういう裂け目を露呈させている人に自分自身の裂け目を預けておく。自分で向き合うのは大変だからときどきはそういう人を見る。そういう役回りを引き受けるのが演劇だと、ある頃から考えるようになりました。

　——それに関連して、2011年に提唱された「弱い演劇」「詩の復権」とは、あらためてどのようなものでしょうか？

　人間の理想的な状態、裂け目のない状態を実現しようとするのではなく、

裂け目がある、傷をさらけ出してるのが俳優だとすると、舞台上で「私にはこれができる」となってはいけないはずです。コンプレックスを基にしながら表現の上では自信満々で立つ、それがいい役者だとされてきた。二人一役はそれができない仕掛けですが、普通の「言動一致」芝居だと自分がここにいることを疑っていないかのように、敏感であっても「強度」のある状態で立とうとして、見る人もそういう物差しで見てしまう。100メートルを10秒で走るのとは違い、台詞をしゃべること自体は誰でもできそうな作業ですから、どうしても強度を見せようとする。そうなると舞台から客席、上から下に流れるものをもらって観客は満足することになる。でも演劇はスポーツと同じことをやっていたら人は救えない。傷口があることは癒されず、かえってそれを恥ずかしく思ってしまう。僕としては「そこにいること OK だよ」というのが理想なので「傷口とかみんなあるよね。あってもいいんじゃない」というふうになって帰ってくれればいいけれど、強度を求めていくとそうならない。

　昔からある演劇でも、それについては満足できるような解答を出してるものは一つもない。たとえばオセローがデズデモーナを殺す瞬間は、人間がもっとも弱くなった瞬間ですよね。手で触ったらポロポロと壊れてしまう、もっとも脆くなっている瞬間に、むしろ一番強い身体を使う。人間ここまで弱くなることがあるというのを見てほっとしたいのに、そのときの体は誰よりも強いものを見せる。それは違うのではないかとずっと思っていた。なぜ演劇では人間がもっとも弱い瞬間を強度でしか表現できないのだろうという疑念が、言動一致でやるときに巨大になってきた。だから強度という物差しを使わないとどうなるかと考えたんです。具体的には、俳優が立つときに自分の重心をなるべく小さくして床面に対して刺すようにすれば、体がもっとも安定する。そういうトレーニングをこれまでずっとしてきましたが、その正反対を試したんです。どこにも中心がなく二本足で立っていても自分の体重が落ちている場所がフラフラ変わるようにしてみてくれ、と。でも重心を小さく床に突き刺すことのできる人がむしろ中心をズラすこともできるということがわかった。声を出すときも、ふつう自分の体を一カ所にまとめて声を出すわけですが、自分の力をどこかに集約すれば、必ずどこかが鈍感になっているはずだから、そうじゃなく植物のようにあらゆるところで世界を感じながら、つまり中心がない状態で、それでも声を出す。おじぎ草が動くよう

に、まぶたが動くように声を出す。でもこれは本当に難しい。まず小さな声になってしまう。

——**台詞を覚えるなと言ったんですよね。**

　ええ。当時、僕が言っていたのはブッダの晩年はまるで木の幹に耳を近づけると音が聞こえてくるような感じでしゃべっていたのでは、と。そのような状態で台詞が言えれば、言葉が雨のように役者に降ってきて、その雨に観客も同時に濡れていく。屋根に雨粒が当たって音が鳴っているのと同じで、自分の上に言葉が雨として降ってきて、それをただ音にしているだけ。言葉が「おれが言っている」という感じなく、ぽつんと雨粒を集めるように役者の口から出てゆけば、上下関係なしに偉大な言葉が直接、観客の体に届いていく。そのとき舞台上の俳優は地上でもっとも弱い身体になっていて、そのもっとも弱い身体というものに向き合いながら言葉を聞くという体験ができればその人が救われる、いてもいいという感じになるのではないかと思ったんです。この仮説はいまでも放棄していません。

　台詞を覚えたら役者は絶対に節をつけてしまい、そうしたら言葉そのものではなくなるから、ふっと目の前に浮かんだ文字を読むように、稽古場ではスライドプロジェクターで台詞を投影してやったんです。「ノアよ、舟を作れ」——そういう言葉がお客さん一人ひとりの耳元で聞こえてくるように言えればと思って。でも現実問題として400人の劇場で大丈夫なのか。その場に浮かんだものを読んでいるように言うということを何遍も繰り返さなくてはいけないので、たまにできる瞬間があっても、ものすごく難しい。

　本当に微妙な実験でいつになったら形になるのかと思いながら、今でもときどきは「この台詞はそれで言ってみようか」と思ったりするけれど、たとえば中高生が生まれて初めて劇を見るときは、何らかの意味での刺激がないと見てくれない。それにいまSPACには現実的な条件があって、静岡市は70万人くらいで、劇場に行く習慣を持っている人がいない環境で、いままでまったく劇場に来なかった人をともかく劇場へ連れてくるというのが僕にとって大事な意味のある仕事です。そのなかで「弱い演劇」というのは現実になかなか難しい。でもこういう作業は長い射程で少しずつ行っていけばいいのかもしれません。

宮城聰演出風景［撮影：猪熊康夫］

変わり得ることへの希望

——**人は裂け目があって、言葉と出会って痛みや苦しみを覚えざるを得ない。でも言葉によって変われるからこそ希望がある、と宮城さんはおっしゃっています。**

　そんな簡単には変われないけれど、まったく変われないとは言えない。かすかに変わり得る気がする、それを見せ続けることが演劇がやれることだと思うんです。僕自身で言うと、単純に言えば世界との復縁というか、若い頃は近所のおばさんとかと道ですれ違うときとか本当にどうすればいいかわからなくって、それがいつの間にか平気にはなった。演劇と似ているんだけど、驚いたことをそのまま出してしまえばいいということがわかった。演劇をやっていたおかげで少しは世界との関係が修復できていると思います。たとえば、ブラシのように細かい毛がたくさん生えているところに水滴を落とすと、すっと沈んでいかないでブラシの毛の上に玉になって乗っかっていることがある。若い頃を思うと僕はそんな感じだったんですね。なんでみんなすっとあの中に入っていけるのかなと思って。でもいま思うとそう感じられていた時代がとっても大事だった。僕は今になって、人間失格じゃないかとか悩んでいる方がいいのかなと思ったりもするんです。今では「こんなやつが一人

くらいいてもいいんじゃない」と思えちゃう。でも地上に一人だけではないという感じもして、たまに似たような人いますからね。

　人間が変わり得るということを僕がまだ実証できているわけじゃないんです。でも、変わり得ると考えてもいい。そういうふうに考えてもいいんだということを言い続けたい気がするんですよね。あるいは、変わり得るはずだと言ってもいいのかもしれない。「ほら、変わっただろう」とは言えないんだけど、でも変わり得るはずだと言うのが演劇以外にはできないことじゃないか。「人なんか変わらないよ」と言った途端に、それこそどういったことも許されてしまうので、不幸な惨劇は「人は変わらないよ」と思った瞬間に歯止めがきかなくなって起きると思うんですね。

この世界に演劇は必要だということを証明したい

――宮城さんは演劇を通してギリシャ以来の2500年の西洋的な近代と、それを模倣した日本の近代を再審しようとされている。そのときに、国を背負う「インターナショナル」ではなく「世界」を相手にするということが出てくるのだと思います。海外公演の重要性や信念というのはどこからくるのでしょうか？

　違うものとどう一緒にいられるのかが、演劇というシャーレに僕が向かった理由だったので、一緒にいるうちに違いが見えなくなっては意味がない。自分というものも自分の中に違うものを抱えているから、自分の中のＡとＢが違うのに、自分という器の中にどうやったら一緒にいられるのか。ＡもＢも一緒にいて「困ったなぁ、でも面白いじゃん」とどうしたらなるのか。そう考えると、違うのに一つに見せようとしたり、だいたいは同じだから違う奴を弾き出す――そういう時に、おそらく悲劇が起こっていくだろうと思う。演劇というシャーレを選んで、僕らが何がしか違うものと一緒にいるということを学んだとするならば、少しでも多くの人に「違うものと一緒にいるとちょっと面白いですよ」という経験をしてもらう。それが最終的には自分というものの中にある世界との和解ということになる。同調圧力が起こらないためには、まずあからさまな他者と出会って、びっくりしながら楽しいということを露骨に経験することが大事です。僕は究極の他者は自分だと思っていますけど、あからさまな他者と出会うことをときどきやっていない

と、わずかな差異が見えなくなってしまったりする。あからさまな異質性と出会って、「困ったな、この匂い」とか思っているのに、なんか自分は活気が出ている。そういう状態をときどき経験していないといけないとク・ナウカのときに思っていました。たとえば国際演劇祭というと、大抵はヨーロッパで生まれたフォーマットで、それに上手くのっとっていると一流とか言われる。でもカイロの演劇祭に行ったときは「あなたたちの上演はこの期間のどこかで行われます」としか知らされていなかった（笑）。敦煌とか始まってからしか客が集まらないという場合もあったりして、僕らが知っている約束事は本当に一部のものなんだと相対化されますよね。

——公立劇場の責務とはどういうことだと思われますか？

　他者に対して開くというのを少しずつでもじわじわと広げることだと思います。異なるものを排除しない。劇場はテレビなどと違っていっぺんに何万人が見られないし、365日毎日やったところで県民の人口の中ではほんのわずかな人しか入れない。でも、いつも劇場へ行くと人が開いている状態がそこにある、そういうところになれば理想です。人間の体って、向き合うと片方だけが変わるということはあり得ないわけで、片方が変われば必ず相手も変わりますよね。なので、劇場で開いているということに向き合って、「あっ！」って感じに開いた状態になった人が職場や家庭に行くと、そこで出会った人も少し開くのではないか。多様性に対して寛容であることの楽しさ、驚き続けていることの楽しさというのが少しずつ伝わっていく。もちろん範囲は無限じゃないので、そういう劇場は日本ぐらいの面積だと、そこそこの数ないとだめだと思いますが、でも静岡県にSPACが一つある。ものすごく無力だと思う一方で、もしかしたら静岡県くらいの範囲であれば何とか届くかもしれないと思う。時間はかかるけど、それこそ『メフィストと呼ばれた男』の時代のように、いま社会の空気が変になりかけているとき、こういうのがあるのとないのとでは結構違うのではないかと思ったりするんです。

——アヴィニョン後のインタビューで「石切り場をゴール目標として定めていた」とおっしゃっていましたが、今後の目標は？

　アーティストとしての自分が夢見ていたことがひょんなことで実現してしまった。でも僕はある頃からこの世界に演劇は必要だと証明したいと思うようになって、それでク・ナウカを休止して、フェルマーの最終定理じゃないけど、不可能と言われている命題の証明がもしかしたらできるのかもしれな

『マハーバーラタ〜ナラ王の冒険〜』（アヴィニョン演劇祭・石切り場：2014年）
［撮影：新良太］

いと思って、SPACに来たんですね。僕個人の表現上の欲望が実現しても、こっちの目標のほうは相変わらず目の前に横たわっています。人間がいるところ、人間が集団を作っているところには必ず演劇があったとすれば、やはりこの世界に演劇は必要だということになるんじゃないか。この仮説を証明したい、そのことは相変わらず思っています。

B 俳優インタビュー

あべかずのり
阿部一徳
1990年にク・ナウカ旗揚げに参加。中心メンバーとして活動。SPACには2009年から出演。

――宮城さんとの出会いは？ なぜ二人一役に？

　前の劇団を抜けてフリーだったとき宮城さんが観にきて、アンケートに達筆な字で「阿部氏は良い」と。それで劇団の旗揚げに誘われました。ウォーミングアップでいきなり踊ったりしているので、最初は「変なところにきちゃったな」と思って（笑）。二人一役は、もともと宮城のほうにアイデアがあって。ちょうど美加理さんは台詞をしゃべらない方向に、僕は動きよりも台詞に興味があり、コンセプトに合う。でも僕は『サロメ』では動きで、表情を消して体で表現してくれと言われて暗中模索しました。

――宮城さんと長年やってきた動機、また特に印象に残っている作品は？

　初期の頃は慣れないことが多く課題がいっぱい残り、次にクリアしようと――いつの間にか5年、10年に。あと、かなり早い時期から世界の土俵で戦いたいと外国へ行き始めた。そこで日本で見られないものもたくさん見て、このなかで認められたい、ここで頑張ることで贅沢はできないけど稼げるようになると思った。日本や東京にずっといたら志向がテレビなどへ行っていたと思う。今年（2016年）51歳ですが、できることは増えてきて、いまは何の役でも楽しみ方がわかる。ハムレットもリア王もできる年代になった。

　思い出深いステージはいっぱいあるけど、1つと言われたら『王女メデイア』かな。『王女メデイア』で僕は発声も台詞のプランニングも基になるものができた。当時、宮城が喫茶店で書いていて俳優が待ってる。できると持ってきて、そこで読んでシーンを作って、また宮城が喫茶店へ行って書く。あと忘れられない公演としては、フランスのナントだったんですが、舞台が終わって暗くなる数分前から経験したことがない会場の膨張感というか圧力を感じ、明かりがついたときにわかったんですけど、お客さんが圧倒されて

身動きできない数秒があった。あのときは鳥肌が立ちました。その後は爆発的な拍手——あの数秒は忘れられない。『王女メディア』は、二人一役という技法と演出とが奇跡的に結び付いた作品だと思います。

——**宮城さんの場合、再演でも変化しますよね？**

再演の稽古初日は、少なくとも前の千秋楽のレベルで始めてくれと言われる。でも「初日おめでとう」で終わるのではなく、作り直すのは大事じゃないですか。これはプロとしては当たり前ですけど、最初の頃から衣装の袖が少しよれてるとか物の扱いとか、すごく厳しく言われましたね。

——**俳優として大事にされていることは？**

自分が驚ける自分であり続けるっていうことかな。僕はすごく本を読むんです。いろいろな情報とか触れていないものに触れて、日々新鮮なものが出てくるようにいっぱい入れるのが大事だと思う。最近は、本番中にいかに本番を忘れるか。良い本番を引きずったときがダメなんですよ。良かったときはイメージがぬぐえずその再現になってしまい新鮮にできないんです。本番が良いときほど「さよなら、自分」。そうやってリセットすることに、ここ数年は一番気をつけています。

——**次にやりたい役は？ 阿部さんを観ていると語りも動きも自由自在で……。**

そうなんですよ、自在なんです（笑）。次に絶対これというのはないけど、『薔薇の花束の秘密』を観た後にマヌエル・プイグを読むと「『蜘蛛女のキス』やりたいな」と思ったり、やりたいのはいっぱいあるんです。が、あえて言うと『メフィストと呼ばれた男』のクルト。やっぱり難しくて、2カ月半で11キロ体重も落としたし、ともかく大変な思いをして作ったのにまだ5ステージしかやってない。作品のスタイルも好きなので、クルトはすごくやりたい。あと、ク・ナウカのとき『天守物語』でチベットやインドを回ったように、小さなツアーで田舎町を回りたい。あの頃の感じを久しぶりに味わいたいんですよね。

阿部一徳：クルト（『メフィストと呼ばれた男』）［撮影：猪熊康夫］

美加理
<small>みかり</small>

高校在学中に舞台デビュー。1990年、ク・ナウカ旗揚げに参加、中心メンバーとして活動。98年、SPACに初参加し、2010年から毎年出演。

――宮城さんとの出会いは？

　宮城さんの研究グループにお誘いいただいて、東大駒場の学生寮の屋上で身体のことを模索したりする時期が少しだけあり、その後1回目の『ハムレット』に参加しました。まだ二人一役という手法はなく、召使たちが主要キャラクターたちの台詞をしゃべるというような構図でした。私は、ガードルードとオフェーリアの二役を身体だけで演じました。

　この少し前に私は、ある演出家のもとで別の舞台に立っていましたが、演じるということへの混乱に襲われていたんです。結果、舞台に立つのが怖くなってしまいました。特に台詞をしゃべることにすごく抵抗を覚えた。以前は台詞と体を切り離すということを考えて芝居をしてこなかったのです。ふと台詞をしゃべらなかったら自分の体というのは舞台上でいったい何をお客さんに見せてきたのだろうと。身体表現に興味を覚え始めた時期です。宮城さんはたまたまこの舞台を観てくださっていたようです。ノッキングを起こしながら舞台に立っているへんてこな私を見て、きっと興味を持ってくださったんだと思います。だから『ハムレット』のお話をいただいたとき「新しい表現方法には興味があります。ただ、台詞をしゃべりたくありません」とお話ししました。宮城さんとの関係はそこから始まったわけです。

――宮城さんと一緒に舞台を作る魅力は？

　ムーバーを継続的にやらせていただいて、次から次へと課題が出てくる、スピーカー・ムーバー・音楽の三位一体で作り上げていくということに興味がありました。カンパニーでは、身体のルール、言葉のルール、音楽のルールを模索し続け共有できるという魅力。また、歴史的建造物や野外など、劇場以外の空間に立つことの厳しさと素晴らしさを経験できたこと。宮城さんの考える演劇と世界観、宇宙観とも言えるでしょうか、その本質の変わらなさとマイナーチェンジ具合の妙が、関わる魅力でしょうか。稽古は初期の頃は、数ミリ単位での動きの指示も多く、美意識の高さを感じましたが、徐々に俳優自身にまずはお任せというスタイルに変化してきました。

宮城さんの繊細さで思い出したエピソードがあります。利賀村での合宿の際、それぞれ得意料理を振る舞うという折、宮城さんはいり卵を作ってくれました。フライパンの上で卵をそれはそれは細かく細かくお箸でトットットゥ〜〜。いつになったらできあがるんだろうってみんなで笑って待ってました。
——特に印象に残っている作品は？
『サロメ』はゼロから作ったので印象深いですし、『天守物語』『王女メディア』も多くのツアーを回りました。空間に対していかに開き、奉仕して味方についてもらえるか。場の力を学び始めることができたのは『天守物語』という素晴らしい作品に出会えたからでしょうか。『マハーバーラタ』という作品も本当に不思議な作品で、祝福をいつもいただいてきました。そういった作品たちに関わることができ、たくさんのお客さまと喜びを共有できたことは本当に幸せなことだと思います。

美加理：ダマヤンティ（『マハーバーラタ〜ナラ王の冒険〜』）［撮影：K.Miura］

——俳優として大事にされていることは？
「器としての存在」ということや、どうすれば場の語りかけに呼応できるか、というようなことについ興味が湧いてしまいます。また、固定観念にとらわれることなく、まっすぐに目の前の人や事柄をみつめて理解し共存すること。難しいことだけれど、にっこり笑って日々鍛錬ですね。それから好奇心をなくさずにいられたらと思います。
——美加理さんの存在感はやっぱり特別だと思います。
　そうでしょうか？　ありがとうございます。私のある部分を宮城さんが引き出してくださったからだと思います。
——これからやりたい役は？
　そうですね、たとえばお能の『芭蕉』。肉体を持っている以上は、人間役に限らず探求したいですね。

吉植荘一郎
<small>よしうえそういちろう</small>

1990年にク・ナウカの旗揚げに参加。以後、ほぼすべての作品に出演。2009年からSPACに参加。

——演劇を始める前は会社員ということですが？

　4年半勤めていました。私は会社員に向いていないみたいで、そんなときにたまたま冥風過劇団の宮城聰演出・出演『バラ園の私』を観ました。豆電球が点滅し、フィリップ・グラスの音楽が流れ……「なんだこりゃ！」って感じで、見終わったら何だか他人事ではなかったんです。人生をささやかでも変える転機がここにあるのではないかと思った。会社で仕事していると自分の存在が漠然としてくる。冥風に入ったのも芝居をやりたいのではなく、自分の輪郭というものを知るためでした。でも始めてみたら共通の友人がいるのもわかり、これは運命じゃないかと思いました。会社員とはまったく正反対の世界に走ったら、実は地球を一周していた。そして1989年の秋、宮城さんがプロとして打ち出そうとなったとき「右も左もわからないけど、仲間に入れてください」と言ったら「いいよ」と。

——長年一緒にやってこられた宮城さんの魅力とは？

　最初に「この人には何かある」と思った。でも宮城聰という人は「オレについてこい！」などとはあまり言わないんです。ク・ナウカでも「一生懸命やっても報われなくても悔いはないという奴だけが、芸術やっていいんだ。君たち、どうなんだ？」と言い、「おれが食わせてやる」とは言わない。演出家と俳優は先生と生徒じゃなくて——僕の場合は宮城さんに演劇のいろはを教わったので、そう考えがちですけど——「僕が驚くようなものを出してほしいんだよな」と言われる。いい意味で裏切るというやつです。

——特に印象に残っている作品は？

　いくつもあるんですが、『サロメ』と『天守物語』。『サロメ』は、演劇とは俳優が汗を流して気持ちを伝えるものとイメージしていたのが、様式美を語りで伝えてほしいと言われ、芸術というものを思い知らされた作品。『天守物語』は泉鏡花ですが、現代舞台芸術として通用するもので、世界中を回り、1996年春の利賀フェスでも宮城さんが血眼になって取り組んだ。本番の前日が土砂降りで体育室で打ち合わせしていると、ぱっと顔を上げて「何

でいまから場当たり（本番前の稽古）にいこうという奴がいないんだ。信じられないよ！」と。「この人は鬼だ！」って思いましたけど（笑）、世界に賭ける意気込みがすごかった。

――俳優として大切にされていることは？

吉植荘一郎：巨漢（『メフィストと呼ばれた男』）
［撮影：猪熊康夫］

ちゃんと舞台に立てる健康を保つことは大事だと思います。故障や病気は起こってしまうので、そのときにどうすり抜け、労りながら立つことができるか。そういう知恵も必要になってくると思います。

――これからやりたい役や宮城さんと作ってみたい作品は？

宮城さんは成功するとわざとはずして、こんなのに満足していちゃだめだと新しいやり方を探すので、次がいつも楽しみです。あと面白いと思ったのがクロード・レジさんの『室内』に出演したときに、昔から宮城さんに言われていたことがわかってきたこと。たとえばレジさんは「沈黙を聴くんだ」と言う。一方、宮城さんには「集中するには音を聴くんだ」と言われていた――そのことがようやくよくわかりました。つまり半径5メートルくらいの音を聴こうとしてもダメで、もっと遠くの方まで聴こうとすれば「ここに沈黙がありますね。いま変わりましたね」と目盛りがすごく細かくなる。同じようにレジさんから「もっと軽く！（優れたテキストの言葉があるのだから）自分の話し方に意味なんかない、どうでもいいと思うんだ」と言われ続けたのですが、それが宮城さんの言う、自分を距離を置いて見るということだったんです。ここでまた反対にいったら一周して帰ってきたという経験をしまして、そういう意味では、宮城さんとこういう役をやりたいという気もしますが、他の世界に触れることで、新しいものをやりながらいままでやってきたことを確認できるのは素晴らしいことです。

<small>おおたかこういち</small>
大高浩一
1995年にク・ナウカ入団。その後、ほぼすべての作品に出演。SPACには2009年から出演。

——なぜク・ナウカに入られたのでしょうか？

　当時はク・ナウカか青年団のどちらか、と。宮城聰と平田オリザは芸術家のタイプは違いますが、どちらも表現方法がはっきりしている、チケットノルマを課さない、運営や組織について考えていると思ったので。図らずもク・ナウカに来てしまった（笑）。オーディションで選ぶというやり方は、たぶん僕が最初の世代ですね。入る前に『トゥーランドット』で二人一役を初めて観たんですけど、こんなバカなことをやっている奴がいるのか、と。まだ完成していないだろうし、どうしたらもっとすごいものに——パワーというか熱意を感じました。

——何が宮城さんの魅力でしょうか？

　理解不能な面倒くささですね（笑）。芸術家として付き合うってそういうことだろうと納得しているんです。信頼している部分と同量くらい「もう勘弁してくれ」というのは常にあるんですけど、それを上回る魅力は、やはり宮城聰がイカレてるということ。

——一番印象に残っている舞台は？

　やっぱり『サロメ』ですね。それ以降の作品は自分で演じているのでなかなか判断できないんですけど『サロメ』は本当に「宮城聰すごいな、かっこいいな、これ」って思いました。当時、新人公演でやった手書きの台本があって、台詞のすべてにシェーンベルクの交響曲の一分節が、何分何秒から何分何秒までと当てはめられていて、それを全部通すと宮城聰サンプリングの交響曲が一曲できあがる。すべてが秒単位で指定されていて、その完成度は本当にすごいと思った。別な意味で言えば、『サロメ』の再演で初めて本公演で参加させてもらったことと、そこでとてつもないしくじりをやったという苦い思い出もあります。冒頭で客席最前列に行き写真を撮るんですが、照明の変化でカメラのオートフォーカスが作動せず上手くいかなかった。本番でのトラブルというのは仕方がないんですけど、これは機能を確認すれば防げたこと。いまでも思い出すと寝られなくなります。あのときのような種類

の失敗はもうやるまい、と。

——俳優として日頃から大事にしていることは？

次の舞台にいずれ僕が立つということですね。いまこうしている自分が、客の前に出ていくのはほぼ決まっている。俳優とは特殊な生き物であると思いますけど、道を究めるみたく日々を過ごしているわけでもないので、そう思っていれば、だらしなくなり過ぎずに済む。また、基本的に演出家のダメ出しを信頼しているんですが、僕らからすればそこに至るプロセスは演出家と違った文脈があるので、それをどう処理するかはある程度の熟練が必要だと思います。

大高浩一：明智小五郎（『黒蜥蜴』）
［撮影：日置真光］

——これからやってみたい役は？

『オセロー』のイアーゴをやってみたいですね。『メフィストと呼ばれた男』の宣伝大臣も悪ですが、もしかしたらこうならなかったかもというところが少しあったりします。しかしイアーゴは1人の人間を陥れるために全身全霊を傾け、成功しても何のリターンもない。飛び抜けて理解しがたい闇を抱えている。『黒蜥蜴』の明智小五郎も闇の部分はあるかな——ただ宮城聰はそういうことをことさらに舞台に出す人ではないので、彼の演出ではやらないかもしれないですね。

——宮城さんほど演劇以外に何もない人も……。

いないですね。ときどき空想上の人物であるように思うこともあります。あ、極論ですよ（笑）。年々理解不能になっていく演出プランを引っ提げて、いまだに未知への地図のない旅を続けるパワーは死ぬまで踊り続ける赤い靴を履いた者のすごみを感じます。

武石守正
<small>たけいしもりまさ</small>
九州での演劇活動の後、SPACのスクール生を経て、2003年からSPAC所属。

——なぜSPACに入られようと？

　北九州でペーター・ゲスナーと一緒に活動していたときに第1回利賀演出家コンクールでの上演に参加しました。そのとき鈴木忠志さんがSPACでスクール生を募集していると知って応募しました。宮城さんの作品を最初に観たのは、北九州市の小倉城での『天守物語』です。ムーバー／スピーカーシステムにも、宮城さんがどうやって作品を作っていくのかにも、すごく興味を持ちました。

——宮城さんと一緒にやる魅力は？

　面白いと思うことの一つは身体感覚についての演出です。たとえば「この場面のこの役の身体は、泥でできた身体が乾燥して徐々に崩れていく感じ」「ガラスでできた身体の内部で小さいガラス玉がぶつかりながら音が出ている身体」「風に吹かれる木の葉のような身体」「手のひらに自分の目玉がついていて、その目玉が水平線を見ていて」とかですね。こういう演出は、何を求められているのか、どういう関係性なのかということを、戯曲解釈や心理を説明されるよりも、僕にとってはずっと直接的で目標を持ちやすい。言葉を発しないムーバーを演出してきたことと関係してるのかもしれませんね。

——鍛えられた武石さんの体はつい「強い身体」と言いたくなります…。

　1つの身体で1つの作品を乗り切ることはないですね。僕自身に「強い／弱い」という目標や感覚はなくて、他者との関係の密度を大事にしています。そのときの集中力や密度が濃ければ、結果的に「強く」見えているかもしれません。自分自身は外側からじゃないと規定されない。自分をどう見せたいかということより、ここで他者とどう関係を結ぶのかということの方が面白いです。

——特に印象に残っている作品は？

　『ふたりの女』の初演です。役は関係性のなかで何かしら影響を与える存在だと思っていました。けれど宮城さんに「とにかく影響をずっと受け続けてるんだよ」と言われ、考え方がかなり広がりました。受け続けることで結果

的に影響を与える。先ほどの身体感覚の演出もそうですが、いつも到達できない目標をもらっているので、常に新鮮でいられます。

——宮城さんの演出の印象は？

何か出てくるのを待ってくれている印象があります。自分の演技が上手くいっていないとき、宮城さんも当然気に入っていない。けれど黙って見てくれている。それは常に厳しさも併せ持っている。だからあがき続けることができる。僕が「可能性がある」と思い始めたときや、行き詰まったときに「それをしたいならもっとこうしたら」と言ってくれます。忍耐強いと思います。出会ったことがない演出家ですね。ある作品で、毎日試行錯誤

武石守正：ハムレット（『ハムレット』）［撮影：K.Miura］

していたら宮城さんに「前の方がよかった」「昨日ですか？」「3週間前。だんだん違ってきた」—— 良くても言ってくれない（笑）。待ってくれるということで試行するチャンスをもらえる。宮城さんの現場では、ただトップダウンという関係ではいられません。自立心や多様性が生まれるのも、そういう現場だからだと思います。

——俳優として一番大事にしたいものは？

面白いところを見つけること。それを見つけられたら、途端に難しくなるんです。たとえばコーヒーを飲む演技で、カップを持って飲んでしまえば終わりだけど、口に運ぶ途中で静止したり、目線を上げたり、やっぱり飲まなかったり。飲み方ひとつで言語化されない何かが生まれそうになる。正解や完成にたどり着けないことを見つけられたときは、難しくて面白いですね。

——次にやりたい役は？　そういう欲がなさそうに見えますが？

たしかにそれは昔からないんです。でも作品としては、イプセンやチェーホフ、岸田國士、別役実さんなどはやってみたいですね。さっきの話と一緒で小さなやりとりのなかに言語化される以前のものがたくさんあるように思えるので。SPACでいろいろな演出家と仕事をさせていただいてますが、少なくとも年に一度はホームであり試練の場として、宮城さんの作品には出ていたいですね。

C　スタッフインタビュー

なかのまさき
中野真希
演出補・俳優。1991年にク・ナウカに参加。2006年からSPAC在籍。

――ク・ナウカには第2回公演から参加されていますが、入った経緯は？

　宮城さんが役者を探していたとき、美加理さんが企画した芝居に出ていて紹介してもらいました。その舞台がオーディションみたいなものだったと思うんです。

――一緒にお仕事されて長いですね。

　宮城さんは「それはすてきだな」「実現するといいな」という目標をぽんぽん出してきてくれて、上手く餌をまく（笑）。現状よりも宮城さんが行こうとしているところが面白そうだった。あとはメンバーも面白い人たちばかりで多様性があって、この人たちともうちょっとやりたいというのもありました。

　ク・ナウカの中盤以降は、海外公演が一番の魅力でした。それも全然知らないところに行ける。なかでもチベットでの『天守物語』公演が一番印象に残っています。山南地区というところでやったのですが、行ってみると道路は通行止めになっていて、みんなで迎えてくれている。ホテルに入るまで見られていて、まるで「ビートルズかよ!?」って感じでした（笑）。映画館の前の階段みたいな場所が舞台で、照明も音響も客席もないけど、上演中もこっちにくる列があったり、ホテルの窓や駐車場の車の上から観ている人がいる。みんな見たことがないものを見るという感じで、そのときに「この日のために芝居をやっていたんだ」と思いました。それまでは自信を持てないようなところがありましたが、これは普通の人にはできない経験で、芝居をやっていることの自信になったと思います。宮城さんは、普通では実現できないような場所でも何か実現させてしまう力がある。

――演出もされていますが、きっかけは？

中野真希(演出補):『グスコーブドリの伝記』[撮影:日置真光]

　最初は演出というより、新人にアドバイスしたり教えたりすることに興味があったんです。そうしているうちに新人公演の演出を任されました。たぶん宮城さんは、俳優よりもそっちのほうが役に立つと思ったんじゃないですかね。昔から演出は少しやってみたいと思ってはいました。

——**演出補ではどんなお仕事を?**

　作品によって何をするかは違い、ただ見ているだけというときもあります。一番大変なのは宮城さんがいない本番がまれにあって——海外で2公演くらいでしたが——、そのとき宮城さんの立場で、全体を真ん中で見るのはかなり大変でした。2015年の『マハーバーラタ』のロシア公演では宮城さんが初日にいなかったので、初日まで僕が進めなくてはいけなかった。でもその初日が上手くいって宮城さんが喜んでくれ、内心うれしかったですね。でも、あとはそんなに大変でもない(笑)。

——**宮城さんの演出は公演が始まっても変化しますよね。中野さんから見て宮城さんはどのような演出家でしょうか。**

　やはり細かいことを言わないと役者が慢心してしまう。事実、初日からだんだん良くなって最後は必ず面白くさせる。本番を成長させる技術はピカイ

チ。言われた俳優はそれにこだわる。必死に取り組んでいつの間にかあるレベルにいく。こだわることが大事なんですね。でも役者のタイプによって、細かく言うかどうかも変わりますね。

――中野さんは、演劇の面白さを子どもたちや保護者に知ってもらうための人材育成事業「SPACシアタースクール」で、若い参加者を指導して作品を作られていますが、そのときに大事なことはなんでしょうか？

　子どもとやるとき大事なのは、一人ひとりをちゃんと見るということですね。一人ひとり接し方も違うので、子どもの塊としてまとめて見ない。その違いを大切にすることです。これは大人の集団でも同じで、演出補でついているときにも、それぞれに事情や違いがあるのがわかる。だから「こうしろ」と押し付けないようにする。いまのシアタースクールの子が成長して大人になったら、また作品を作ってみたい。子どもとの活動にはそういう楽しみもあって、夢は尽きないです。

<small>たなかわひろこ</small>
棚川寛子
舞台音楽家。1994年からク・ナウカに参加。その後、SPACに参加。

――棚川さんの音楽は、ムーバー・スピーカー・音楽の三位一体の一翼ですね。

　最初は台詞と動き、ロゴスとパトスだけだったんですよ。その後に音楽という要素も加わる。宮城さんが音楽を意識するようになったのはク・ナウカの後期だと思います。

――宮城さんとの出会いは？

　もともとは俳優として宮城さんのオーディションを受けて落ちた。でも「次の公演で太鼓を使いたいんだけど出ない？」ということになり、『トゥーランドット』に参加して、そこからです。『天守物語』からきっちり音楽が入るようになり、俳優として戻るという条件で音楽専従になり、そのまま戻らず音楽に。ク・ナウカの頃は少し立ち稽古があってから演奏を入れていたんですが、ここ最近は一回の本読みですぐ演奏をつけることが多い。宮城さんとしては、台詞だけでなく、台詞と演奏を合わせて音楽性を持たせ世界を広げようと考えているので、同時に音楽を作ることが多くなった。

――長く宮城さんと仕事されていますが、音楽作りも独自ですよね？

棚川寛子（音楽）:『黒蜥蜴』[撮影：日置真光]

　すごく自由にやらせてもらっているので、そのことはとても感謝しています。ク・ナウカの最初の頃は、作品のコンセプトを話していたんですが、いまはそれも一切ない。たとえるなら、宮城さんが私の袂だけ持っていて、違うというときだけピュッピュと引っ張るみたいな感じ（笑）。
　台本のもともとの文体、リズムやスピード、その勢いが楽譜として機能し、だいたいのイメージを決めてくれて、あとは稽古場で動きを見て、台詞を聴いて、少しずつ変えていく。なので音楽を担当する人間としてはすごく稽古場にいる方だと思う。1回だけ見て楽譜を書けるような天才肌ではないので。
　——一番印象に残っている作品は？
　どれって絞れないんです。でもいまの私が『天守物語』を聴くと、「あ、すごく斬新」と思うし、もうこんな作り方はできないと思う。何回も重ねていくことで、良い意味でも悪い意味でも削ぎ落とされていくものがある。だけど逆に、いまじゃないと作れないものもある。『黒蜥蜴』は当時の私では作れない。……どれもこれも思い入れがあります。
　——音楽を作るとき一番大切にされていることは？
　台本が持っている世界観と、演出が目指したい方向があると思う。その宮

城さんが届きたい、手を差し伸べたいと思っているであろうところまでは、何とか音楽でも表現したい。演出の先というか、そこの深層の部分には音楽で介入していこうと思っています。何も意識せずに単純に叩く音と、何かをイメージして叩く音とでは、その一音が空間に与える効果はまったく違う。それは、このテンションで台詞を言っても空間は変わらないけど、このテンションで台詞を放てば空間が変わるというのと同じこと。だから、どんな音がこの空間を変えるか、俳優自身もだんだんわかってきている。俳優が芝居で台詞を読む作業に音楽もすごく近いので。『マハーバーラタ』くらいからだと思うんですけど、芝居のなかで音楽の要素が全体の強度を上げているということに宮城さんがとても重きを置くようになった。言葉ではなくて、音でしゃべる。音で参加する。それに演奏者が見えているのといないのでは、芝居の熱量が変わるとたぶん宮城さんは考えている。見えないところと、目の前で俳優の肉体が演奏しているのとでは、芝居の面白さが違う。俳優なのに音楽をやらされることに抵抗がある人もいると思うんです。でも私は音楽でしゃべってるっていう感覚がある。おそらく宮城さんも、音楽が語るということが演劇的だとすごく意識しているんだと思います。

ふかさわえり
深沢 襟
舞台美術家。2000年にク・ナウカに入団。2006年からSPACに参加。

――ク・ナウカに入ったきっかけは？　ク・ナウカでは演出もやられていますね。

　大学の授業で紹介されて観にいったのがきっかけです。作品は『熱帯樹』でしたが、それまでサーカスやミュージカル、歌舞伎などしか観たことがなかったので、すごく衝撃を受けました。文学的というか……。母が演劇好きで、小さいときから舞台をよく観ていたので、舞台美術は中学生ぐらいから志していました。ク・ナウカにいた頃は演出にも興味があり、演出か舞台美術か考えていた時期で、宮城さんから演出を習っていました。

――長く一緒に活動されている宮城さんの魅力とは？

　宮城さんとの仕事は、感覚として窮屈な感じがしない。目指すポイントは共通のものを持っていないといけないですが、宮城さんの場合はたどり着き方が違ってもそこは割とフリーで許容範囲が広いので、たどり着く道幅を広

深沢 襟（舞台美術）:『真夏の夜の夢』[撮影：K.Miura]

く作っていける。アイデアはこちらがいくつも候補を挙げ提案して、稽古を見ながら変更し進めていける。ただ、作品ができあがってくると急に宮城さんのなかでババッと決まっちゃう瞬間があって、ゴールに近づいていくといきなりすごく道が狭くなっていて「あれ、いつの間に？」と驚くんです。そのポイントを見逃すと大変なことになるので、そこは気をつけています。

——一緒に作られた作品のなかで、特に印象に残っているものは？

『真夏の夜の夢』は、新聞紙で作ったので大変でした。宮城さんからのリクエストは、俳優の身体のバリエーションを増やすために、高低のある装置にしてほしい、と。宮城さんはアクロバティックな演出を売りにしているわけではないので、そのなかでどう様式性を持たせるか。野田さんの戯曲は言葉がテーマになっていて、そのなかで言葉の組み合わせ——「言葉」も切るところを変えて「コト」と「バ」で分けると「こと」と「ば（葉っぱ）」みたいに、別の言葉を見つけることができる。そういう言葉の集合体として新聞紙を使ってみようと思いました。新聞は一見グレーだけどそのなかで使われている色彩を使いつつ、ヴィジュアルを整理していく作業にすごく時間がかかりました。美術家の仕事は作業しているだけではだめで、稽古場の進行

とすり合わせていかなくてはいけない。稽古場のスピード感とこちらの作業のスピード感がずれると上手くすり合っていかないんですが、『真夏の夜の夢』は作業量だけでもオーバーワークで、その整えにすごく時間のかかった作品です。

―― 『グリム童話』での折り紙の舞台も印象的です。

あの時期に宮城さんはすごく平面を意識され始めた。折り紙は平面にラインで形を表現していく。だから平面なんだけど、そのなかに立体の可能性や、線があることで形に見えたりもする。折り紙はいいモチーフでしたね。

―― 舞台美術を作るとき一番大事にされることは？

舞台美術は、俳優、照明が入って、戯曲が上演される時間が流れ、それらが合わさって初めて完成するものなので、あまり自分の頭のなかで決め過ぎないこと。お客さんの立場で捉えたときに、言葉の分量と目に入ってくる分量というのがあるので、ある程度余白を持った状態で全部ヴィジュアルだけで埋め過ぎない、完成させ過ぎない。舞台美術は単体ではなく他の要素があって完成するということを忘れない。自分の作品じゃないと常に考えて、完成は自分の外側に置くということを意識しています。あと、俳優がこういう動きをしているからもっと大きい方がいいとか、劇場に入らないとわからないこともあるので、そこで変更することも多いですね。

また、自分が何を面白いと思っているかは大事だと思います。面白いなと感じとること、日常生活でも「これは面白いな、覚えておこう」と気をつけて意識するようにしています。

<small>むらまつあつし</small>村松厚志
SPAC 創作・技術部主任。2003年から SPAC 所属。

―― SPAC に入ったきっかけは？

もともと静岡出身で、大学進学と同時に上京して小さな劇団で役者をやっていたんですが行き詰まり、ある意味では挫折的な感じで静岡に戻ってきた。静岡県舞台芸術センターができたことは知っていたので、静岡で演劇活動を続けるとしたらこの門を叩くしかないと思い、直接電話して「入れてくれまいか」と（笑）。僕が入って3年目に芸術総監督交代という形になった。

村松厚志(装置デザイン):『ふたりの女 平成版 ふたりの面妖があなたに絡む』
[撮影:日置真光]

——宮城さんに引き継がれ、何か変化は?

　変換期にはやっぱり摩擦も生じました。当時、宮城聰は、奇跡的に静岡にできたこのSPACという組織を、奇跡ではない形で次の世代に引き渡すのが僕の役目の一つだと言っていた。僕自身の演劇人生もSPACに救われている。東京で鬱々としていたところが、静岡に来て一気に世界に視野を広げることができた。県内でもまだ特異なものとして扱われていた時期だったので、どう維持し、次につなげるかは、僕もここにいる者として考えるべきことだと思っていたんです。宮城さんの次世代や他者にも説明し得る言葉で解析を行うということに同じ意志を持てたので、共感できたんですよ。

　ただその作業のためには変化が必要だった。変わるべきところも必要だったんです。で、変化を求められたときには、その変化に対しての拒否反応も生まれますよね? しかし、そこで頑なに閉じこもっても何も生じない。僕がそのときこだわったのは、では、いままでは「何のために」そうだったのかを問い直すこと。その問い直した答えを「何のために」変えるかにつなげました。

宮城さんがきて1年後に創作・技術部主任になった。責任のある立場として、芸術総監督とどんな関係を築いていくのか、保っていくのか、問われましたし、考えました。僕の個人的な捉え方ですが、SPACの芸術総監督には組織を運営するプロデュース業の面と純粋な芸術家（演出家）の面の二面あると思うんです。僕自身も一演目の舞台監督とSPACのテクニカルを統括する技術監督の二面がある。実は、どちらの二面も相反するもので、ここに矛盾が生じることが多々あるんです。たとえば「予算も少ないから小規模な作品で……」とプロデューサー宮城聰が言った、しかし現場ではアーティスト宮城聰が「ここはこうやってもらわないと困る」と言うような（笑）。このような矛盾に対して、この二面性を僕のなかで拠り所というか、ときには言い訳として、ここまでは消化してやってこられたんです。

　が、ここへきて思うことは、これまで勝手に捉えていた芸術総監督宮城聰の二面性に対して、「ああ、宮城はそんなレベルじゃやってないな」と。一演劇人としてSPACの芸術総監督という役を授かったということに対し、宮城は二極で分けられるような単純なところでやってないなと。もっとずっと純粋にそこへ向き合っている。ジレンマをジレンマとして受け止め、ギリギリまで答えを探し続ける。ときにその道を探すためにとった手法が他者から批判を受けようとも、です。そのくらいの覚悟と純粋さでもってやっていると思えるようになりました。その辺りから僕自身も変化してきて、矛盾ではなく、先に言った二面に落とし込むのでもなく、一つの人格、一つの中身として応えていこうと、応えるべきなんだと思い直し始めた。きっと宮城さんは最初から一つのなかでやっていたのだろうと。宮城のその覚悟を理解するのに10年かかった。ひょっとしたら、まだ理解しきれていないのかもしれませんが。

——「演劇人」としてジレンマはあっても矛盾はない？

　ジレンマや矛盾を受け入れられるようになったという感じですかね。

——いまのお立場で、一番大事にしていることは？

　劇団は疑似家族だと思っているんです。僕ぐらいの世代だと演劇を選ぶ人は家族的なところにコンプレックスを持っている人が多いんじゃないかな。そういう意味でも疑似家族でありたい。馴れあうとか甘やかすのではなく、家族のような関係性を保ちたいと思う。それを目指しているというのではなくて、ふとしたときにそう思える という——甘ったれた話ですが（笑）。

<small>なるしまようこ</small>
成島洋子
SPAC 芸術局長。1998年から制作部スタッフとして活動し、2009年から現職。

——なぜSPACに入られたのでしょうか？

　静岡が地元なんですが、スタッフ募集の告知があり、ちょうど大学4年生だったので何もわからず応募しました。そもそも静岡で合唱団などをやっていたこともあり、鈴木忠志さんの存在も知っていてSCOTの公演も観にいっていましたが、ほぼそれしか知らない感じでした。当時はスタッフも一緒に身体訓練をしていて、エネルギーはあるけれど社会人経験もないので、制作部に籍を置きながら、演出助手や舞台監督を何年かやらせていただいて、そうこうしているうちに制作部をやっていき、いま芸術局長としては3代目になります。

——2007年に芸術総監督が鈴木さんから宮城さんに替わります。

　どういった体制になっていくか、誰も想像ができていなかった。それまで

『グリム童話〜少女と悪魔と風車小屋〜』［撮影：K.Miura］

宮城さんは体験創作劇場の演出のため一年に一回は来ていましたけど、制作とどう付き合うかはまったく知らなかったので、お互いに戸惑いながら、宮城さんご自身もたぶん意思疎通の面などですごく我慢をされながら、だんだん自分の体制を作っていったんだと思います。

　鈴木さんでなければSPACは立ち上がらなかった。政治的な力や説得力があり、わからない奴はわからなくてもいいと置いておける強さもある。一方、宮城さんは、知事も替わってどうSPACを存続させていくかというなかでバトンを渡され、バランスを取りながらSPACが静岡で必要とされる形にしていく。孤高の存在ではなく、他の自治体なり劇場でもやろうと思えば可能な形を模索している。

――それからもう10年近く経ちます。

　宮城さんと自分自身やSPACをフィットさせながらやってきました。私の立場は、知事や芸術総監督が替わっても、SPACの根本理念や存在自体が変わらないように存続させていくことだと思います。宮城さんは、鈴木さんのときになかった事業を展開していますが、それは鈴木さんが公立劇場にこういう劇団がなぜ必要なのかと問うたことの具現化の一つ。根本は変わっていないので、そこは失いたくない。

――宮城作品で一番印象に残っているものは？

　『グリム童話』と『メフィストと呼ばれた男』でしょうか。『グリム童話』は東日本大震災のとき（2011年）だったので、公演をやっていいのか判断がすごく難しくて……。あのときは作品が落ち着こうという気持ちを後押しして救ってくれた。同じ年の4月にチャリティ公演も行いました。何の事業でもそうですが、他にないことを自分たちで考えてやることが多いので、いつも暗中模索なんです。『メフィストと呼ばれた男』は、最後に新総統がくるところで、照明が変わり劇場の壁が灰色になった瞬間に泣いてしまった。1999年にできたこの劇場も、芸術総監督、行政、知事、いろいろなことに影響され巻き込まれている――思わず「私の劇場が……」という感じに（笑）。

――芸術局長として大事なこととは何でしょうか？　挨拶から受付まで何でもやられていますよね。

　ある程度、対外的にも責任を負わなくてはいけない立場だと思っています。基本的な権限は芸術総監督にありますが、何かあったときに責任を取る立場

は自分でもある。それに別の部屋にいてひとりで何かするという職業でもないので、座席を運ぶのでも何でもやれることはやりたい。そこはキープしておきたい。制作は現在18人いますが、タテ割りで他のことはやらないというようにはしたくないですし。

──**SPACの明るい雰囲気は成島さんのご尽力ですね。今後どのような劇場になっていくのでしょうか？**

　静岡にSPACが必要とされる存在になるためにいろいろやっていますが、手段もわからないことが多いので難しいところもあります。でも周りの助けを借りながらやっていきたい。全国の劇場のなかでモデルとなるには、作品や劇場のシステム、理念だけではなく、それが現実に地域のなかでどう根付くのかがきちんとできればいいと思っています。何が正解かわからないので、常に模索中です。

（すべてのインタビューは2016年3月に静岡芸術劇場で行いました。ご協力いただいたSPAC制作スタッフの大石多佳子さんにこの場をお借りして感謝申し上げます。）

第Ⅱ部　作品篇

A 旅：行き着く先はどこ？

第1章 『マハーバーラタ〜ナラ王の冒険〜』
―― 神話と袖

2015年5月15、16、17日／駿府城公園／（初演　2003年11月）

台本：久保田梓美
音楽：棚川寛子
空間構成：木津潤平
照明デザイン：大迫浩二
衣裳デザイン：高橋佳代
美術デザイン：深沢 襟
音響デザイン：加藤久直
舞台監督：村松厚志

語り：阿部一徳
ダマヤンティ：美加理
ナラ王：大高浩一
御者バールシュネーヤ：大内米治
乳母ケーシニー：赤松直美
ナラの弟プシュカラ：牧山祐大
悪魔カリ：横山 央
猟師／ビーマ王：渡辺敬彦
母后：本多麻紀
母后の娘スナンダー：石井萌水
リッパルナ王：大道無門優也
僧侶ステーヴァ：泉 陽二
帝釈天：舘野百代（M）／榊原有美（S）
火天：本多麻紀（M）／桜内結う（S）
水天：鈴木麻里（M）／山本実幸（S）
閻魔：片岡佐知子（M）／関根淳子（S）
カルコータカ：榊原有美（M）／鈴木麻里（S）
（M＝ムーバー／S＝スピーカー）

演奏：寺内亜矢子、石井萠水、加藤幸夫、桜内結う、佐藤ゆず、仲村悠希、森山冬子、山本実幸、吉見亮、若宮羊市

❖ストーリー❖

　その美貌と賢さで噂の高いダマヤンティ姫が夫に選んだのは西の国のナラ王。2人は幸せな12年を過ごすが、悪魔カリに取り憑かれたナラは賭け事に狂い、弟に国ごと奪われてしまう。姫は無一物のナラに連れ添い森へ行くが、ナラは姫が寝ている隙に彼女の袖を切り取り去っていく。目覚めた姫は森で危険を切り抜け、東の国にたどり着く。そこで身元を隠したまま王女の従者として過ごすが、やがて故国である南の国に戻り、ナラを呼び戻すため自分の「婿選び」をするというお触れを出す。それを聞いた北の国の王のもとには、森の蛇の王の魔力で醜いバーフカに変身し、馬丁となったナラがいた。北の王が婿選びに参加するため南の国へ向かう道中、御者のナラが王から賭博の奥義を習うと、悪魔がその体から離れていく。バーフカの姿のまま南の国に着いたナラ王と、ナラを待つダマヤンティ姫はふたたび会うことができるのだろうか……。

1　神話と伝統

　『マハーバーラタ』は古代インドの叙事詩であり、「神話」の代表格の一つだ。神話と聞くと私たちの多くが、伝統や民族といったことを思い浮かべ、悠久や純粋といった感覚を感じるだろう。しかし「純粋で汚れない永遠の伝統」という発想自体が、それが失われたとされる近代世界の産物であって、古代もまた、さまざまな思想や人間が交流・混交し、近代同様に不純である。神話や伝統は、新たに発見され想像／創造されることで、民族や国家の価値観を支える純粋で不動の言説として捏造されてきた。

　また私たちは、神話に国家や民族名をつけて、「ギリシャ神話」とか「インド神話」とか「日本神話」などと呼んでいるが、考えてみればそれもおかしなことだ。そもそも「ギリシャ」や「インド」や「日本」といった国家や民族が近代になって「発見」されたものだから、古代の物語に単一の国家名をつけるのは倒錯している。それにどのような神話も時代に関わりなく、常に異文化との交渉によって生まれてきた。神々と人間たちとが交流する物語とは、共同体と共同体の間で、まさに社会性を育む交換／交歓を通して生み出されてきたのだ。とすれば、演劇という、交流と混交を本義とする営みが神話を題材にするとはどういうことなのだろうか。構造主義と呼ばれる現代

思想の潮流が明らかにしてきたように、神話には共通の祖形がある。祖形が文字化されて伝統的で歴史的な物語となるのだが、演劇はその混交過程を明らかにすることで、神話の普遍性を示唆する。いわば神話が伝統という名のもとに過去の時間として止めてしまったものを、現在を生きる役者と観客との共同作業によって解きほぐし、新たな時間を生み出すこと、これが演劇である。演劇が儀礼や祭儀と異なるのは、世界へと開かれたその再神話化の身ぶりのゆえである。

　構造主義を学問体系として整備した1人であるクロード・レヴィ゠ストロース、その名を冠した劇場（フランス国立ケ・ブランリー美術館　クロード・レヴィ゠ストロース劇場）のこけら落としにも上演された宮城聰の『マハーバーラタ』は、いったいどんな神話の構造を私たちの前に明らかにするのだろうか？　構造と聞くと抽象的な何かを思い浮かべてしまうが、実のところ構造とは具体、すなわち外見に隠された真の姿のことではないのか——ちょうどダマヤンティが、馬車の音と料理された肉の味によって、醜いバーフカのなかにナラを見いだすように。貴種流離譚と階級下降という、どんな神話にも共通の構造的類型を、SPACの『マハーバーラタ』はどのように料理して、生と死の賛歌という神話を見せてくれるのか——場面を追いながら考えていこう。

2　「誰でも神の世界が現れたように思いました」——リングと高層ビル

　叙事詩『マハーバーラタ』の主たるストーリーはバラタ族の戦いを描くが、宮城が選んだ「ナラ王の冒険」は、バラタ族の戦争物語のなかで紹介される挿話、いわば物語のなかの物語だ。このような支脈をなす話が『マハーバーラタ』のなかには数多くあり、そこには神話・伝説・哲学・宗教などさまざまな要素が含まれる。つまり叙事詩『マハーバーラタ』とは、多様な主題とエピソードを内包する巨大な混交体であって、各地に伝播し変化してきた。つまり『マハーバーラタ』と言っても、その内容を一口で説明するのは不可能であり、その存在自体がすでに伝説的と言ってもいい。

　一方、現代演劇の伝説に、ピーター・ブルック演出の『マハーバーラタ』がある。1985年、フランス南部のアヴィニョン演劇祭での、世界各国から

集まった俳優とスタッフによる9時間におよぶ上演は多くの観客に感銘を与えた。上演がおこなわれた石切り場（採掘場）は、その後アヴィニョン演劇祭を代表する特別な空間となる。それからおよそ30年の時を経て、2014年、同じ石切り場でSPACの『マハーバーラタ〜ナラ王の冒険〜』が上演された。ブルック版が『マハーバーラタ』の全体像を描こうとして、歴史と戦争と死をテーマにしたのに対し、宮城版は1つの物語を選び、神話と平和と生という主題を中核にすえる。そして人間同士の争いによって膨大な数の人が死ぬこともなく、死者さえも最後には祝祭に参加する。そこには生を言祝ぐという神話の機能、すなわち生と死の不条理を人間が納得するための解決法としての神話の役割が生きているのだ。

　この舞台自体も多くの旅を経てきた。初演は2003年、ク・ナウカ シアターカンパニーの作品として、東京国立博物館の一室で上演された。「語り」がト書きも登場人物の台詞も語る、語りもののスタイルと、美術も衣装も真っ白な世界——それは、すでに海外公演を数多くおこなっていたク・ナウカの、言葉の意味によるストーリー・テリングに頼らないで物語を伝える力を見せつける舞台だった。その後、フランスに渡り、さらに07年に宮城聰がSPACの芸術総監督に就任してからも上演が続いた。そして14年には、それまでの四角い舞台から、観客席を囲むリング状の舞台へと大きな変貌を遂げる。このリングは静岡県舞台芸術公園の野外劇場「有度」に始まり、アヴィニョンの石切り場を覆い、日本に戻ってKAAT（神奈川芸術劇場）のなかによみがえり、15年の「ふじのくに⇄世界演劇祭」で静岡に戻って駿府城公園にその完成した姿を現した。このように宮城版『マハーバーラタ』は、長い年月をかけて各地を旅しながらその形態を変化させてきた。叙事詩『マハーバーラタ』が長い時間のなかで編纂されてきたという歴史的事実を、演出家と役者と観客が、さまざまな時空間を経て、それぞれの神話として育て、確認し、祝ってきたのである。

　さて駿府城公園における公演で、観客は巨大なリング状の舞台を作っている骨組みをくぐって客席に入る。あまり幅がないリング舞台は円環する小道のように見え、これこそ神話を混交させてきた交通路なのでないかと思わせる。円型の舞台の内部にある客席は同じ正面を向いていて、観客席と正面にあたる舞台との間には国籍不明の打楽器がいくつも置かれている。そこに俳優たちが入場し、楽器を打ち鳴らし始めると、正面の奥に見える駿府城公園

の木々に大きな人影の一団が映って、それがゆっくりと移動していく。この幻想的な光景のさらに後ろには、そびえ立つ街の高層ビル。打楽器の音とともに開かれていく、幻想とも現実とも、現在とも過去とも、日常とも非日常とも区別がつかない、そのすべてが入り交じった時間と空間が現れ出る。語り手が、ナラ王とダマヤンティ姫の姿を形容して、「誰でも神の世界が現れたように思いました」と語るように、観客もそこに神々しい情景が現れる圧倒的なさまを目の当たりにするのだ。かくして私たちは、すでに幕開きからして、神々と人間とが森羅万象の一部としてともに歩んできた祝祭世界の片鱗をうかがう、幸福な位置にいる自らを発見するのである。

3　「王には料理の腕前を授けようぞ」──十二単と腹掛け

　木々に映る影は、舞台後方からナラ王を先頭に一列に歩いてきたダマヤンティ姫と語り手たちのものであることが、やがてわかる。一行が観客の正面にたどり着く様子は、まるで影が光に変化し、人の形をとって現れたかのように、凛々しく輝いている。白い衣装は儀礼におけるケガレのなさの象徴のようでもあるが、ナラ王やダマヤンティ姫だけではなく、語り手も神々も、これから登場する動物たちも、ここではすべてが白い。そもそも色が光の刺激によって生み出される視覚現象であるとしたら、この白い世界はそのような日常の色彩とは光の屈折率が異なった、新たな「色」を観客に示しているのではないだろうか。

　中央に立つのは、束帯と十二単(ひとえ)を身に着けた一対の雛人形と見まがうばかりのナラ王とダマヤンティ姫の2人。そしてダマヤンティ姫の横に語り手たちが並ぶ。そこに仮面姿の神々が登場し2人の婚礼を祝い、ナラ王に祝福を与える──「儀礼の際に神をまのあたりにする力」や「通行自在の歩行力」、また、水や火を自在に操れる能力。そして極め付きのギフトが、「王には料理の腕前を授けようぞ」という台詞によってもたらされる。王に役立ちそうな武術や政治能力ではなく、食べ物をおいしく料理する能力を祝福する点が、この「ナラ王の冒険」を『マハーバーラタ』のなかでもユニークな存在としているのだ。

　王と王妃は双子の子どもも授かり幸せな12年を過ごすが、美貌にして馬

虎に追われるダマヤンティ（美加理）［撮影：平尾正志］

術にも優れるナラがダマヤンティを妻にしたことに嫉妬する悪魔カリがナラに取り憑く。するとナラは人が変わったように弟との賭け事に狂い、自分の着物だけでなくダマヤンティの着物さえ賭け、最後には国をも賭けて大負けし、無一物で国を追放される。ここでの悪魔カリの描き方も独特だ。2人の婚礼に遅れたカリは、白い世界のなかで1人だけ灰色の腹掛け姿で、悪魔と呼ぶにはあまりにも簡素で弱々しい。しかもこのカリを演じるのは、ナラと同じ俳優である。カリは仮面を着けているので、ナラと一人二役であることはわかりにくいが、姿によって中身が見えないことに意味がある。意味と言葉に侵された私たちは、形やシンボルを見るとき、それが何かの意味を象徴しているのではないかと考え、まず意味から了解しようとする。しかしここで繰り広げられているのは「意味という病」に侵される前の世界である。観客が聴く語りは、物語られる時点で過去の出来事だが、実際に目の前でおこなわれている時間はいまであり、神々の祝福やカリの呪いは未来の予測とも言える。つまり物語の本義は、「未来という過去」を物語ることにあるのだ。

神話性とは、過去を物語ることによって未来を予測することにほかならない。

　さらにカリの場面は、ある別の物語を連想させないだろうか——グリム童話の『眠れる森の美女』。王女の誕生祝いで善い魔女が祝福を与える一方で、招かれないことを恨んだ悪い魔女が呪いを与える物語。現代的な視点から考えれば、この悪い魔女を単純に悪と見なすのはすでに受け入れがたい解釈だろう。そもそも魔女の呪いによる100年の眠りがなければ、王女は王子と出会うことがなく、眠りに沈んだ森の静寂もない。ここでのカリの呪いもまた、ナラ王にとっては、回復と再生のための最大の祝福だったのではないか。再生するためには、1度すべてを失わなくてはならないのだから。

4　「私は泣きながら蛇に飲まれます」——蛇と象

　眠れる森の王女が100年間、森に守られていたように、身につけているのは肌着1枚だけのナラ王とダマヤンティ姫も、国を追われて森のなかへ入っていく。しかし、ナラは眠るダマヤンティの着物の片袖を切り取り、姫を置いて1人去る。原作に従えば、ナラ王は裸同然の自分の肌を隠すためダマヤンティ姫の衣服の端をもらうのだが、この上演ではダマヤンティが着物姿のため、切り取る衣服の端がそのまま着物の片袖となることが、この場における2人の関係をさらに味わい深いものにする。「袖振り合うも多生の縁」というように、袖は人と人との縁(えにし)の象徴である。額田王は「あかねさす紫野行き標野行き野守は見ずや君が袖振る」と詠い、袖振る仕草に2人の秘めた恋をにじませました。ナラが切り取った片袖はそのまま2人の縁(えにし)を物語るのだ。目覚めたダマヤンティは、森のなかでナラを探して歩く。すると大きな白蛇が現れ、嘆く姫は「私は泣きながら蛇に飲まれます」と飲み込まれてしまうが、通りがかりの猟師が蛇の腹を切り裂き、ダマヤンティを救う。まるで『赤ずきん』だが、彼女の美しさに欲望を感じて手を出そうとした猟師は、姫の「死して横たわれ！」の一言で死んでしまう。このように森とは何が起こるかわからない、どんな動物や魔物がいるかわからない異界である。

　ダマヤンティも虎や蛇など、さまざまな獣に遭遇するが、宮城はこの異界を恐怖というより、一種ユーモラスな畏怖の感情を起こさせる世界として描く。私たちがどこかで見たなじみある異世界を、芸能という日常におけるハ

レの所作をもって作り上げるのだ——中華獅子舞のような虎、祭りの張り子を思わせる大きな鼻だけの象、蛇踊り、小さな人形によるキャラバン……。この森はアジアの芸能に満たされた猥雑な空間なのだ。単純なフォルムにより喚起される幻影の世界。しかしここで繰り広げられるのは、"アジア"というオリエンタリズムに回収されるイメージの連鎖ではなく、個別で普遍的なモノの形である。白い虎を見て、地元の祭りを思い出す人もいるだろう。蛇も人形も、白い造形に私たちが感じる懐かしさは、あらゆる神話に底流する日常に対する畏れと結び付き、それゆえの美しさを生む。私たちはこの美を演劇の舞台でいまはじめて体験しているのに、しかし同時にそれを、常にすでによく見知っているという感覚を抱く。こうしたハレとケの往還こそが、宮城版『マハーバーラタ』の美学を形作っているのである。

　森の木々、獣たち、神々を演じる俳優は白い衣装に身を包みながら、身ぶりで風や星をも演じ、語り手にも演奏者にもなる。彼らは『マハーバーラタ』という捉えがたい物語の多層性と混交性を体現するかのように形を変え、すべての境界をいともたやすく超えていく。また、ナラ王が弟とおこなった賭け事の場面で、賭けの判定員が多数の仮面で表されるように、物理的に表現することが難しいモノさえもが造形記号によって表現される。仮面や人形やマイムも一種の記号にはちがいないが、人と獣とを区別できない空間においてはこれらの記号を文字と絵とに判別することは不可能だ。いわばそれらの記号は、絵から文字ができていく過程の、文字となる寸前の絵の形、または絵の影である。そこから生まれる二次元空間における微妙な距離感。つまり、このリングという奥行きがなく平面的な舞台の、奥行きを示すかわりに用いられるのがこの白いモノたちなのだ。この白色の平面性と二次元性から立体が創られていく質感が、物理的な奥行きのなさを超え、想像の奥行きを作っているのである。

　このような奥行きのない深遠さが生み出すのは、時間と記憶の遠近感だ。同時に、空間的な奥行きがないということは、宿命からは逃亡できないという、あらゆる生につきまとう哲学的な不条理をも表す。たとえば、森から抜け出たダマヤンティとともに旅をしていた旅商人たちのキャラバンは、暴走する象の一団に踏み潰され、あっけなく全滅してしまう。人間にとって、突然襲いかかる死ほど不条理なことはない。そしてそれを説明しようとするのが神話なのだ。しかも不条理なキャラバン隊の死を説明するのは、もはや語

り手ではなくダマヤンティ自身である。森に入ってからのナラとダマヤンティは、語り役による語りではなく、自分の口から言葉を発するようになる。語り手のまなざしによって語られていた物語が、ナラやダマヤンティ自身の発声によるものに移っていくとき、観客はその肉声によって人間としての彼らの存在の原基に触れる。これまでの2人の美々しい姿に隠されていた内面の声や、彼女たちの裸体からあらわになる聴覚や皮膚の触覚——それは、王国という純粋な世界から、森という混沌の世界へと移動したことによる身体器官の変化と、歴史から神話への語りの場の移行とを、ともに示す兆候なのである。

　だがこのような神話への畏怖が、この上演ではユーモアや笑いによって補足されていることを忘れてはならない。その例が、バーフカとなったナラの変貌だ。森のなかで蛇の王カルコータカを助けたナラは醜いバーフカに姿を変えられ、蛇の王の助言に従い、北の国の王の馬丁となる。馬小屋で働くバーフカは、ひどく落ちぶれた姿でダマヤンティを想って歌をうたう。この場面は演出によっては、ナラの悲哀を前面に押し出して悲劇的に描くことも可能だろう。けれどもここでのナラ／バーフカは、くだを巻く酔っ払いのように馬丁仲間と肩を組み、調子はずれの歌で客席の笑いを誘う。ナラの醜い姿は観客に憐みよりもおかしみを感じさせ、笑いは心象距離として遠くにいた徳高きナラ王を、庶民である観客に近い存在とする（実際にナラ／バーフカは客席の間を歩き回る）。リング状のため客席から常に一定の距離がある舞台で、このように観客の心象距離を変えるための工夫として、悲劇性を高めるのではなく喜劇的な側面を強調することにより、物語が単調にならない。こうしてナラもダマヤンティも、自らの王国にいた頃の輝くばかりの姿とはうって変わり、ボロボロの身なりとなっている。神話の普遍的な構造としての貴種流離と階級下降——変装と機知によって苦境を乗り越えていく彼らの道程が、悲劇ではなく、ユーモアと共感を誘う笑いによって彩られていくことが、宮城版『マハーバーラタ』に、戦争ではなく平和、死ではなく生、という祝祭的な性格を与えているのである。

5　「ダマヤンティ姫は、再び婿選び式を開催いたします」——箒とホクロ

東の国の母后のもとで身の上を隠したまま王女の遊び相手をするダマヤンティを、父である南の国の王が派遣した僧侶が見つける。だが姫は片袖がない肌着で掃除をしているという、にわかには信じられない姿。額の汗をぬぐいながら箒で庭を掃く姿は愛くるしくユーモラスではあるが、階級やケガレ意識の強い古代インドの物語という点を考えると、かなり独創的な演出と言えるだろう。思えばこの舞台のなかのダマヤンティは、およそ貴族の姫君とは思えないほど一貫してスポーティだ。森で王に木の実を投げるとき、キャラバンと旅するとき、王女との毬遊び、掃除……入場時のお雛様のような姿とはがらりと変わり、キビキビと動き続ける。吉祥天女と見まがう彼女の本質は、この舞台において美しい外貌よりも、その運動美にある。ダマヤンティの輝きは、運動の熱量による汗と体温の結果である。姫が本人証明として額のホクロを示す場面でも、彼女は掃除で汚れた顔をぬぐい、前髪を押さえてホクロを見せる。言葉で説明するより先に、その身体の動きから彼女はアイデンティティを主張する。貴種流離と階級下降が抽象的な観念としてではなく、具体的な労働や肉体の所作によって明らかになるのである。

　南の国に戻ったダマヤンティ姫は、ナラ王を呼び戻すために婿選び式を執りおこなうと宣言するが、この場面にもユーモアを用いた造形記号への洞察がある。婿選びのお触れを渡された僧侶は、字が読めないからと打楽器奏者の一人に巻物を渡し読んでもらう。読み終わってその巻物を観客に向けて掲げると、そこには文字だけではなくダマヤンティ姫の似顔絵が描いてある。観客は文字という情報を語りとして聞き、かつ絵という表象を見ることで、その内容を二重に、（おそらく自分も文字を読むことができない）物語内の民の一人として聴くのだ。さらにそのまま打楽器奏者たちは、お茶所の静岡にかけて「ダマヤンティー（茶）」という商品のコマーシャルを始める。婿選びのニュース番組とテレビコマーシャルという現代のメディア形式とが交錯し、神話の現代性が示唆される。このコマーシャルは単なる観客いじりではなく、現代の人々を神話の世界へと招き入れる仕掛けなのである。

　この上演における打楽器奏者の役割は大きく、ちょうど客席と舞台との間にいる彼らは、観客という内側と舞台という外側をつなぐ媒介（メディア）の役割を担っている。舞台上の登場人物が出てくる前から始まり、舞台終了後、人物が去った後も続く演奏は、聴覚で把握できる音楽を超え、皮膚や体液で感じる土や空気や光の振動そのものだ。観客は始めから最後まで、触覚を揺さぶられ

続けている。ここで出会う神話の世界は、私たちが生きている世界と別の時空間ではなく、私たちが生きているもう1つの時空間なのだ。

　さてダマヤンティ姫の婿選び式に参加するため、北の王はバーフカに馬を用意させ南の国へと向かう。疾走する旅の途中で北の王は木の葉と実の数を数え、自分の計算能力をバーフカに誇示する。驚くバーフカに王は賭博の奥義を教える——「まずは樹を見よ。……。一個の実にとらわれては葉は見えず、一枚の葉にとらわれれば樹は見えぬ。まして己にとらわれていればすべては見えぬ」。この奥義を授かった瞬間、バーフカの体から悪魔カリが出てくる。バーフカ／ナラとカリが同時にそろうこの場面では、当然、カリは別の俳優によって演じられている。それまで一人二役で、同じ身体を分有していたナラとカリが別々になる瞬間——これこそナラが初めて自分という他者と出会う契機、祝福と呪いとが融合するときではないだろうか。「己にとらわれてい」たナラは、カリという〈非－己〉を他者として認知することにより、はじめて「樹」や「実」や「葉」や「己」をふくむ森羅万象が明白に見えるようになるのである。

　ナラ王の体から出たカリは、まるで自分も悪魔の呪いから解放されたかのように伸び伸びと、地元静岡のローカルネタをふんだんに盛り込んだギャグを披露し、駿府城公園の観客を笑わせてから去っていく。神話と笑いとの親近性——カリの軽妙で憎めない存在感により「悪魔」＝絶対的悪という価値観は無効となる。神話が説話と最も異なる点は、この道徳性の無化にある。ここでのカリは「悪魔」というより「悪しき魔」だ。誰にでも訪れる「魔がさす」という空間や時間の隙間。人の身体も皮膚という膜で覆われているとしたら、その膜と膜の間隙に、人は通常気がつかない。その隙間は賭けのときに王が脱いでいく着物と下着の間ほどの薄さではあるが、もし皮膚感が失われてしまったら、人は「魔」にも気づかず「魔」のなかに存在自体を忘れてしまうだろう。だからこそ賭けに負けたナラ王はすべての衣類を脱がなくてはならず、ダマヤンティ姫はその袖を失わなくてはならなかったのだ。ナラとダマヤンティの彷徨は、触覚をめぐる旅でもある——着物から皮膚へ、そして肉へと回帰する旅。それこそが彼らの貴種流離譚の実態なのである。

6 「あまねく平和の訪れに　心に悦びあらしめよ」——馬車と肉

　ダマヤンティ姫の作戦は、婿選び式のため早駆けの馬車を仕立てて南の国にやってくる人物の馬車の音で、御者がナラ王かどうかを聞き分けるという聴覚に基づいている。ただ期待どおりの馬車の音が聞こえたので、その御者の姿を見てみると、ナラとは似ても似つかない醜い男バーフカだ。しかしバーフカの調理した肉を一口くわえた途端に、ダマヤンティはナラの料理した肉の味だと確信する。現在の姿を見る視覚ではなく、聴覚と味覚という過去の記憶を信じるダマヤンティ。その衝撃を、赤い紙でできた肉をくわえながら頭を振りリングを駆け回って激しく踊って表現する姿は、まさに獅子舞だ。森で遭遇したすべての生き物が姫に宿ったかのような獣踊り——この舞踊を通じて、人も獣も神も1つの体に混交し融合する。この激しい舞いの集中力と瞬発力によって、それまでリングに流れていた時間は一気に収縮する。過去と現在と未来をつなぐ神話の時空間を駆けめぐるように舞うダマヤンティ。その舞いが解けるとともに、時間ももとの長さを取り戻す。こうして、ハレが終わってケの世界がふたたび始まる。神話とはその重なり合った時空間の証拠である。

　バーフカ／ナラとダマヤンティが再会し、男は持っていった袖を姫の腕に通す。白い姫の腕は白蛇をも連想させ、呪いと祝福がふたたび結合して、その瞬間バーフカももとのナラ王の姿に戻る。冒頭の、神々によって祝われた粛然たる婚礼の儀式とは異なるプライベートな2人だけの新たな祝言。荘厳な神々の祝詞に代わり、2人自身の口から発せられる互いへのねぎらいの言葉。かくして儀礼は袖という身体に密着したメディアによって開かれ、過去と現在との葛藤を未来へと投げかける神話となるのである。

　2人は西の国に戻り、賭博の奥義を体得したナラは弟とふたたび賭けをしてすべてを取り戻し、弟には「百年生きよ」と許しを与える。こうしてナラとダマヤンティの物語は大団円を迎える。そして、この作品はここから絶頂に達する。語り手の「神々よ、王たちよ、すべての人々よ、この二人を祝福し給え。山も川も、獣も、木々も花々も、この二人を祝って、大いに歌え」という最後の語りによって、舞台にはこれまでの登場人物たち——神々、

象、猟師、僧侶、国王……、すべてのものたちが並び歌い始める。

> 幾百千の　悲しみと／悩みは晴れて　この日にぞ／争いの世は　終わりけり／微笑満つる　泰平の／御世こそここに　始まらん／神も獣も　王たちも、／民草とその子供らも／あまねく平和の訪れに／心に悦びあらしめよ

2人の再生は森羅万象の蘇生をもたらす。ふたたび平和の世が訪れること——惑星の運行にも似て、ナラ王とダマヤンティ姫という2つの星がこれまでどおり輝けば、その世界にも光が満ちる。歌の節に合わせてストップモーションをしていた俳優たちが滑らかに動きだすとき、止まっていた時が回りだす。神話とは、何かの正統性を証明するための根拠でも、過去の教訓でも、ましてや現在を規制する道徳でもない。文字に封印された物語と時間を、生きた俳優と観客の身体と感覚を通して現在に解き放つこと。それこそが宮城聰が創造する現在の神話なのである。

7　神話ふたたび

アヴィニョンの石切り場という神話的空間でも上演されたSPAC版『マハーバーラタ』。石切り場と聞くと、切り立った崖のような空間を想像するが、実際の石切り場は鉢の形をしているため、円形の鉢のなかに役者も観客も抱かれるイメージでリング状の舞台が考案されたという。駿府城公園の城壁のなかに再現されたリングも、ちょうどサーカスのテントがひっくり返ったような時空間を醸し出す。サーカスが日常に設えられた異界への扉だとしたら、この『マハーバーラタ』は日常と異界を切り離すことなく、異界の内部に日常があることを描く。ピーター・ブルックが戦争の活劇を叫びと怒りとで描く一方で、宮城聰は恋人たちの放浪と和解を歌と笑いとでたどる。戦争を賛美し批判する叙事詩に対して、そもそも戦争という生の全面否定を想定しない抒情詩。ブルックが各国の色とりどりの文化を「インド神話」という想像的なトポスで融合させたのに対し、宮城の白い世界は単一的な文化を示しているようにも見える。しかしそれは、白という「光」があらゆる色を

駿府城公園での公演 ［撮影：Eiji Nakao］

含んでいることを示唆することにより、むしろ文化そのものが混交のうえにしか成り立たないことを証明する。この白い影にこそ、それぞれの観客が独自で、単独で、普遍的な文化の形を映し出すことができるのだ。

　舞台が終わると、静岡の夜が静かにふけていき、リングは1つの地平線となって、踊っていた登場人物たちが1人ずつ消え、演奏者も1人ずつ立ち去っていく——最後の1人のパーカッションの音が消えた静寂のなかで、観客は自分自身の時間が動き始めたことを知るだろう、かけがえのない自らの神話がいまこそ授けられたのだから。

❖コラム1❖

海外公演

　SPAC春の「ふじのくに⇄せかい演劇祭」には、世界からさまざまな演劇が訪れますが、SPACもまた、自分たちの作品を携えて同じように海外公演の旅に出かけていきます。『マハーバーラタ』はフランスのアヴィニョン演劇祭だけではなく、その後はロシアへと旅立ちました。2012年の『ペール・ギュント』では南米コロンビアへ。宮城さんたちの海外公演はク・ナウカ時代の1993年に始まっていて、『サロメ』を韓国・釜山で上演しています。その後ク・ナウカはアメリカ、スペイン、フランス……とめぐっています。当時、結成年月もまだそれほどたっていないのに、これだけ海外公演をおこなっていた劇団も珍しいでしょう。しかも興味深いのはインドのケーララ州やパキスタン、中国の遼寧省や雲南省、そしてチベットと、その足がアジアの各地域へと向いていることです。海外公演が芸術的な「進出」としてではなく、旅が劇団そのものを育てていくのが、ク・ナウカやSPACの海外公演の形なのではないでしょうか。異なる文化や言葉を持つ人の前での上演が、宮城作品の持つ普遍性につながっているのです。こうして世界中を旅している宮城さんたちですが、「ふじのくに⇄せかい演劇祭」とは、その名のとおり「ふじのくに」での演劇祭ということになります。ここでの「せかい」は国家単位ではないので、「国際演劇祭」とは呼ばれないことがポイントでしょう。劇団や劇場とそれに関わる人々が「ふじのくに」の住人だとすると、東京もまた「海外」となりそうです。ちなみに、宮城さんは雑誌のインタビューで、学生のときアヴィニョンの石切り場を使ったピーター・ブルックの『マハーバーラタ』の噂を聞き、演出家になるからには「演出人生の最終ゴールはアヴィニョンの石切り場で上演すること」と決めた、と語っていました（「悲劇喜劇」2014年3月号、早川書房）。そのゴールに達したいま、宮城さんの次の旅は「せかい」のどこに向かうのでしょうか？

第2章 『黄金の馬車』——メタシアターと山車

2013年6月1、8、15、22日／舞台芸術公園　野外劇場「有度」

原案：プロスペル・メリメ／ジャン・ルノワール
台本：久保田梓美
音楽：棚川寛子
空間デザイン：木津潤平
照明デザイン：大迫浩二
衣裳デザイン：駒井友美子
音響プラン：水村 良
美術：深沢 襟
舞台監督：三津 久
演出助手：中野真希

出演
カミーラ：美加理
座長：阿部一徳
領主：武石守正
ラモン：永井健二
フェリペ：大内米治
マルチネ：牧山祐大
イネス：本多麻紀
公爵：三島景太
公爵夫人：舘野百代
検事長：渡辺敬彦
大臣：加藤幸夫
役者、村人：石井萌水、木内琴子、小角まや、鈴木真理子、大道無門優也、中野真希、森山冬子、山本実幸、吉見 亮、米津知実、若菜大輔、若宮羊市

❖ストーリー❖

　田楽一座「美也古座」が土佐に巡業にやってくる。主演女優はカミーラ。恋人のフェリペとともに八幡宮の境内で演じるのは「国生み」など『古事記』の物語。人気者となったカミーラに、2人の男が近づく。1人は弓の名人ラモン、もう1人は領主である土佐の守。領主は、一座を館に招いて芝居を演じさせ、天皇から賜った黄金の馬車

をカミーラに与えるが、黄金の馬車の所有をめぐり貴族たちと対立することに。一方、カミーラは村人とともに領主の館に押しかけ、黄金の馬車は自分たちのものだと主張する。

最後の「かるはたひこ」による嫁選びの演目で、ラモン、フェリペ、領主の3人が姫役に扮してカミーラに思いを告げる。しかし3人が境内でけんかを始めたため、芝居は中断し大騒動となるが、カミーラが大宮司に黄金の馬車を寄進し事態は収まる。さてこの後、カミーラはどのような選択をするのだろうか……。

1 劇中劇と歴史意識

『黄金の馬車』は、宮城の演出作品としては珍しく、古典劇でも現代劇でもなく、プロスペル・メリメの原作を映像化したジャン・ルノワールの映画(1953年)を翻案した作品である。映画では、コメディア・デラルテを上演する旅芸人一座によるペルー巡業での上演が中心となるように、本作には劇中劇の構造があらかじめ組み込まれている。劇中劇は観客に、いま観ているのが演劇であることを意識化させる方法だ。それは、登場人物に独白でこれは劇にすぎないと言わせたり、コロスにコメントさせたり、劇のなかでもう1つの劇を演じさせたり、さまざまな異化効果をもたらし、演劇が必然的にはらんでしまう物語的な要素に観客が埋没することなく、醒めた意識をもって舞台に接するための方策が、劇中劇なのである。

そもそも小説でも映画でもない演劇は「劇中劇」的な要素を含まざるをえず、現在進行形で接する舞台は人生という劇のなかの劇だ、という意識を常にどこかで観客に与え続ける。そしてそれは観客の歴史意識を研ぎ澄ませることになる。演劇の現実^{リアリティー}とは、日常の事実らしきものを映し出すことでも、普通の会話を使うことでもなく、日常のなかに埋もれている出来事の本質にどれだけ迫れるか、という挑戦に行き着く。本書でも繰り返し明らかにしようとしているように、宮城聰の演劇はそのような挑戦の連続・集積・証明である。宮城が一貫しておこなっている「近代への挑戦」とは、ナショナリズムでもオリエンタリズムでもない、まさにトランスナショナルな演劇にしかできない、空間的な「翻訳」の試みなのだ。映画というジャンルの異なる作品を翻訳した舞台で、それがどのようになされているのか、見ていくことにしよう。

2 「芝居はうけたのよ！」──船と幟

　舞台芸術公園のなかにある野外劇場「有度」で上演された『黄金の馬車』は、野外に最も適した作品の一つである。宮城作品は野外上演が珍しくない。野外劇場は観客にとっても開放感のある魅力的な場所だ。日によって天候が変わり、時間によって明るさや風向きや温度も変わる。外界の影響を受けやすい環境にある野外では、演劇を左右する偶然性がより高くなるが、よく言われる演劇の「一回性」とは、そうした偶然性のことではない。むしろこの偶然をどのように必然に変えられるかに、作品の一回性が問われる。一回性とは、偶然性ではなく普遍性のことなのだ。

　けれど野外は魅力的な半面、素朴に残酷である。鳥の声も森のざわめきも俳優たちの心理など頓着せず、風や雨が無情に吹きすさぶ。その自然の残酷さも引き受け、そこに屹立しながら調和するためには、揺るぎない俳優たちの身体と空間造形が必要となるのだ。『黄金の馬車』は野外という自然と人工とが混ぜ合わされた環境を、さらに劇的に改変する。すなわち、有度における通常の舞台と客席の位置を反転させ、いつもの石造りの客席のほうを舞台（だし）とし、本来の舞台側に客席をしつらえる。中央にはお祭りの山車を連想させる、両脇に車輪の付いた白木の舞台が立ち、『黄金の馬車』というタイトルから、そこに馬車のイメージを見いだすことも可能だろう。舞台と客席を逆にしたこの野外空間は、高い客席から下に舞台を見下ろすギリシャの野外劇場のような構造から、地面に近い客席から舞台や花道を見上げる芝居小屋の構造へと変換されているのである。

　映画『黄金の馬車』が南米を舞台としているのに対し、宮城の演出はそれを日本に置き換え、八幡宮の境内で芝居をうつ田楽一座「美也古座」による『古事記』の上演を軸に物語を進行させる。まず、座員が美也古座の幟（のぼり）と白木の舞台の脚部分を隠すための飾り布をかけると、花道から3人の村人が出てきて一座の噂話を始める。その話によると、都では田楽ではなく能がはやり始め、一座も人気が落ちたので土佐まで巡業に来ており、彼らが乗っていた船には「こがねの馬車」が積まれていたという。村人の会話は明らかに観客を巻き込むためのもので、たくみに客席を笑わせながら、前座として時代

背景と状況を観客に教えている。これはほかの宮城作品の特徴である、視覚や聴覚を覚醒させる不穏で鋭いオープニングとはやや異なる始まり方だ。しかし、次の疑問も浮かび上がる——これから始まる舞台の説明のためだけに、この3人は出てきたのか？ 彼らの役割はいったい何か？ そもそもこの作品は喜劇なのか？ 滑稽なオープニングは、いくつかの謎をもたらすが、同時にヒントも提供する。

　まず、村人たちが着けている面。これから始まる一座の演目で座員たちは面を使わない（ときに骨組みだけの面を使うことはある）のに対し、村人たちは田楽面のような素朴な面を着けている。さらに、上手にある打楽器ブースで演奏する俳優たちも頭に小さな面を着けている。なぜ田楽一座ではなく、観客である村人が面を着けているのか。

　次に、都から土佐へという一座の移動。これは、東京から静岡へと活動の拠点を移した宮城聰やク・ナウカの劇団員たちの姿とも重なり、村人が噂する一座の花形女優は、カミーラを演じる美加理のことのようでもある。あえてこうした楽屋オチとも思える台詞を入れている理由はどこにあるのか。そして、黄金の馬車とはこの山車のことなのか、それとも最後にあらためて登場するのか。いくつもの謎を秘めながら、いよいよ美也古座による最初の演目が始まる。上演後、主演女優のカミーラが「芝居はうけたのよ！」と大喜びする、いざなぎといざなみによる国生みの物語が、それである。

3　「舞台ではいざなみの命、浮世ではカミーラと申します」
　　——櫛と烏帽子

　美也古座の上演は白木の山車舞台の上で、ムーバー（動き手）とスピーカー（語り手）に分かれたスタイルでおこなわれ、いざなみ役のカミーラといざなぎ役のフェリペ以外の座員たちは、舞台の周囲で語り手として台詞を語る。これは宮城演出の特徴的な方法だが、今回のように田楽一座に設定が置き換わると、そもそも演劇において動きと語りとの関係性は一様でないことが再認識される。動作と物語が同じ人物のなかで一致するという西洋近代演劇の常識が、この舞台でも宮城の卓抜な見立てによって掘り崩されるのである。

　おごそかに舞台に登場したカミーラとフェリペだが、村人たちの野次で舞台はコミカルに変調し、拍手喝采で幕を閉じる。ここで場面は舞台から舞台

カミーラ（美加理）と座員たち［撮影：日置真光］

裏にある楽屋へと移るが、この空間移動に山車が大きな役割を果たす。山車がくるりと半回転し、まさに舞台裏が客席の方へと向くのだ。江戸時代に日本で発明されたといわれる回転舞台——これを応用したアイデアによって、舞台と楽屋という表裏一体の構造を場面転換そのもので示す。しかしこの野外劇場の構造自体が改変されていて、客席と舞台もすでに逆になっていることがポイントである。つまり、観客の舞台に対する意識をまず反転しておいてから、さらにその反転させられた舞台上で、舞台と舞台裏と客席とが回転していくのを観客は目撃し続けることになる。宮城演出は、野外劇場の空間全体を何度も反転させていくことによって、作品に内在しているメタシアター的な性質が持つ、その入れ子構造を明晰に現出させるのである。

　芝居が受けたことを喜ぶカミーラに対し、フェリペは『古事記』という高尚な題材は田舎の村人にはわからないと憤る。そこに2人の男性、弓の名人ラモンと、領主の使者が訪れ、一座は領主の館で「黄泉路くだり」を上演することとなる。舞台の反転構造はこの領主の館の場面でも大きな効果を発揮

する。石造りのひな壇部分（改変される前の有度の客席）に領主たちが座り、そこからカミーラが演じるいざなみを観る。当然、カミーラが立つ山車舞台の正面は領主たちのほうを向く。つまり私たち観客は、山車で演じるカミーラの後ろ姿と、その向こうでカミーラを観ている領主たちの姿を同時に観ることになる。すなわち山車舞台を挟んで領主たちと対面する形だ。しかも「黄泉路くだり」は次に、村人相手にふたたび上演されるが、そのときには山車が反転し、今度は先ほど裏側から観たものを表側、つまり正面から観ることになり、いわば観客は領主たちの視線を受け継ぐことになる。この巧みな遠近法が示すように、『黄金の馬車』には私たち観客が演劇を観るとはどういう営みなのかを身体的に意識させる、メタシアトリカルな方法が貫かれているのだ。その核となるのが中央で回転する山車であり、この仕掛けによって瞬時に場面転換が可能となるだけではなく、回転し続ける舞台と観客意識のただなかに確固とした中心軸が作られる。そこから作品が内包する社会的な批評性、すなわち登場人物たちの階級や立場の違いが明確に映し出されるのである。

　たとえば領主をはじめとする貴族たちが座るひな壇は、単に客席としての意味があるだけではなく、山車の舞台という中心軸よりも物理的に高い位置にあるため、ひな壇の階段はそのまま階級の見立てとなる。当然、村人は山車よりも下、つまり「芝居」という言葉のとおり芝に居る位置から舞台を見上げる。たしかに『黄金の馬車』には、歌舞伎を思わせる回転舞台や花道、能舞台を思わせる白木、山車、仮面、といった伝統芸能の要素が多く採用されているが、これらが表すのは日本的／東洋的な意匠ということではない。その現れ方は地域や民族によって異なるが、どの仕掛けをとっても、演劇という普遍的な表現が発明してきたさまざまな方法の一類型である。これらを利用することと、舞台を灯すのに蠟燭ではなく電気照明を使うようになったことにどれほどの差違があるだろうか。演劇の歴史とはこのようなテクノロジーの歴史でもあるのだ。ここで宮城が応用しているのは、伝統性を踏まえながら時空間的な翻訳によって伝統への応答を試みることだ。

　さらに、舞台転換を伴う翻訳作業をスムーズにするために欠かせないのが音楽である。数々の宮城作品で棚川寛子がデザインする音楽はきわめて重要であり、『黄金の馬車』でも音楽が舞台の内在的な要素として活躍している。座長とカミーラ以外は、ほとんどの俳優が演奏者としても参加しており、そ

のうえで貴族と村人など1人の俳優が複数の役を演じている。音楽と演奏という行為は、反転した劇場構造の内部で転換する役柄の回転構造の軸、かつ、潤滑剤となり、入れ子構造をさらに重層化する。メタシアター的な舞台構造の変転と、俳優たちのメタシアトリカルな役柄変換が連動するのだ。こうした文字どおりめくるめく鑑賞体験を、役者たちの軽快な演奏が増幅する。その意味で『黄金の馬車』は、喜劇というよりも、むしろ言葉の真の意味での「コメディア・デラルテ」、すなわち「舞台職人たちによる即興の人生劇」と呼ぶべきではないだろうか。

　さて、芝居を気に入った領主がカミーラを宴に招く。「舞台ではいざなみの命、浮世ではカミーラと申します」と自己紹介するカミーラを領主は最上段に誘い、烏帽子を脱いで楽しく語らう。顔には白粉を塗り扇子片手に大袈裟に振る舞う貴族たちは、そんな領主に「ご身分を忘れ、なんというお振舞い」と眉をしかめるが、領主は一向に気にとめず、カミーラに請われるまま黄金の馬車を見せる。ここでようやく黄金の馬車が登場するのかと思いきや、有度のひな壇のいちばん上にもともとある窓付きの部屋が馬車庫と見立てられ、カミーラはその窓からなかへ入っていく。ここでも馬車そのものは出現せずに、窓から出てきたカミーラが、船旅のあいだ馬車のなかで眠り、そのときに忘れた櫛をその手に持っていることで、馬車の存在が示される。領主の烏帽子と主演女優の櫛という、髪に関わる2つの道具が、領主においては貴族階級の象徴とそれゆえの束縛の、カミーラにとっては黄金の馬車と旅してきた自由と独立の証しとなる。ここでの黄金の馬車は天皇から領主に送られた由緒正しきものであるとされており、その価値は黄金だけではなく、階級制度の頂点に立つ存在によって保証されている。同様に、烏帽子や櫛も単なる小道具ではなく、それぞれの立場や環境や性格を示唆する。しかもここでも見立てという演劇的な翻訳手法が活用され、象徴が反転して、現実に影響を与えていく。カミーラの自己紹介において、2つの名前が並列されているように、舞台と浮世が反転し、その距離を縮めていくのだ。現実と演劇とをメタシアトリカルに翻訳し変転させることの象徴こそが、観客の目には見えない「黄金の馬車」というメタファー（隠喩）ないしはシニフィアン（印）なのである。

4 「あたしがあたしの居場所で何をしようが勝手でしょう」——勾玉と桶

　有名な弓の使い手であるラモンが芝居に足繁く通っているという噂を聞きつけて、新たな村人たちが八幡宮の境内にやってくる。今度の演目は「天の岩戸」だ。天照大御神を演じるカミーラは、謡の意味がわからずに「やさかのまがたまってなんじゃ？」などと言い合う村人に、あえてじゃらじゃらと勾玉(まがたま)を振って見せたり、ジェスチャーで教えたり、村人の反応に合わせて演技を変更していく。一方、すさのお役のフェリペは、「田舎者たちに、神世の物語を伝えてやろうというのだ」と村人の反応など意に介さない。それどころか芝居中にもかかわらずカミーラに、「さむらいや殿様に色目を使って！　芝居をくずして！」と怒りをぶつける。カミーラは「あたしがあたしの居場所で何をしようが勝手でしょう」と言い返し、あまてらすが天の岩戸に隠れる場面そのままに、楽屋へと戻っていく。
　一座にとって芝居は、金を稼ぐための生業(なりわい)でもある。フェリペと違い、カミーラは観客の反応に敏感で、台詞を変えたりすることもいとわないが、これはカミーラが観客に媚びているということではない。最初からカミーラの頭のなかにあるのはただ1つ、芝居が観客に受けるか受けないかであり、その一点についてはブレがない。カミーラは迎合するのではなく、ただ役者として自分の意志を貫いている——彼女にとっては、まさに「役者たち、道化、ものまね、太鼓たたきに軽業師が仲間」だからだ。演目の後、領主と村人それぞれが「至極堪能したぞよ。言葉も意味もようわからぬが」とか、「ええもんじゃぞう。いみはようわからんが」と芝居の感想を言う台詞がある。同じ「意味がわからない」でも、出自も生活も文化も天と地ほど隔たった貴族と農民とではわからないことも正反対だろう。異なる立場の人が見ても面白いと感じられること、それがカミーラにとって「受ける」ということなのである。
　天の岩戸に隠れたあまてらすの役と同じようにすさのお／フェリペに怒り、次の出番まで楽屋で休むカミーラのもとに、領主の使いが黄金の髪飾りを届けにくる。このときはひな壇が楽屋に見立てられ、そこでフェリペとカミーラが口論している間、舞台ではあめのうずめの命が桶を伏せ、その上で踊り

始める。「胸乳(むなち)かき出で裳紐(もひも)を　ほとに　おしたれき」——演劇の始まりとも言われる有名なくだりだ。しかし美也古座のあめのうずめの命は、妖艶な美女ではなく皺だらけの老女優で、しかも肉襦袢で作られただらりと垂れた胸を出しながら、裏返された桶の上で足踏みをするというコントのような誇張ぶりである。その一方で楽屋では、フェリペがカミーラに別れを告げ去っていく。この後すぐにあまてらすをおびき出すシーンになるので、カミーラは慌てて舞台に戻り「楽屋＝天の岩戸」から現れる。つまり、ここでも舞台と楽屋という、劇中劇の入れ子構造が現実と劇との反転という、さらなる入れ子構造を内蔵する。まるで合わせ鏡のように、どちらが表か裏か、どちらが本物か偽物か、観客の意識は揺さぶられる。劇中劇を『古事記』にすることで、日常生活と劇とがリンクし、創世神話が演劇によって異化され、演劇が神話によって生かされる。この秀逸な空間構成は、芸能と神話を日常へと還元していくとともに、劇を日常へと還元していくのである。

5　「黄金の馬車はわたしたちのものよ！」——剣と小旗

　領主の館では、戦費調達のための閣議が開かれる。そのことに対応して、一座の次の演目は、戦いの物語「八岐大蛇(やまたのおろち)」である。剣を片手にすさのお役を演じるのはカミーラ。ここでもメタシアトリカルな見立てが効果を発揮する。八岐大蛇は八人で演じられるが、座員たちのなかになぜか1人だけ村人が交じっているのだ。彼らの山車の左右に分かれ、それぞれ家紋が入った幟をすさのおへと向ける姿は『古事記』ではなく、先ほどの閣議で話題となった国境の戦を連想させる。すさのおによる八岐大蛇退治は、現実の争いも、さらにカミーラと男たちとの戦いをも、演劇的な翻訳として物語るのである。しかも、すさのおが途中で付ける仮面は、カミーラ自身の顔も見える骨組みだけのもので、すさのおとカミーラの2つの顔を同時に見せる。さらに言えば、もともと仮面なしですさのお役を演じていたカミーラの顔を仮面という役柄で覆うのではなく、骨組みの仮面をかぶせて透かせることでかえって役柄の下の顔を浮かび上がらせる反転した仮面なのだ。

　すさのおが八岐大蛇を退治して、三種の神器である草薙の剣と櫛名田比売(くしなだひめ)を手に入れ、芝居は最高潮となる。座員と村人が入り乱れ、両手に旗を持っ

てすさのおの勝利を祝福すると、村人に担がれたカミーラは剣を掲げながら、「なにやってるんだい。黄金の馬車はわたしたちのものよ！」と座員と村人を先導して花道へと去っていく。フランス革命を描いたドラクロワの名画「民衆を導く自由の女神」さながらに、すさのおがカミーラに戻っても、武士たちを倒したすさのおの勝利がカミーラという役者のなかで継続し、祝祭が革命を導くという歴史の必然が演劇化されるのだ。ふたたび花道から「馬車を出せ！」という掛け声とともに、カミーラが一行を率いて現れる。貴族たちとカミーラとの間で、領主は実際に両者間を行ったり来たりして、ひな壇を走り回る。その間もカミーラたちは太鼓を叩きながら「馬車を出せ！」との声をやめない。さらに観客にも小旗を渡し、一緒に盛り上がるように促すことで、舞台上の革命の流れは客席にも伝染する。この熱気の伝播は、本作における布の変化に似ている。舞台が始まるときの一座の幟も八岐大蛇の旗も、どちらも布だが、印や持つべき人間、置くべき場所によって意味が変わり、しかも布であるにもかかわらず観客にその小さなひらひらしたものが渡ると、革命の応援ともなる。そしてここで奇妙なことが起こる。領主の態度に失望するカミーラの言葉は、スピーカー／ムーバーの形式をとって、カミーラ自身ではなく座員の一人から発せられるのだ――劇中劇『古事記』の場面ではないのに。黄金の馬車がついに出現するかと観客に期待させる瞬間、示唆される動作と語り、身体と言葉の分離。この距離こそが、メタシアターの象徴である〈黄金の馬車〉を喚起する前奏となるのである。

　ついに痺れを切らしたカミーラが山車で舞台と楽屋を仕切る役割をしていた暖簾をくぐり、一同を連れてひな壇を駆け上がり馬車庫へ突入していくと、山車にかかっていた暖簾もはずされ、骨組みだけになった山車が出現する。その寂寥とした姿は、先ほどまで舞台だったことが嘘のように、山車という存在そのものを脱構築してしまう。馬車庫の上からカミーラが顔を出し「いざ行かん！　われらが黄金の馬車なるぞ！」と叫ぶと、黄色の照明を当てられた山車を座員たちが回し始める。その輝く姿は黄金の馬車そのものとも見えるが、観客ははたしてそれが本物の黄金の馬車なのか確信が持てないまま、山車は表でも裏でもなく横向きに止まり、しばし暗転の後、座員たちの歌とともに最後の演目が始まる。

6　「いいえ、私には芝居が現実。ここに残るわ」──鏡と御簾

　最後の演目は『古事記』に出てくる登場人物を用いた創作、カミーラ演じる「かるはたひこ」による姫選びである。しかも観客の村人はもういない。カミーラと姫役の3人が舞台に上がると、横向きだった山車はふたたび正面に向きを戻し、3人の姫それぞれが、かるはたひこに求婚していく。その求婚の台詞の間に、姫は1人ずつラモン、フェリペ、領主に変わっていく。それぞれアイマスクを付け、姫役の髪飾りを取り自分に付けると、台詞の合間に、カミーラに自らの想いを伝える。3人はまるで三種の神器だ。どの神器を選べばいいか、カミーラはそれぞれの言葉に耳を傾けるが、結局マスクをとった3人はけんかとなる。ついに現実が芝居のなかに逆流し、現実によって芝居が飲み込まれてしまうかと思いきや、カミーラの口から言葉が出る──「出てお行き！　私の舞台から！」。あまりに複層化しすぎたメタシアターの迷路から、シアターそのものを救い出そうとするかのように、カミーラは〈演劇という彼女の現実〉にあくまで踏みとどまろうとする。そしてこの覚悟が、必然的にカミーラという役者の孤独を招く。場が錯綜し、どこに現実があるのかわからないなかで、境内に残るカミーラに座長が言う──「カミーラ、もうこの地では芝居は打てないんだ。／われらの芝居は、この地の現実に深く関わりすぎた。いまわれらの芝居は現実から復讐されているんだ」。カミーラの答えは、「いいえ、私には芝居が現実。ここに残るわ」。この表明は、3人の誰かと結婚する日常の幸福ではなく、女優であることを選んだということなのだろうか。しかしそもそも日常と演劇とは対立するものなのか。それは別物ではあるかもしれないが、天秤のように、どちらが欠けても存在しえないものなのではないか。これまで反転し、逆流し、回転してきた舞台におけるカミーラの返答は、座長の「現実から復讐されている」という言葉に、より深刻なリアリティーを付与するのである。

　厳罰に処せられるはずの境内での出来事は、カミーラが黄金の馬車を八幡宮に寄進したことで事なきを得る。そのことを告げに御簾越しに現れる大宮司は、長い髭に身ぶり手ぶりをつけて、いかにもうさん臭い。しかも声を出しているのは別の役者だ。つまり彼は大宮司ではなく、大宮司を演じている

座長（阿部一徳）とカミーラ（美加理）［撮影：日置真光］

役者にすぎない。ここで、これまでのいくつかの奇妙な点が思い起こされる。もともと村に一座が来て芝居をおこなう、劇中劇構造と思っていた舞台だが、実はもう1つ外側にメタシアトリカルな枠組みがあったのではないだろうか。つまり、美也古座の座員たちのほかに、その観客である村人と貴族たちがいると思っていたのだが、実のところ全員が美也古座の一員で、すべてが美也古座による私たち観客に対する芝居ではないかということだ。そう考えると、八岐大蛇の旗持ちに村人が交じっていたことも、あめのうずめの命の不自然な肉襦袢も、貴族たちの濃い化粧や演技も、ラモンの矢文の音を出していた黒子の存在も、カミーラの言葉がほかの俳優から発せられるのも、すべて納得がいく。村人たちが面を着けていたのも当然で、あらかじめ説明するのも客いじりをするのも賑やかしや楽屋オチではなく芝居の前座そのもので、すでに始まりから観客は騙されていたのかもしれない。随所で見せられたおかしみは、観客を笑わせるための小細工ではなく、壮大な仕掛けのではないか。だが仮にそうだとすると、むしろより構造は複雑さを増す。すべてが美也古

座の芝居だとすれば、美也古座＝SPACと考えれば話は簡単だ。しかし、実際に観客が観ているのは劇中劇構造を用いた舞台であり、そのなかでは芝居の内容が現実に逆流しているではないか。しかも、ときに観客も旗を振るなどして参加させられるため、完全に枠組みの外にいて舞台を把握することは困難だ。さらに回転する舞台が、場面の裏表、劇中と劇外という空間変化を操作することで、観客の意識は劇中劇と現実という２つの空間の変化を捉えようとして、ついに捉え損なう。山車が横を向き、表も裏も見えた瞬間、種明かしのように空間は開かれたはずなのに、である。

おそらく『黄金の馬車』のなかで最も大事なのは、どこまで劇中でどこからが劇外かを見分けることではなく、現実と舞台との区別が把握できないことにあるのだ。「天の岩戸」で演じられていた、あまてらすが岩戸から外を覗いたとき鏡を差し込むと、あまてらすは鏡に映る自分の姿を別の神と思い、さらに覗こうとした瞬間、外へと引き出される場面。鏡が映し出すのは自分であり、かつ、他人である。カミーラであり、いざなみ。どちらが真でどちらが偽とも、どちらが表でどちらが裏とも言えない。そしてついに黄金の馬車はその姿を現すことがない。〈黄金の馬車〉とは、真でも偽でも、表でも裏でもない、メタシアターそのもの、私たち観客がいた劇場そのものだったのではないだろうか。

大宮司が去ると、貴族たちは花道からゆっくりと去っていき、役者たちは石のひな壇に広がり歌う――「見たまえ　尊みたまえ　歓びたまえ　聞きたまえ／ここにある役者カミーラの勝利を記念し、／一幕ご覧に入れましょうぞ／お目にかけまするは、／天地を生みたもう女神、絶世の美女、／世を惑わす悪女にして、穢れなき処女。／カミーラ一世一代の物語」。最初はリズミカルな演奏とともに歌われていた歌は、繰り返されるうちに演奏がなくなり、最後は「……カミーラ一世一代」で、突然切れる。この劇は、美也古座によるカミーラの一代記だったのだろうか。それとも美也古座もまた、カミーラの物語の一部なのか。その答えの手がかりは、最後の役者とカミーラとの対話にある――。

役者　人生とやらに　カミーラよ　お前の居場所はありはせぬ。／役者たち、道化、ものまね、太鼓たたきに軽業師が仲間だ。／幸福を、お前は舞台で見つける。／毎晩、ほんのひととき、役を演じる間だけ、我を

忘れる間だけ／演じる役の中にだけ、カミーラよ　お前の真実の姿を発見するのだ。
カミーラ　フェリペ、ラモン、殿様……みんないない。もういない。もう存在しない。もういないの？
役者　もういない。見物人の中に消えた。寂しいかい。
カミーラ　ええ、少し。

「もう存在しない」とはどういうことだろう。その場を去ったということか、それとも役が終われば存在がなくなるということか。「ええ」と呑み込まれた返事は「いいえ」とも聞こえ、「ええ」と「いいえ」の境もわからない。この圧倒的に孤独な応答のうちに、舞台は青くなり歌っていた座員たちは青の闇に沈み、夜空と見分けがつかなくなる。その宇宙のような青い闇を、カミーラがひとりで背負う。無限の孤独のなか、あくまで立ち続けるカミーラの静かな存在に打たれるとき、観客は舞台という鏡のなかに見いだすのだ、演劇というメタシアターの登場人物としての自分を。

7　役者と孤独

　演じること、観ること、演劇はさまざまなことに耐え、自身の孤独に向き合う力を養う。人間は独りであるからこそ、愛や友情を他人と分有することができる。それが形になったものが演劇であり、舞台であり、役者と観客とが作る劇場である。
　宮城は、本番の幕が開けば演出家の仕事が終わるとは考えない演出家である。常に自分が演出したすべての舞台を注視し、いちばん後ろの客席の暗がりのなかで、気がついたことを微に入り細をうがってメモする。それが舞台終了後にスタッフや役者たちに伝わり、舞台の修正がなされていくという。なぜかと問われて彼は、稽古中どんなに客観的に見ていたと思っていても、観客とともに見ないと気づかないことが必ずある、と言う。だからほんの小さな違和感も、宮城は見過ごせない。そんな演出家の執念が、次の本番、次の作品に生きる。だから宮城演出による再演の作品には常に驚くべき変化が生まれている。

優れた演出家とは、役者の孤独を最もよく知る者だろう。カミーラのように孤独の「寂しさ」に耐える者だけが、全世界をその身体に背負える者だけが、観客にさみしさや怖さだけではない、孤独の気高さと尊さを教える。『黄金の馬車』は、喜劇でも悲劇でもない、孤独で多様な人生劇だ。そのような孤独に向き合う力を、人間の多様性への信頼において育むことができれば、私たちは自らの人生の革命をも怖れず、黄金の馬車に乗ることができる。演出家と役者と観客を乗せたSPACという馬車は、国境や文化、時間や歴史、そして現実と劇の入れ子構造を超えたメタシアトリカルな空間を抱いて、トランスナショナルな旅をいまも続けているのである。

❖コラム2❖

舞台芸術公園

　『黄金の馬車』が上演された野外劇場「有度」は舞台芸術公園のなかにあります。東静岡駅すぐの静岡芸術劇場からバスで10分ほど、日本平の北麓、山中の一画が舞台芸術公園です。茶畑や林の間の小道を歩いていくと、まず右手に「有度」があり、進んで左手にブラックボックス・タイプの「BOXシアター」、いちばん奥に屋内ホール「楕円堂」。春のフェスティバルには、静岡芸術劇場とこの3つの劇場でさまざまな公演がおこなわれます。木々の美しさや緑の匂いに迎えられて劇場までの道を歩く……世界でもこんなぜいたくな舞台施設を持っているところは稀だと思います。

　舞台芸術公園の劇場はどれも個性的で、とりわけ楕円堂の美しさは特筆に値します。地味な外見は周りの木々に調和し、なかに入ると畳敷きのスペースから周囲の景色が望めます。薄暗い階段を降りていった舞台は、その名のとおり楕円形──あらゆる点で通常の劇場体験とは違う感覚が得られるのです。楕円の舞台も、その弧に沿った客席も広くはありませんが、ドーム型の高い天井があり、空間そのものが発光しているという印象を受けます。ところがこの楕円堂では2007年の『コヨーテ・ソング』以外、宮城さんの演出作品は上演されていません。おそらく楕円堂は小さすぎて、物理的にも観客と俳優の距離が近いうえに、楕円堂の特殊な空間性においては、俳優と観客がお互いに客観性や他者性を失ってしまうという恐さがあるのかもしれません。

　劇団も劇場も多数あってそれぞれが一定の観客を相手にしているだけでいい東京から、静岡の公立劇場に移った宮城さんには、限られた観客のための小さくて特別な劇場ではなく、緑の木々のざわめきがそのまま聞こえ、多くの観客が見ることのできる有度がふさわしい。寒さも雨もコントロールできない野外劇場は、演じる側にも観る側にも、演劇とは自分の欲望どおりにならないものであることを教えてくれるのかもしれません。

第3章 『グスコーブドリの伝記』——科学とお茶

2015年1月17、18、24、31日、2月1日／静岡芸術劇場

作：宮沢賢治
脚本：山崎ナオコーラ
ドラマトゥルク：西川泰功
音楽：棚川寛子
舞台美術デザイン：深沢 襟
照明デザイン：小早川洋也
音響デザイン：加藤久直
衣裳デザイン：堂本教子
舞台監督：内野彰子
演出補：中野真希

出演
グスコーブドリ：美加理
グスコーナドリ、ペンネンナーム：阿部一徳
となりの席の学生、タチナの男2：池田真紀子
目の鋭い男、タチナの男1：大内米治
サリ、パン屋：木内琴子
赤ヒゲ、タチナの男3：大道無門優也
ネリ：本多麻紀
おじいさん、看護師：森山冬子
同僚：山本実幸
てぐす工場主：吉植荘一郎
クーボー大博士：渡辺敬彦

❖ストーリー❖

　父親の木こりのグスコーナドリ、母親のサリ、妹のネリとともに森のなかで暮らしていたグスコーブドリは、冷害による飢饉で父母を失い、妹も人さらいに連れ去られてしまう。目覚めると、自分の家はてぐす工場になっていて、ブドリはしばらくそこで働くが、火山の噴火による灰の被害で工場は閉鎖。森を出たブドリはオリザを育てる赤ヒゲの沼ばたけで働きながら、肥料設計について本を読んで学び、収穫にも貢献するが、ここでも冷害が続いて沼ばたけにもいられなくなる。汽車に乗って町へ出たブドリは、クーボー博士の大学で学び、博士の紹介でイーハトーブ火山局のペンネン

ナーム技師の助手となる。ブドリは家庭を持ったネリに再会し、2人で父母の墓を訪ねる。ふたたび飢饉を引き起こす冷害の予報を知ったブドリは、気温を上昇させるためには、火山を人工的に噴火させるほかないと考え、1人で火山へおもむく……。

1　「あらゆる透明な幽霊の複合体」

『グスコーブドリの伝記』は、ク・ナウカ シアターカンパニー（「ク・ナウカ」はロシア語で「科学へ」を意味する）時代から宮城聰が関心を寄せてきた科学と人間生活との関係を探る作品である。宮沢賢治は多くの詩や童話を残し、その主題は多岐にわたるが、そのなかの一つに、人間が作った科学技術が人を幸せにするのかという問いがある。それは、2011年3月の東日本大震災に伴う原発事故によって、近代の人間生活を支えてきたとされる科学技術に疑問を抱かざるをえなくなった人々にとって、きわめて重い問いだ。この問いに応答するためのヒントが、賢治の詩集『春と修羅』の序にある——。

> わたくしといふ現象は／仮定された有機交流電燈の／ひとつの青い照明です／（あらゆる透明な幽霊の複合体）／風景やみんなといつしよに／せはしくせはしく明滅しながら／いかにもたしかにともりつづける／因果交流電燈の／ひとつの青い照明です／（ひかりはたもち　その電燈は失はれ）(宮沢賢治「春と修羅」序、『宮沢賢治全集Ⅰ』〔ちくま文庫〕、筑摩書房、1986年、15ページ)

ここで「青い照明」とされている「わたし」とは、「あらゆる透明な幽霊の複合体」とあるように、数によって個別に分かたれた存在ではなく、「風景やみんなといつしよ」の、この宇宙のあらゆるものと重なり合った何かである。そのような「照明」を可能にしているのは、「交流電燈」という科学技術なのだが、しかし人が作り出す科学の能力には限界がある。科学の成果としての「電燈」技術はいずれ「失はれ」ゆくが、人間や動物や風景といった「みんな」は「ひかり」として「たもち」続けていく——あらゆる科学は自然存在の幸福のためにあるのだ。

このように想像された科学と人間との理想的な関係を、賢治が創作した最

後の長篇童話である『グスコーブドリの伝記』も描こうとしたのではないだろうか。そして宮城聰による上演の核心も、そこにあるのではないか。この上演が「自己犠牲」の物語として読まれることが多い『グスコーブドリの伝記』を、そうした道徳的な解釈からどのようにして解き放つかを考察し、科学と人の幸福の関係をめぐる近代の重要な問いに迫りたい。

2　「蘭の花を煮よう」──絵本と白衣

　賢治童話の舞台化が難しいのは、戯曲がイメージ化されるために書かれた文字だとすれば、童話はイメージを文字化したものと言えるからではないだろうか。一度文字化された心象風景（イメージ）に、ふたたび形を取らせること。つまり原作が持つ音楽性や色彩、不可思議な世界観を、舞台という具象に変化させることは、宮沢賢治のように人口に膾炙した作品では、さらに困難になるだろう。この難問に応えるため、演出の宮城聰は「人形劇」による「絵本」という新たな方策を編み出す。

　装置は、つながった12個の白い四角い木のフレーム。芝居が始まると、舞台中央に菱形に組まれたフレームが、音楽とともに俳優たちによって開かれ、そのフレームの一つが舞台正面で止まる。すると次の瞬間には、四角いフレームのなかでブドリと妹ネリが「蘭の花を煮よう」と言って遊んでいる。おそらく、ごく短い暗転の間に俳優たちはフレームのなかに入ったのだろう。このブドリとネリによる最初のページができあがった瞬間から、観客は「絵本」の世界を旅することになる。フレームにはそれぞれ木、花、馬など、木で作ったオブジェが掛けられ、ページごとに異なった背景を見せる。たとえば、ブドリが働く沼ばたけの場面では、12個のフレームが楕円形に展開し、そのうちの一つである正面のフレームが絵本のページの輪郭を表し、そして広がった部分は、沼ばたけ全体を表現する。このフレームはページとしての外枠だけではなく、場面を描く装置としての役割も果たす。また、装置やオブジェの直線的なラインと共鳴するかのように、ブドリが最初に働くてぐす工場で紡いだ糸も、火山局で肥料を撒くために降らせる雨も、空間に直線を引いたように上から降りてくる──この舞台は幾何学で組み立てられた世界なのである。

ブドリの家族、ネリ（本多麻紀）、グスコーブドリ（美加理）、サリ（木内琴子）、グスコーナドリ（阿部一徳）［撮影：日置真光］

　役者が操る人形は、等身大よりも一回り小さく、顔も胴体も固定され、両手に操作棒がつくシンプルな構造で、衣装は淡い色合いのパッチワークだ。しかも顔部分には、操作する俳優自身のモノクロの写真が使われているという、ユーモラスな造形だ。俳優たちは、顔の部分に網が垂れた白い帽子にハイカラーの白いコートを着ており、昆虫学者か保健所の職員、あるいは山高帽にロングコートを着た、有名な写真にある賢治を彷彿とさせる姿で人形を操る。つまり人形劇ではあっても、一般の人形劇における黒衣(くろこ)としての人形遣いという主従関係ではなく、ここでは人形と俳優は同列に存在しているのだ。俳優の顔写真が付いた人形は、人形を通して俳優を透かしながらも、そのモノクロの顔からは、俳優がモノトーンの本の世界に入り込んでしまったかのような印象をも与える。そのうえ、本来、影であるべき人形遣いと光であるべき人形との関係が、「白衣(しろこ)」とでも呼びたくなる全身白ずくめの姿によって裏返されている。この人形劇では、操作する人間を隠すのではなく、人形と俳優とが重なっているのだ。一体化するのでも分化するのでもない人形と俳

優の関係は、実際に操作棒で結ばれていることが示すとおりの、延長線の関係ではないだろうか。棒という線を通じて人形と人間、互いが互いの真似をする――この人形の存在は、〈私〉の単独性に対する問いかけ、すなわち「ひとり」が「みんな」でもあるようなあり方への示唆である。ただ唯一グスコーブドリだけは人形ではなく、俳優によって演じられる。しかし、ブドリ自身の動作も様式化されており、人形のなかにいてもまったく違和感がない。ブドリだけが人形でないのは、ブドリがこの物語を旅する主人公であるだけでなく、この絵本のページをめくる読み手だからだろう。

　絵本と人形、この組み合わせを結び付けるうえでの不可欠な要素が、頻繁におこなわれる暗転である。この舞台では、大きな場面転換だけでなく、通常の舞台ならそのまま続いていく一連の流れの途中にも暗転を入れることで、暗転による断絶ではなく、むしろコマ送りとしての場面の連続性が生み出される。それは、ページからページへと移動する間であり、ちょうど『銀河鉄道の夜』で、丘の上にいたジョバンニが気づくと列車の車内にいるように、現実と夢、移動と静止との境が地続きになる場である。この暗転効果によって、空間と時間は交錯し、観客は日常から変質した不可思議な空間を旅するのだ。

　このようにして宮城は、子ども向けの教訓話やおとぎ話に収束させることなく、賢治童話を舞台化する。それは、文字に対抗して過剰なファンタジー世界を作り上げる"足し算"ではなく、形も色も動きも抑えることによる、舞台化という三次元の世界から絵本という二次元の世界へのいわば"引き算"とも言える。その結果、二次元でも三次元でもないような、その間にある淡い世界を現出させ、賢治童話のイメージ化が可能となる。しかし、こうしたおぼろげな世界のなかで、1つだけ存在のはっきりとしているものがある。それはブドリが持っている青い手帳だ。この手帳の意味を考えるために、次に「科学」について考えよう。

3　「ここはサイエンスフィクションの世界ですからね」――上着と煙

　父母と妹と一緒に森のなかで暮らしていたブドリは、冷害で作物が取れなくなり、父と母は死に、ネリは目の鋭い男に連れ去られて、ひとりぼっちに

なってしまう。ブドリが次に気がつくと、森の家はてぐす工場になっている。そこで働いていたブドリは、火山の灰をかぶりてぐすが死んでしまったため、次に赤ヒゲの沼ばたけで肥料設計などをするが、そこでも冷害でオリザが実らなくなり、赤ヒゲからジャケットとお金をもらって町へ出る。森や農村とは違って、都市という近代科学の養成所で自立して仕事をするためには、上着と金銭とが不可欠だからだ。そしてブドリは町でクーボー博士の歴史の授業を受け、火山局で働くことになる。森から町へ、農業から科学へ、ブドリは場所と仕事を移動していくのである。

　脚本の山崎ナオコーラは、原作から単に台詞を起こすのではなく、賢治の人生や作品の畑を丹念に耕し、そこにある言葉を丁寧に拾う。たとえば、この舞台の鍵ともなるブドリの言葉、「世界が全体、幸福にならないうちは、個人の幸福はあり得ない」は、賢治の論考「農民芸術概論綱要」から引いてきたものだ。登場人物たちが語るどの台詞も、まるで賢治が書いた言葉のようであり、さらに随所から賢治童話に頻出するオノマトペも聞こえてくる。宮城作品は俳優による打楽器の生演奏を特徴とするが、今回は舞台奥に並んだ演奏エリアから、打楽器ならではのメロディーではない音の粒子とともに、演奏者によりオノマトペが発声される。たとえば、火山の場面では「がーん、どろどろどろどろ、のんのんのんのん」という声が音楽と重なって響く。またブドリが泣く場面では、ブドリ自身が「ぽろぽろぽろ」と声に出して言う。ここでは音と言葉、言葉と声の区別は消えている。オノマトペは音楽となり、音楽もまた言葉となる——賢治の詩が文字を超えて演劇となるのだ。

　さらに山崎は、賢治自身の姿をブドリに重ねる。そのための仕掛けが「サイエンスフィクションの世界」というキーワードである。原作にないこの言葉は、てぐす工場主と、火山局のペンネンナーム技師、そしてブドリ自身によっても使われる。てぐす工場主はブドリに、「ここはサイエンスフィクションの世界だからな。ここにあるのは、普通は普通でも、サイエンスフィクションの世界の普通だよ」と話し、ペンネン技師は「ここはサイエンスフィクションの世界ですからね。できたらいいなと思うことで、できてしまうことがあります」と語る。そしてそれらを聞いてきたブドリ自身が「考え始めたってことは、できるも同然なんだ。このサイエンスフィクションの世界においては」と再会を果たした妹ネリに告げる。「サイエンスフィクション」は、この物語がフィクションであるということではなく、世界そのものに対

峙する態度のあり方を示す単語である。いわゆるSFが科学的な仮想のもとに書かれるとしたら、ここで言われているサイエンスフィクションは賢治が夢見た科学によって思い描かれる理想のことだ。さらにここでの科学とは、自然を征服するためのものではなく、ブドリのように肥料設計をし、日照りや冷害、火山の噴火などの自然災害とどう向き合うかを考えるための手段であり、端的に言えば、農民の暮らしをよりよくするための技芸(アート)のことである。ここにおいて科学と芸術は一致する。冷害の予報を受けてブドリはつぶやく、「しかし、僕は諦めないぞ。何かしら方法があるはずなんだ。だって、ここはサイエンスフィクションの世界なんだから」──サイエンスフィクションの世界とは、人々が幸せになる可能性を考えることができる世界という意味なのである。

　町に出たブドリが最初に出会うのは、学校で歴史を教えているクーボー博士だ。博士の学問概念・科学観は解釈よりも観察を優先し、徹底した相対主義的態度に貫かれている。「未完成、すなわち完成」と言うように、クーボーは正誤の判別しがたさを基本的な発想としていて、「どの歴史が本当の歴史かということは、誰にも言うことができない」のだから、あらゆる角度から見ることを生徒たちに薦める。だから、ブドリが煙突から出る煙の種類を観察したままに描写すると、それに合格点を与えて火山局への就職の世話をしてやるのである。このような相対主義的なまなざしは、作品全体に共通する。ネリをさらっていった男にも、あるいは後になって畑に肥料の雨を降らせたブドリを恨んで襲いかかる町の人々も、単なる悪人ではなく、それぞれにいたし方のない理由があるのだ。

　ブドリがはじめて火山局を訪れたとき、ペンネン技師は、火山の雰囲気を知るには感性が大切と教えながら、火山の雰囲気を測定する装置を見せる。装置に驚いたブドリは「雰囲気まで、数字や図に起こせるなんて。それなら、芸術も科学も、おんなじものなんですね」とペンネン技師に言う。これこそが賢治の目指していた科学／芸術の理想ではないだろうか。科学は想像する未来を作るためにあり、それは芸術という想像と変わることがない。想像こそが科学を科学たらしめる。この科学と芸術を重ねた劇が示すのは、科学や芸術そのものに対する問いと覚悟だ。そしてそれは、青い手帳を携えながら働き続けたブドリの「仕事」への問いかけとなるのである。

4 「農民になりたい」──手帳と肥料

　自然環境が厳しい東北の地で、農業という科学と文学という芸術をともに実践して生きた賢治自身の願いを私たちに伝えるかのように、ブドリは「農民になりたい」「本当の仕事がしたい」と繰り返す。だが、ここで興味深いのは、ブドリは実際に沼ばたけで働いている最中にも「農民になりたい」と口にすることだ。沼ばたけで働きながらも自分を「農民」とは考えない、ブドリが目指す農民とはいったい何者なのだろうか。

　両親や妹と離れてから、常にブドリとともにあったのは青い手帳である。ブドリはまず、家の本で文字を覚えた。その後、てぐす工場主から青い手帳をもらうと、そこでは養蚕の本を、沼ばたけでは農業とクーボー博士の本を読み、町へ出た後は、クーボー博士の授業でも火山局でも、ブドリはひたすら学んだことや考えたことを手帳に書きとめる。養蚕、農業、歴史の授業、火山局の仕事……あらゆることを手帳に書きとめるブドリだが、町へ行く汽車のなかで、「でも、今は、手帳にぎっしりと文字を書いたり、うっとりする言葉を頭に浮かべたりするだけでは、幸せになれない。沼ばたけで働いて、農民になりたいって思ってしまったから」と言う。農民になりたいと思いながらも、ブドリは文字や言葉を捨てはしない。この後もブドリは青い手帳を肌身離さず持ちながら、書き続け、農民をつらさから救う方法を考える。つまり「農民になる」ためにブドリは書き、考え、動く。書くという行為が肥料となり、ブドリの思考を育み、生育した思考は行為という実となる。それこそが、ブドリのいう「本当の仕事」なのだ。

5 「未来は明るいです」──木枠とテープ

　「本当の仕事」を求め続けたブドリは、火山局でやっと自分本来の仕事を見つける。子どものときに味わった冷害がまた予想されると、その解決策にブドリは火山を人工的に爆発させて、一時的に気候を温暖にする方策を提唱する。しかし、それを完遂するには、誰かが爆発の瞬間まで火山の傍にいなく

木枠をたたむブドリ（美加理）［撮影：日置真光］

てはならない。死の危険がある火山での作業へと向かうブドリを止めようとするペンネン技師に、「未来は明るいです。僕よりもっとなんでもできる人が、僕よりももっと立派に、もっと美しく、仕事をしたり笑ったりして行きます」とブドリは言う。つまりブドリにとって、仮に自分が最初の一人であっても、大切なのは、最初の一人がいるかぎり、次に続く者がいるということなのだ。そして、ブドリは本当の仕事をするために火山に向かう。しかしこの本当の仕事を、自己犠牲などという安易な言葉で形容すべきではない。ネリに「世界が全体、幸福にならないうちは、個人の幸福はあり得ない」と説明するブドリには、火山に行くのも誰かのための犠牲などではなく、自己の幸せのためなのだから。

　火山に到着したブドリは、その細い体で12面すべてが開いた重い木のフレームをひたすらたたんでいく。薄暗い照明の、音がない静寂のなかに木枠のきしむ音だけが響く。それはとてつもなく孤独な営みである。しかし、その姿を見守る人々がいる──舞台の端に立つブドリを手伝いにきた町の人

第3章　『グスコーブドリの伝記』

と、舞台の奥にたたずむ演奏者たちだ。たたんでいる途中で、ブドリがわずかにうなずき町の人を帰すと、まるでブドリに力を貸すかのように、演奏者たちがふたたび音楽を奏で始める。〈わたくし〉は〈みんな〉の複合体となるのだ。静まり返った客席からすすり泣きが漏れるなか、形を持たない音という無数の言葉が宙を舞う。

　絵本のページを後ろから閉じていくように折りたたむと、白木のフレームは始まりと同じ菱形になり、ブドリはその中心に入る。青い手帳を持った手を山に向けて伸ばすと、火山が噴火し、きらきらと光る赤いテープがブドリの上に落ち、噴火の発光とともにブドリの姿は見えなくなる。しかし、ブドリは噴火で焼かれて死んだのだろうか。手を伸ばしてまっすぐになったブドリの姿は、フレームの直線と重なる——そのときすでにブドリは、木枠の、風景の、自然の一つとなっている。こうしてブドリもまた、賢治の言う「わたくしといふ現象」となったのである。

6　「お茶を淹れましょう」——模型とページ

　この作品は真似と遊戯に満ちている。子どものときのカッコウの鳴き真似。本を真似して覚えた文字。ブドリは、別の名を持つ花を「百合にとても似ている」とじっと見つめ、クーボー博士が授業で使う模型は、この舞台装置のミニュチュアだ。擬声語・擬態語であるオノマトペは真似そのものである。言葉が涙の真似をし、涙の真似をした言葉は、音の真似をする。人形は俳優の真似をし、俳優もまた人形の真似をする。なぜこんなにも人々は真似するのか。それは「楽しいから」、ではないだろうか。

　この舞台では最後に、ネリとペンネン技師がお茶を飲みながらブドリについて語り合う、原作にはない場面が加えられている。そこでネリはブドリに似た少年と隣にいる女の子を見つけて「人間ひとりひとりわけて考えるなんて、ばからしいことだったな」と独り言のようにつぶやく。そしてブドリが残した青い手帳を、ブドリが使っていた椅子の上に開いて置くと、そこには大きく「の伝記」と書かれている。こうして、絵本という舞台は、青い手帳そのものと重なる。固有名詞が付かない「の伝記」は、この伝記が「グスコーブドリ」だけの伝記ではないと私たちに告げる。これはあらゆる人に開か

れた伝記なのだ。ブドリに続く次の人のページが開かれ、また新たな物語が始まる。今度はブドリによく似た少年の伝記かもしれない。その少年が、人形ではない役でそのページを旅し、そしてその旅のなかでは、ブドリが人形となって登場するかもしれない——〈わたくし〉は〈みんな〉なのだから。

　物語の最初に戻ろう。ブドリがネリと蘭の花を煮て遊ぶ場面。父親がネリに、兄に遊んでもらってよかったと声をかけると、ブドリは妹のためではなく「僕が楽しくなるから」蘭の花を煮ているのだと答える。それから、飢饉で食糧がなくなると、食い扶持を減らすため父親は「森へ行って、遊んでくるぞ」と言って家を出る。実はここに物語のすべてが予見されていた。父親が「遊ぶ」のも、ブドリが火山に行くのも、家族や人々のための犠牲なのではなく、自分が「楽しくなるから」だ。学ぶとは真似ぶことであり、「勇気」は「遊戯」によって培われるのである。

　こうしてブドリの物語は終わる。しかし、ブドリと似た誰かの、またブドリかもしれない誰かの物語は続いていくのだ。青い手帳のページが開かれたなかには、また青い手帳を持った誰かが現れるだろう。この舞台は、すでに時間と空間を超越し、二次元でも三次元でもない、四次元の世界となっている。ただ目の前の「いま」ではなく、終わらないいまとその未来、それこそが演劇だけに可能な「四次元的現実」——賢治が、『春と修羅』の「序」で「すべてこれらの命題は／心象や時間それ自身の性質として／第四次延長のなかで主張されます」（前掲「春と修羅」18ページ）と書いたような。

7　幸福と科学

　演劇もまた世界を知るための「科学」にほかならない。それは、いわゆる自分探しの旅などではなく、人が役者となって演劇という旅をする、いわば「世界」探しの旅である。あるいは、宮城自身の言葉を借りれば、演劇とは"「わからないこと」に耐える力"を観客に手渡してくれるものだ。『マハーバーラタ』ではリングで、『グリム童話』では折り紙で、『ペール・ギュント』では双六で、『黄金の馬車』では馬車で、移動する空間が表されてきたが、『グスコーブドリの伝記』では、全体の動きを抑制し装置そのものの形を大きく変えることで、これまで以上に空間そのものを変質させる移動の力

学が生み出された。ブドリの旅は、時間性を超越し、ページをめくるように前にも後にも行くことができる四次元の旅である。旅の目的は到着点ではなく旅そのものにあり、そして旅には終わりがない。

　この舞台では、俳優と役柄の間に距離が生じ、俳優の身体と台詞との関係はより意識的に切り離される。俳優は必然的にその距離を旅しなくてはならないが、そうなれば役柄と自己とを同一とする心理主義的な演技は不可能になるだろう。こうした表現方法によって、安易な感情表現を入れることで生じる二項対立的な表象が回避され、道徳規範として消費される賢治童話という枠組みを超えることに成功する。これが実現できたのは、長年ともに舞台を作ってきた俳優の存在が大きい。通常、少年役を女性が演じると、演技の隙間に日常の動作が現れ、ある種の不自然さが否めない。しかし今回のグスコーブドリの役では、俳優の素の要素を排除したコントロールされた演技と、一音一音をはっきり分節化する台詞術によって、年齢やジェンダーの区分けが無効となる。これは、台詞を語らず身体で表現する「ムーバー」として鍛えられてきた俳優だからこそ可能な技術だろう。また、ペンネン博士の舌が滑るような台詞回しは、ムーバーに対して台詞を語る役回りである「スピーカー」としての経験のたまものにちがいない。しかし重要なのは、宮城作品で使われるムーバーとスピーカーという方法が、動きと語りのスペシャリストを作るためのものではないということだ。この二人一役の仕組みは、自分自身に耽溺しやすい俳優の自己を解体する作業だからである。この舞台はク・ナウカからSPACと続いてきた、集団技術としての科学の一つの集大成である。ブドリが言う個人の幸福と世界全体の幸福の関係、それはそのまま演劇創造における集団の理想ではないだろうか。

　『グスコーブドリの伝記』は、宮城聰の演劇という幸福のための科学の旅の道標だ。私たち観客もそのことを確認しながら長い旅をしてきたし、その旅はいまも続いている。汽車に乗って森から町へ行ったブドリのように〈ひとり〉で。そしてときには、ともにお茶を飲みながら〈みんな〉で。

❖コラム3❖

人形劇

　人形劇といってもさまざまなタイプのものがあります。糸操り、棒遣い、手遣い、影絵、人形遣いが姿を見せないもの、人形遣いも見えるもの（出遣い）、人形と人間が一緒になって演じるもの……。『グスコーブドリの伝記』の人形たちはどのタイプでしょうか？　棒遣いプラス出遣い？　俳優たちが姿を隠しているわけでも、完全に出ているわけでもないあたりが、人形劇でも人間劇でもない感じで、その区分けを無効にしています。ク・ナウカ シアターカンパニーで動き手（ムーバー）と語り手（スピーカー）とを分ける手法が使われていたとき、声と人形が別の人間によって担われる文楽に似ているとも言われました。実際に『王女メデイア』は、それを逆手にとった作品です。

　人形を使うことで宮城さんは、俳優がコントロールできると思っている身体への欲望を意識させようとしたのではないでしょうか。『グリム童話』での不安定な動きと、『ブドリ』での人形の使用は、どちらも言葉を身体の奴隷にしないための方法ですが、そのために必要なのは俳優の訓練された肉体です。人形は気持ちや欲望だけでは動かせない。勝手にしゃべることも勝手に動くこともできないのですから。なぜそれが、人間のやる劇だと当たり前のことになってしまうのでしょうか。

　SPAC春のフェスティバルでは、東西問わずいろいろなタイプの人形劇を見ることができます。たとえばベトナムの水上人形劇。私たちはなぜわざわざ水の上でやるのだろうと思ってしまうかもしれませんが、彼らからすれば「なぜ水の上でやらないの？」ということでしょう。人形劇に触れるたびに、人間劇の傲慢さに気づきませんか？　2008年の『糸あやつり人形芝居 平太郎化物日記』（ITOプロジェクト、作・演出：天野天街、静岡芸術劇場）では、なんと宮城さん自身が糸操り人形として登場しました。さすがにご自身が人形となってまで、身体と言葉との関係を突き詰めるとは……。

B　ジェンダー：人はなぜ変わる？

第4章　『王女メデイア』──鎮魂と書物

2005年7月19日〜8月1日／東京国立博物館　本館特別5室／（初演　1999年10月）

台本：宮城 聰
照明：大迫浩二
衣裳：高橋佳代
演奏構成：棚川寛子
舞台美術原案：木津潤平
舞台監督：岩崎健一郎

出演　　　［語り］　　　［動き］
メデイア：阿部一徳　　　美加理
イアソン：大高浩一　　　江口麻琴
クレオン：中野真希　　　片岡佐知子
伝令：　　吉植荘一郎　　諏訪智美
息子：　　　　　　　　　野原有未
乳母：　　　　　　　　　萩原ほたか
仲居：　　本多麻紀、たきいみき、桜内結う、池田真紀子、黒須幸絵
コロス：　大道無門優也、藤本康宏、牧野隆二

❖ストーリー❖

　ギリシャによるアジア遠征の武将イアソンがコルキスを攻めたとき、コルキス王の娘メデイアはイアソンのために、祖国も父も裏切り、自分の弟さえも殺して、ギリシャに勝利をもたらした。ギリシャに帰ってきたイアソンとメデイアは、叔父の悪意から故郷を追われ、クレオンが治める国に落ちのびる。2人の間には息子も生まれ、メデイアは幸せに暮らしていたが、イアソンは出世欲からメデイアと別れ、クレオン王の娘との婚姻を図る。クレオンは、メデイアが悪事をなすことを警戒して、彼女を国外追放することに決める。メデイアはクレオンに嘆願して一日の猶予を願い、その間に息子を使者にたて、クレオンの娘に婚礼の祝いとして毒を塗った着物と髪飾りを贈る。娘は無惨な死に方をして、それに触れたクレオンも死ぬ。さらにメデイアは自分

とイアソンの間に生まれた息子にも手をかける……。

1　植民地と女性

　エウリピデス原作の『メデイア』は、古代ギリシャの武将イアソンがアジアのコルキスに遠征したときの出来事が前提となっている。イアソンは王の娘であるメデイアの愛を得て、彼女の力によって戦争に勝利する。結婚した彼らはギリシャに凱旋するが、叔父によって故郷を追われてしまう。異国で一介の落人となったイアソンはそんな境遇に耐えきれず、妻を捨て領主の娘と再婚しようとしたことから、メデイアの復讐が始まる。このように『メデイア』には、女、しかも野蛮な民が住むとされる異郷の「アジア」からやってきて、魔法や毒薬をも扱うという「魔女」が、文明国とされるギリシャの王子の家系を根絶やしにするという、家父長主義の悪夢が描かれている。侵略戦争、植民地主義、人種・民族・ジェンダーによる差別のような、ヨーロッパ中心的な世界を支えてきた他者の征服と搾取というテーマが、古代ギリシャを舞台として展開されているのである。

　宮城版『王女メデイア』は、1999年にク・ナウカ シアターカンパニーによって初演されて以来、10カ国19都市で上演を重ね、そのたびに絶賛されてきた。宮城聰といえば『王女メデイア』を思い浮かべる人が多いほど、その演劇手法を代表する作品の一つと言える。ヨーロッパの古典作品を演出する際に、それを近代の再審として問い直し、一つの典型として日本国家の明治期に舞台を設定すること。近代に内在する普遍的な文化力学として、ジェンダー・階級・人種における差別が複合的に作用する様相をあぶり出すこと。身体と語りとの分離による結合という手法を編み出したこと。こうした手法が、『王女メデイア』で完成することで、この作品はそれ以前とそれ以降の宮城作品を展望するための分岐点になる。よって『王女メデイア』を分析することは、宮城が演劇上演を通して何に迫ろうとしているかという問いの導線の一つとなるだろう。

　植民地主義の最大の犠牲者は、ギリシャ時代も明治もいまも女性である。この作品では女性と男性とが役割をはっきりと二分させられ、その構造にアジアと西洋の分割が加わる。演劇的な美、政治的な表象、ジェンダーを意識

させる演出——これまでもさまざまな角度で語られてきた『王女メディア』を、近代植民地主義の視座から考えたい。

2　「いちばん惨めなのが、わたしたち人間の女」——紙袋とサーベル

　舞台は明治時代の茶屋。明治5年（1872年）に日本初の博物館として誕生した、上野の東京国立博物館の広く殺風景な一室が今回の劇場である。特設された舞台は、文明開化期の華やかな日本が描かれた御簾に覆われている。御簾がはずされると、白地のうえに巨大な日の丸、しかも端が溶けて完全な円形でなくなった赤い日の丸が床一面に敷かれている。その上に、顔に紙袋をかぶせられて本人とおぼしき顔写真を首から下げた仲居たちが、博物館の標本のように立ち並ぶ。そこへ法服を着た男たちが大声で話しながら登場する。日本橋あたりの料亭で宴会してきて、今度は茶屋で余興を楽しむ風情だ。義太夫の床本を配り、それぞれ自分たちの「浄瑠璃人形」となる仲居の品定めをする。選んだ仲居の紙袋を取り、現れた顔の美醜を評価して笑い合う。互いの名前を呼びながら、饒舌に配役を決めていく男たちに対して、女たちは目も口も隠され、一方的に見られ語られ、名前さえ顧みられず、この余興の役柄によってはじめて名を与えられる。役が与えられなかった仲居たちは、男たちの後ろに並べられた御簾と同じ柄が描かれた傘の後ろでお囃子役をしながら、ときに男たちに酒を注ぐ「仲居役」もこなす。彼女たちの姿は傘の隙間からしかうかがえない——華やかな文明開化の陰で不可視にされる女性たちがここにいる。だが役を与えられた仲居たちもまた、そこにいても見えないのと同じだ。男たちは彼女たち自身ではなく、彼らが見たいもの＝役柄だけを女たちの身体に見ているのだから。

　宮城聰の演出は、明白な対立項を複数提示する。茶屋の仲居と法律家の男、身体と言語、音楽と語り、痙攣と硬直、被植民地朝鮮と植民国家日本、前近代の魔術と近代の司法。このように支配と被支配関係によって分割された世界を構築するために活用されるのが、長年ク・ナウカが実践してきた、1つの役を動き手（ムーバー）と語り手（スピーカー）に分ける二人一役の手法である。

　この劇では1つの役を2つに分けるのではなく、人形となることが定めら

仲居たち［撮影：内田琢麻］

れている仲居と語りをする法律家のそれぞれが「仲居」「法律家」という一人一役を演じながら、同時に余興劇『メデイア』の役柄では二人一役に分けられている、という二重構造がある。ク・ナウカ独自のスタイルであるムーバーとスピーカー方式が、さらに精緻化されて作品内に組み入れられているのだ。しかし最初から最後まで、この手法とは関わりないところにいて、男たちの眼には決して映らない人間がいる。下手の本が刺さった塔の陰にうずくまっている老女がそれだ。ともすると観客も、舞台上にいるのにその存在を忘れてしまう、バサバサの髪の浮浪者のような老女。彼女はいったい何者なのだろうか。

　さて、男たちは正面を向いて横長の演台に一列に正座し、それぞれが見台に床本を置いて、『王女メデイア』の語りの準備にかかる。その彼らの前に、襟と裾に赤い刺繍が施された白いチマチョゴリの上に天女の顔が描かれた打ち掛けを羽織ったメデイアが現れる。裾を引きずる打ち掛けは、彼女の身分の高さを物語ると同時に、思うままに外出することもできない不自由さをも示唆するだろう。この和韓折衷の衣装を身に着けた女は、男たちだけでなく

第4章　『王女メデイア』

私たち観客の視線をも意識し、戸惑いながら語りに合わせて動き始める。メデイアの語り役の男も、最初はいろいろな声音を試しているが、だんだんと興が乗り滑らかに語り始める。そして「この世の生きものの中で、いちばん惨めなのが、わたしたち人間の女ですね」という台詞を契機に、動きと語りが共振し、余興が一つの芝居として形をなして、「現実」が姿を現してくるのである。

　メデイアの独白が終わると、この地の領主にして、メデイアの夫イアソンの新しい舅となるクレオンが登場する。白い毛がついた軍帽をかぶり、腕に般若が描かれた和洋折衷の軍服、手にはサーベルを握り締めている。夫を奪われたメデイアが自分の娘に何かしないかと警戒するクレオンは、彼女に国外追放を言い渡す。メデイアはそれを撤回してもらおうと、サーベルの房をいじり、それを彼の前に捧げ持って許しを請い、ついに「わしの怖れた何事も、──一日ではなしえまい」と、一日の猶予を認めてもらう。近代軍事主義と男性中心主義のシンボルであるサーベルに対して服従を装うことで、彼女は復讐に必要な時間を得るのだ。

　このメデイアは、和服の仲居とチマ・チョゴリの踊り子という、植民宗主国の被搾取階級の女性と被植民国の犠牲者のどちらかなのか、それとも二重に装っているのだろうか。いや、装うことを装っている別の何者なのか。クレオンや夫イアソン役の仲居が終始身体を硬直させているのに対し、メデイアは話が進むにつれ、日常とかけ離れた融通無碍な動きと韓国の伝統舞踊を思わせる踊りで観客を魅了していく。だが、語られることに違和感を覚えているのか、彼女の動きは朗々とした語りとぴったり一致することがない。しかし独白のシーンでは、その動きと仲居たちによる演奏は呼応して同じリズムを刻む──まるで男たちが理解できない言葉で話しているかのように。つまり、女たちはムーバー役を担当しているから、もしくは劇中で浄瑠璃人形を演じさせられているから、声を出さないのではない。彼女たちはもちろん語っているのだが、その言葉に男たちや私たち観客が気づかないだけなのである。

3　「アジアから来た女というだけで」──ラジオと盆

メデイアは「一日あれば優に三人は破滅させられる」と語り、退場したクレオンを「絵にかいたような間抜け」とあざ笑う。このようなメデイアの語りは、花嫁とその父、花婿をどう殺すかの独白へと続いていく。メデイアの身体はいよいよ集中力を増し、その眼はまるで別の時空を見ている。「わたしたち女が一番得意な、毒薬で」という決定的な台詞の後、激しく体を痙攣させ、その振動に鈴と太鼓が震えて音楽が高まるなか、「アジアから来た女というだけで、奴らの慰みものになってはならぬ」という台詞を自身の体内に受け止めるようにしゃがみ込む。植民地主義の犠牲者による復讐の決意としての「語り」を受け止めたのはメデイア自身なのだろうか、それともメデイアを演じる女自身なのだろうか。その一方で「人形」として女を動かす力関係では、自分たちが被告にほかならないことを、語っている男たち自身はまったく気づいていない。
　長い独白は、「善いことにかけてはまるで力がないくせに、／悪事にかけては何であれ、もっとも巧みなやり手と言われる、／女と生まれた身ではないか」で締めくくられ、メデイアは打ち掛けを脱ぎ捨てて踊る。あたかも男たちをも国家をも棄てる決意を固めるように。するとメデイアの夫だった男、白い軍服に黒髪を逆立たせたイアソンが、左手に剣、右脇に本を抱えて登場する。同じギリシャ人である領主の娘との結婚を決めたイアソンを非難するメデイアが、腹ばいに寝て一瞬だけ両足を動かすときには、「不実な男が押し開いたこの膝」と語られており、また、彼女がまるで祖国の浜辺の砂を拾い集めるように地面に何かを書くような動きをするときには、「わたしが捨てたあの国へ」という台詞が聞こえる。これらの仕草は語りに従っているのでもなく、昔を懐かしんでいるのでもなく、「語り」ではない独自の歴史の痕跡を身体にとどめる行為である。イアソンは自らの決断を正当化するために、メデイアのギリシャにおける賢女という評判は自分のおかげであり、結婚は子どもに正しい血統の兄弟を作るためであると語る。ここに血と名を支配する家父長制度の原理を見るのはたやすいが、「名づけてください。わたしのことを。幸せ者と」と皮肉を返すメデイアは、イアソンによる名づけが幸せをもたらすものではなかったことを示唆する。彼女のメデイアという名前も法律家たちにつけられた名前にすぎないのだから。
　メデイアはイアソンに、金の房で縁どられた赤いビロードをラジオにかけ椅子として差し出し、彼はためらうことなく座る。この一連の動きは、後に

息子によって繰り返される。父と息子の共通点はそれだけではなく、2人はいつも傍らに本を携えている。言語再生機械であるラジオは、一家の主人が管理する近代家父長制の中心的な機構の象徴であり、本もまた知識を伝達するメディアだ。男たちはいつでも無自覚にメディアを所有し、メディアを支配しようとする。

　自分が最も得意な毒薬を使ってクレオンとその娘を殺害することを決意したメデイアは、赤い盆を老婆に渡され、イアソンに茶を差し出す。茶を飲むイアソンにはもちろんメデイアの決心は聞こえない。語りとは無関係に、ことさらに礼節を強調してかいがいしく盆を捧げ持ちながらも、メデイアは彼の金銭的な「お恵み」を断る。しかしイアソンが退場すると、茶を口にしてそれを霧吹きのように吐き出し、復讐の手順を考え始める。イアソンに出した茶は毒だったのかと思わせる、この奇態な逆流こそがメデイアによる「子殺し」の前触れになるのである。

　自分では語ることがないメデイア。だが彼女にも、メデイアとなるべき存在がいる。あの老婆だ。足の爪を切ったりぼんやりしながらも、ときにお盆を渡したりしてメデイアと関わっている。そんな老婆の視点から見れば、『王女メデイア』は、それまでメディアを持ちえなかった者たちがメディア／メデイアとの新たな関わりを生む劇である。老婆が何者か、いよいよその問いに答えよう。

4　「これはメデイアじゃないわ」──ゴム手袋と扇子

　この老婆は、宮城の台本がエウリピデスの原作に付け加えた、ハイナー・ミュラーによる『メデイア』の改作『メディアマテリアル』の登場人物である「2500年後のメデイア」だ。つまりギリシャ時代から生き続けている「本物」のメデイア。彼女が常に観客の視覚の端に存在し、舞台上のメデイアと交わることで、この作品は一層の普遍性と深さを獲得する。クレオンが退場するとき、それまでほとんど動いていなかった老婆は、まるで昔を思い出したかのように彼の後を追いかけるが、チンというベルの音に「ハッ」として思いとどまる。イアソンが立ち去るときも、同様に追いかけようとして、すぐにやめる。これから起こる出来事を知っている彼女は、そのことを彼ら

に忠告しようとしているのだろうか？　ずっとしゃがんだままの彼女にはよく見ると、ペットボトルや団扇、コンドームが入ったビニールのパスケースなど、さまざまな物を身に着けている。彼女の年を経ても死ねない身体を通じて、現代の日用品がまるで呪術の道具のような様相を帯びるのだ。

　領主と娘の殺害を計画し、コロスの忠告にもかかわらず、自らの息子を殺すことを決心したメデイアは、突然、「さあ乳母や、行ってイアソンを連れてきてちょうだい」と語る。この乳母への呼びかけを契機に、舞台ではこれまで世界をつなぎ止めていた箍（たが）がはずれていく。男性俳優たちも「語り」ではなく語る役を演じているということを忘れたかのように、法律家たちの宴会が始まる。傘の後ろにいた仲居たちも舞台へ出され、男たちの歌と手拍子に合わせて音頭を踊る。その輪の中心で、酔っぱらった男が日の丸の扇子を振り回しながらラジオの上に立つ。この男は典型的な「日本男子」であり、ナショナルな集団に自己を見いだしている。そのシンボルである扇子と日の丸は後の場面で、より暴力的でショッキングな形象となってふたたび登場することになる。一方、老婆も「乳母や」という声に反応を示し、ハイナー・ミュラーの『メディアマテリアル』の台詞が介入してくる――。

　　乳母　奥様　わたしは／泣いたり笑ったりするには齢をとりすぎました
　　メデイア　おまえは自分のからだの廃墟の中に／若い日の亡霊たちを抱えてどうやって暮らしていけるの　乳母や／鏡を持って来てちょうだい（鏡を覗き込んで）これはメデイアじゃないわ

　初演では実際の鏡が使われていたが、再演では自分の掌を見るだけになる。メデイアは「手鏡」を見ることによって、新しい他者である自分に出会う――視線を拒絶することと、名づけられた「メデイア」ではない自分を認識することで。一方この仕草をメデイアの隣で同じようにおこなう老婆こそ、「本物」のメデイアである。しかも乳母の台詞を発するのは、男たちではなく老婆自身だ。彼女は、ギリシャ時代と現代のメデイアとを、もはやメデイアとは呼ばれない者とメデイアと名づけられた者とを、媒介する「メディア」であるにとどまらない。老婆は、肉体や言語といった人間にとって最も基本的なメディアの力を思い出させるための試金石だ。この『メディアマテリアル』の場面でも、メデイアの声は「語り」によって発せられる。しかし、

劇中劇のなかに挿入されたさらなる劇は、男たちの床本には書かれていない場面なのではないか。とすれば、老婆と話すメデイアの声は、老婆が男たちをラジオに見立てた2500年後の老婆の声にほかならないのではないだろうか。

　老婆は、「乳母」らしく手にピンクのゴム手袋をはめ、メデイアが領主の娘に贈る打ち掛けにさわっている。毒を塗っているのだろうか。メデイアから何か指示があったわけでもなく、打ち掛けの袋に触れる老婆にとって、現在の行為が2500年前の出来事を導くのだ。やはり、彼女の日用品は魔女の道具だったのか。お盆もビニール手袋も、男性が望み、当然と考える女性の労働の道具だが、彼女たちは家父長制度のなかで自分たちが許されたメデイア(メディア)で、社会へと介入していくのである。

5　「我が子を手にかける、だから何だというの」──ネクタイと包丁

　メデイアは息子に打ち掛けを包んだ金の風呂敷を預け、「お父様の新しい奥様」に直接手渡すようにと言い含める。同時に、息子を殺す決心を自分自身に言い聞かせる。激しいためらいのなか、1度はやめようとするが、息子が戻ってきた途端に翻り、自分自身の沈黙を「語り」となして、その身体を動かすのだ。言い付けを果たした息子は、イアソンと同じく本を手に持って読みながら登場し、ラジオの上に座って読書する。この間もメデイアは煩悶し続け、床をうねうねと這いずり回る。このとき、老婆がポラロイドカメラでいきなり写真を撮る──冒頭で男たちによって取（撮）られた顔を取り戻そうとでもするかのように。その場ですぐ映し絵となるインスタントカメラは、その瞬間性で老婆の2500年の時を集約するメデイアだ。こうやって25世紀間、老婆は「メデイア」たちを撮り、生きながらえてきたのだろう。

　その間に息子は本を読みながら退場し、入れ替わりに下手から使者が蠟燭を2本持ち、息せき切ってクレオンたちの死を報告するためにやってくる。使者は、白い帽子に詰め襟の学生服という「日本国」の青年の姿で、クレオンと娘が毒によって死にゆくさまを詳細に告げる。もちろんここでも演じているのは仲居であり、語るのは余興で使者役の担当となった法律家の男である。報告の途中、使者は学生服のなかから黒い扇子を取り出し、振りながら

イアソン（江口麻琴）と息子（野原有未）とメデイア（美加理）［撮影：内田琢麻］

熱を持って状況を説明していく。その話を聞いている老婆の口元は笑いに歪み、メデイアは使者が持ってきた蠟燭台の上にすっくと立っている。思えば、これまでメデイアはほぼ動き続けていたが、踊り痙攣し這い傅(かしず)くばかりで、直立していたことがあっただろうか。

　父娘の死の描写が続いているそのとき、舞台の最奥、ブリッジのような2階部分で、さらにグロテスクな情景が始まっている。先ほど、酔っぱらって日の丸扇子を振り回していた男が、仲居の1人を手ごめにしようとその帯に手をかける。男はチマチョゴリを着て額に日の丸の鉢巻きを締め、いやがる仲居を追い回す。メデイアの着ているチマチョゴリが、『メデイア』の物語の枠を超えた過激でシンボリックな役割を果たすのだ。地政学的な文脈が色濃く影を落とす『王女メデイア』の、ギリシャとアジアとの対立の文脈を日本と朝鮮の対立に一気に引き寄せ、人種的で地政学的な、そして性差における暴力の醜悪さがあらわになる瞬間。仲居が着ることができないチマチョゴリを着る男と、「和服」を着せられている仲居。ここでも衣服はそれぞれの社会構造のなかでの位置を明らかにする。女は必死に抵抗するが、帯は男に

ひっぱられ、彼女はそのほどけた勢いで体を回転させる。しかし帯がほどけきったところで、回転が逆流するように女は帯をたぐりよせて男のほうへ近づき、その帯で首を絞めて殺す。男が女の帯を暴力的に解くのはおぞましい行為だが、それによって仲居を縛っていた和服がほどけ、彼女の身体は自由を得る。これを機に、動かされていた女たちの身体が一気に解放されて「現実」へと介入していくのだ。

　報告を聞き終わったメデイアが、ついに息子を殺すときがきた——「我が子を手にかける、だから何だというの」と。登場した息子は、ネクタイをつけているものの短いズボン姿はいかにも幼い。ネクタイは男性の西洋的服装の中心にあって、この舞台で語りを務める法律家たちも黒い法服の真ん中に黒いネクタイを締めている。ネクタイは明治期における日本の洋化の象徴であり、いまなお世界中で男性のステイタスを示す装身具だが、ここでは息子がギリシャ人として、イアソンの長男として生きていくために不可欠な道具となっている。メデイアは彼に向き合い、優しくネクタイを直してやる。それは母親としての最後の世話であり、ギリシャ人に仕えるその身の最後の仕事だ。こうしてメデイアは別れを告げる、夫にも、息子にも、国にも。

　この「子殺し」で、メデイアは包丁を自らの体内から取り出す。毒薬以上に女の道具である包丁を。排泄か分娩をするようにしゃがみ込み、チマの裾から手を入れて、ゆっくりと抜き出す——まるでその昔、彼女の体に入った「男」を抜き出すような巻き戻しの仕草で。息子を追いかけながら、メデイアは「語り」ではなくはじめて自身の声を発するが、それは言葉ではなく叫び——少なくとも私たち観客には言葉としては聞こえない声である。つまずいて包丁の柄を口にくわえたメデイアの前に立つ息子は、ギリシャ人とは違い、メデイアと同じ真っ直ぐな黒髪を持っている。その少年は指で母の頬をぬぐい続けるが、思えばこれまで彼女は誰からも触れられはしなかった。息子に顔を触れられて、それはやっと彼女自身の顔となるのだ。そしてメデイアは口にくわえたまま包丁を息子の腹に刺す——メデイアが刺したというより、息子が自分から母に体を預けた抱擁に近い。これは「子殺し」ではなく、まるで母と息子による逆流した生殖＝再生産の行為ではないのか。

　子どもは殺されるのでなく、生まれる前に戻るのだ。宮城は原作の2人の息子という設定を1人にして、跡継ぎとしての長男の意味を際立たせたうえで、このような方法で「子殺し」をおこなわせる。それは息子を産んだプロ

セスを逆流させることで、子どもが生まれる瞬間まで歴史をさかのぼる営みである。いずれ成長しイアソンとなってしまう息子を殺す──男性の歴史を繰り返させないための殺害、そのとき舞台全体が照明で真っ赤に染まり、メデイアは息子をかついで退場する。彼のすべての重み、崩壊した家父長制度の重圧をその身に背負いながら。ついに男たちの歴史に、女による包丁が挿入され、西洋白人男性中心世界の崩壊が不可避に始まるのである。

　この間、老婆はずっと舞台の片隅でうずくまっている、2500年前に自らがおこなったことの痛みに打ちひしがれているかのように。だがこの痛みは誰のものだろう？　老婆の痛みは、過去を思い出してのものか、それとも2500年間ずっと消えない痛みなのか？　2501年も、2502年も、こうして本物のメデイアである老婆は痛み続けるのだろう──もはやどのメデイアの痛みなのかもわからない、その痛みを。

6　「わたしたちはここ。どうぞご覧あれ」──法律書と鈴

　まだ自分の息子が母親によって殺されたことを知らないイアソンの語りが始まるが、仲居が演じるイアソンはもう出てこない。コロスたちも混乱したバラバラの声で、彼に事実を伝えようとする。演じ手というムーバーがいなくなった舞台では、語り役がイアソン本人になっている。彼が扉を開けて息子の亡骸を見たいと言うと、舞台の背後に仲居たちが現れ、姿なきメデイアがこう応える──。

　　なぜ、扉を叩かれるのです？　なぜ、閂を壊そうとされるのです？　わたしたちのことをご覧になりたいのですか？　わたしたちはここ。どうぞご覧あれ。

　その瞬間、世界が大きく震動する。バベルの塔のようにそびえ立つ本棚から法律書が束をなして崩れ落ち、驚いた男たちは演台から転がり出てストップモーションで固まる。停止する時間、静止した世界。空間の反転、時の逆流、語りの終焉。メデイア役だった女が赤いスリップ1枚となって、片手に無数の小さな鈴を握り、その鈴を鳴らしながら、包丁で自らの語り手だった

男を殺す。彼女に連なるように、女たちは次々と男を殺しながら、それぞれの衣装も着物も脱ぎ、同じ赤いスリップ姿になっていく。演奏していた女たちも、赤いスリップ姿で太鼓を叩き笛を吹く——共同体を生ぬるく包み込む音頭ではなく、境界を侵犯する祭り囃子の空気を裂く音こそが、本物の彼女たちの声だったのか。

ところが、ここで不思議なことが起こる。殺されて倒れた男たちは、舞台上の赤い融けた日の丸を縁取るように円を描き、手足をかがめて横たわるのだ——死体ではなく、胎児の姿で。この場面は、1999年の初演時とは大きく変わっている。初演時の女性たちは白いスリップ姿で、殺された男たちはバラバラに倒れる。つまり、再演以降のラストシーンは、女たちによる、男、ひいては社会や歴史に対する復讐という枠組みを超えて、その先を見つめるのである。復讐は暴力に対する暴力の連鎖にしかならない——女たちはもう知っているのだ、男たちの真似をしているかぎり、同じことが繰り返されるほかないことを。

メデイアを演じていた女が鈴を鳴らしながら踊る。その後ろで読経のような歌が聞こえる。それは勝利を祝うためのものとは思えない。それは鎮魂、それも死者たちではなく、自分たちの恨を慰める鎮魂の踊りではないだろうか。チマチョゴリも和服も軍服も、何もかも脱ぎ捨て、2500年後のいま、生まれたばかりのメデイアたちはまっすぐ静かに見据える。その視線の先にあるのは私たち観客である。舞台が暗転するそのとき、これまで舞台の隅で耳をふさいでいた老婆が、体を引きずって舞台の中央へと来る。そしてイアソンの衣装だった軍服を、イアソンを語っていた男のからだにそっとかける。2500年後のメデイアはやはり乳母だったのだ。メデイアはふたたびこの男たちを育てるのだろうか。

7　歴史の天使たち

宮城版『王女メデイア』は女性による男性への復讐劇をついに超えて、それぞれが積極的に無名性を獲得した「わたし」を産むことで、過去と未来をつなぎ、階級／ジェンダー／植民地的な階層を溶解し、周縁と中心という構造そのものを解体する。二人一役とは、0.5＋0.5＝1ではなく、限りない複

数性を持った「わたし」の方程式だ。カーテンコールでメデイアが腰を下ろし、舞台にうずくまる老女と同じ高さになって、2人ははじめて無言の視線を交わす。そのとき私たちは知る、自分も限りない「メデイアたち」であることを。

　戦争も人種差別もヘイトスピーチも、共同体内の格差が、ナショナリズムの喚起によって、個人対個人ではなく、国家対国家の対立にずらされることで引き起こされる。そしてそのような構造のなかで圧倒的な有利な立場にある男性が常に利用するのが、「らしさ」と「あらねばならない」という語りである。『王女メデイア』では、法律家も彼らが演じるギリシャの男たちも、「あらねばならぬ」というレトリックを支えにして自己と他者を判断する。自身の欲望を義務や責任の名のもとに正当化し、「らしさ」を社会の規範として女性に課しながら、自身は暴力と虐待の口実として使うのだ。それを育んできた「男性」は必ずしも生物学的な男である必要はなく、社会的・文化的に構築された「男らしさ」のことであり、男性が支配する場としての「ヨーロッパ」も必ずしも地理的な区域ではなく、「西洋 (West)」に対して「その他 (Rest)」が構想されてきたように、想像上の心象風景にすぎない。だから明治以降の日本は、男らしい国家としてヨーロッパの一員となることを目指し、その試みに必然的に失敗し続け、しかもその失態を忘却し続けてきたのである。

　その失敗と忘却を激しく、そしてかぎりなく美しく暴き出す演劇『王女メデイア』に直面する私たちは、「日本」という国家と民族の歴史と、未来に対する応答を問われている。この劇の最終場における女たちの鎮魂の身ぶりを形容するのに、「歴史の概念について」という論文のなかでワルター・ベンヤミンが「歴史の天使」と名付けたパウル・クレーの『新しい天使』という絵に描かれた天使像以上にふさわしいものはない。ベンヤミンの解釈によれば、「歴史の天使」は、「進歩」の暴風に煽られながらも、目をしっかりと見開いて、言語を絶した暴力的な出来事に向き合っている。男たちの語りを代表する「歴史」は、女たちの抵抗や沈黙や身ぶりといった出来事の断片を葬り去って自分たちに都合がいい解釈の枠組みのなかに回収しようとするのだが、天使はそれを一つひとつ拾い上げながら、その隠された名を呼んで、死者たちが生きてきた記憶と痕跡をよみがえらせようとするのだ。私たち観客がその一部でしかありえない「近代」という体制の下では、暴力も痛みも

私たち自身が当事者である。そのことを、劇中、まばたきをまったくしないメデイアと、鈴の音に耳をふさぎ一つひとつゴミのようなものを拾い上げている老婆メデイアとが、彼女たちの全存在を賭けて、2500年間も、昔もいまもそして将来も、問い続けている。最後の女たちの行為を、復讐か鎮魂かという対立軸で捉えてはならない。終わりなき復讐の連鎖を終わらせるための鎮魂には、それ自体終わりがないからである。

❖コラム4❖

ムーバー／スピーカー

『王女メデイア』で神髄をきわめた「ムーバー／スピーカー」は、宮城さんの代名詞ともなっている手法です。はじめてこの手法に触れた観客は驚くかもしれません。絶世の美女の声が、ときにおじさんによって語られたりしているのですから！ 1つの役で動き手と語り手が分かれているのは、なぜだろうという疑問ももっともですが、宮城さんの舞台を観ていると、1つの役を1人で演じているのが当たり前となっている現代演劇の常識のほうが不思議に思えてきます。つまり「ムーバー／スピーカー」は、"当然"や"常識"の感覚から観客を切り離す手法なのです。たとえば見終わった後、自分のなかに「見手」と「聞き手」が別々にいることに気がついたりしないでしょうか。そういえば、ク・ナウカ シアターカンパニーのロゴマークは目と耳がモチーフになっています。

「ムーバー／スピーカー」と一口に言っても、舞台に現れる形はさまざまです。たとえば『ク・ナウカで夢幻能な「オセロー」』では、基本的にそれぞれの役が自分の台詞をしゃべると同時に、語りも介在します。つまり、『王女メデイア』のように、男性＝スピーカー、女性＝ムーバーでといった決まった組み合わせがあるわけではありません。それにしてもメデイア役を演じている美加理さんと阿部一徳さんのコンビはまさに空前絶後。大胆で精緻な動きと、朗々として自由自在の語りとの重なりは、磁石のように引力と反発力を兼ね備え、見る者をその磁場に引き込んでいきます。最近の宮城作品では「ムーバー／スピーカー」がはっきりと分かれている舞台は作られませんが、動くことと語ることの一つひとつが常に意識されているという点では、「ムーバー／スピーカー」は1人の俳優のなかで、いまだに実践され続けているのではないでしょうか。『黄金の馬車』や『メフィストと呼ばれた男』での美加理さんや阿部さんの演技を観ていると、つくづくそう思います。

第5章 『ク・ナウカで夢幻能な「オセロー」』
―― 漂着とハンカチーフ

2005年11月1日～13日／東京国立博物館　日本庭園　特設能舞台

原作：シェイクスピア
謡曲台本：平川祐弘
間狂言：小田島雄志訳による

空間設計：田中友章
照明：大迫浩二
衣裳：高橋佳代
演奏構成：棚川寛子
舞台監督：小谷 武

出演
　（M＝ムーバー／S＝スピーカー）
前シテ（サイプラスの里のイタリア女）：美加理（M）／杉山夏美（S）
ツレ1：寺内亜矢子（M）／たきいみき（S）
ツレ2：片岡佐知子（M）／鈴木陽代（S）
ツレ3：池田真紀子（M）／布施安寿香（S）
ワキ（ヴェネチアから来た巡礼）：本多麻紀
地謡：阿部一徳（オセロー）、吉植荘一郎（ブラバンショー）、中野真希（公爵）、大高浩一（イアーゴ）、大道無門優也（キャシオー）、鈴木陽代、たきいみき、布施安寿香、杉山夏美、高澤理恵
囃子方：寺内亜矢子、加藤幸夫（ロダリーゴ）、片岡佐知子、池田真紀子
後シテ（デズデモーナ）：美加理

❖ストーリー❖

　巡礼の僧の身なりをした旅人は訪れたサイプラス島で1人の女に会う。彼女は巡礼に、自分はかつてオセロー将軍の妻だったデズデモーナの幽霊であると告白する。彼女の語りによれば――アフリカ出身のオセローはヴェニスの傭兵将軍として信頼を得て、元老院議員ブラバンショーの一人娘デズデモーナと密かに結婚し、トルコ軍との戦いのため新妻を伴ってサイプラス島におもむく。オセローの旗持ちであるイアーゴは副官に選ばれなかったことを恨み、副官キャシオーとデズデモーナの密通をでっちあげ、オセローがデズデモーナに贈った苺の刺繍のハンカチーフをキャシオーに持たせ、それこそが姦通の証拠であるとオセローに信じ込ませることに成功する。イアー

ゴの奸計とその策略にのって嫉妬に狂うオセローの様子を、舞台の端から黙って見ていたデズデモーナを名乗る女は、在りし日の姿に戻り、ふたたび巡礼の前に姿を現す……。

1 デズデモーナ・ゲーム

　世界中で人気があるボードゲームの「オセロ」は、黒白が目まぐるしく変わる遊びだ。その名のもとと言われるシェイクスピアの『オセロー』という芝居では、黒きムーア人オセローと白きヴェネチア人デズデモーナとのあいだに、ゲームと同様、転変著しいドラマが展開する。たった数日で、結婚、戦争、謀略、裏切り、破綻、殺人が起こる、この劇の進行速度はすさまじい。しかし、それを動かしているのはオセローやイアーゴのような男たちで、女たちはその速さに翻弄されるだけに見える。「オセロ・ゲーム」の白と黒はまったく互角の駒だが、『オセロー』という芝居のオセローとデズデモーナは、ジェンダーの境界によって対等とは見なされていない。肌の色だけでなく、黒には異国からきた猛将というオセローの肉感的なイメージ、白には貴族の娘であるデズデモーナの純潔可憐なイメージが与えられ、シェイクスピアの原作はその対比を頻繁に強調するのである。
　この物語は黒と白とが明確に隔てられた世界のなかで進展するが、オセロ・ゲームで駒がひっくり返されて黒白があっという間に反転するように、黒と白とは対立しているものというよりも、実は表裏一体のものなのではないだろうか。黒と白が、男性と女性が、表裏一体であるにもかかわらず、黒い男性的な面からばかりで語られてきたのがシェイクスピアの『オセロー』の上演史であり、その主役はあくまでオセローとイアーゴとされてきた。宮城が演出した『ク・ナウカで夢幻能な「オセロー」』（以下、『夢幻能なオセロー』と略記）は、そのような「黒いオセロー」を、白い駒の視点から語ろうという画期的な試みである。いわば、従来のオセロ・ゲームを「デズデモーナ・ゲーム」に変換する劇。デズデモーナから見た『オセロー』とはいったいどのような姿を見せるのだろうか。

2　「サイプラスの港につきて候ふ」──頭巾と壺

　黒と白を反転させる『夢幻能なオセロー』のポイントは、この芝居を複式夢幻能形式で演じるという大胆な方法の転換にある。これは単に、西洋の古典作品を能の形式に流し込む翻案ではなく、「オセロ・ゲーム」を「デズデモーナ・ゲーム」に仕立て直すための仕掛けである。たとえば能でいうシテにあたるデズデモーナの語りには文語調の言い回しが使われるが、舞台奥に横書きの活字字幕が出る。字幕が重要なのは、文字と台詞の物質性が舞台の異─場所性と異─時間性を際立たせるからだ。たとえば、最初に字幕ではシェイクスピア原作の『オセロー』の内容に関するいくつかの基本情報が観客に提供される。のちに重要な台詞が上手のもう一つのスクリーンに縦書きの筆文字で映し出される（その文字は宮城聰自身の手による）。書かれた文字が単なる情報ではなく、舞台上の音声とは別の語りを提示する。つまり過去と現在、死と生、存在と非在を往還することを特徴とする複式夢幻能が持つ構造を、宮城は字幕の使用によって浮かび上がらせるのだ。観客がこれから見るのはすでに『オセロー』という物語が終わった後のサイプラス島の時空間であり、そこからあらためてさかのぼって『オセロー』という劇を反芻することが、この舞台の体験となる。観客は字幕によって、あらかじめ『オセロー』のあらすじを知らされることで、はじめから過去と現在の、オセローとデズデモーナの、2度繰り返される『オセロー』を一時に見ることになるのである。

　時間の往還の助けとなるのが、独自簡素な舞台構造だ。通常の能舞台同様、下手に橋掛かりがあり、奥に演奏者たちのいる後座が、そして上手に地謡座がある。しかし能舞台にある松羽目のような飾りはなく、素朴な板の間があるだけ。タイトルにあるように、この劇は『夢幻能なオセロー』であって、『夢幻能オセロー』ではない。つまり形容詞として夢幻能の形式が借りてこられているだけで、宮城の意図はシェイクスピアの物語を伝統的な能として上演することにあるわけではない。夢幻能形式が有効なのは、むしろシェイクスピアの『オセロー』に潜在する、植民地主義による政治的・経済的収奪というテーマを前景化させるためである。

舞台の背景には東京国立博物館の日本庭園があり、その池の前に特設された屋根がない高床式の舞台は、庭全体を照らす照明によって、まるで舞台全体が池に浮かんだ小島のようなたたずまいを見せる。劇が展開する地中海に浮かぶサイプラス（キプロス）島を、舞台そのものとして現出させる見事な借景の手法だ。サイプラス島は、アラブ・ヨーロッパ・アフリカに囲まれ、中世・近代の歴史を通して、東のイスラーム教勢力と西のキリスト教勢力とが闘争と妥協を繰り返しながら覇権を競ってきた植民地であり、現在でもイギリスの軍事基地がある東地中海の要衝。その島を訪れた巡礼（能で言うところのワキにあたる）によって物語の幕は開かれる。夢幻能という演劇形式に不可欠な「旅の僧」という登場人物が、植民地の島であるサイプラスに漂着する。その出来事が「橋掛かり」という、死者が漂着する場所である能舞台で演じられる。こうして、島、植民地、巡礼、亡霊といった漂着をめぐるトポスが夢幻能において交錯するのだ。

　ヴェネチアから来た旅の巡礼は、はじめて「サイプラスの港につきて候ふ」と述べ、見るものすべてが珍しいと、島の様子を語り始める。そこに壺を頭に載せた4人の女たちが通りかかる。彼らが出会ったのは「夕間暮れ」。しかし舞台の照明は海中のように青く、そのなかで4人は踊りながら、この島の歴史を語る。それによると、オセローがトルコ海軍との戦いで勝利し、デズデモーナとともに赴任した時代からすでに時がたち、1571年のレパントの海戦を経て、もはやサイプラス島はヴェネチアの支配下にはなくオスマン・トルコ領になっている。ここに、『夢幻能なオセロー』が、シェイクスピアの『オセロー』を読み替えた地政学的な意図がうかがえる。サイプラス島はいまも昔も同じ場所にあるが、支配者が変わったためヴェネチアから来た巡礼にとって、ここはすでに異国となり、そのエキゾチシズムが珍しいという感覚を引き寄せているのである。

　かつて栄華を誇っていたヴェネチアの総督館は、いまや娼館になっており、ヴェネチア軍の撤退に気づかず島に取り残された、壺を頭に載せた女たちもまるで娼婦然と振る舞っている。黒いヴェールで口を隠し目だけが見える女たちが、踊りの途中で、巡礼がかぶっている頭巾をふざけて取ると、そこに女の顔が現れる。この巡礼＝旅の僧が女性だとすると、ここにも夢幻能の形式を踏襲するというより、借用がある。それだけではなく、この旅の者が実は女性であることにより、のちのデズデモーナの幽霊による告白が引き出さ

れるのではないか。壺は、この場から離れられない彼女たちの錘そのものに見える。支配者が変わり、男であるオセローの駒が反転しても駒そのものがなくなることがないように、常にその身のゆくえを自身で決めることが許されぬ女たち——植民地主義によるジェンダーや階級の分断によって翻弄される人々がそこにいる。頭巾をかぶった巡礼と、壺を持った女たちの踊りは、悲惨な歴史における真実の証言であるとともに、支配者の歴史とは異なる別の物語の可能性を示唆するのである。

3　「跡弔ひて賜び給へ」——ヴェールとベルト

　女たちの踊りは「恨めしとも　恨めしとも　あはれ棄てられる身ぞ　口惜しき」と、個人の痛みを表明して終わる。壺を持った女たちによる歴史の説明は、彼女たちだけではなく、謡によっても語られる。宮城の演出は、謡とシテを、いわゆるスピーカー／ムーバーに分けるのではなく、謡のなかでも男女で台詞を分け、演じ手にも自分の声で語らせることで、1つの物語から3つの位相を導き出す——同じ過去の出来事が、謡の男の声では歴史となり、女の声では生活となり、シテの声では現在の痛みとなる、といった具合に。
　夕暮れが来て、踊りの果てに倒れた3人が舞台を去り、ヴェールで顔を隠し、黒いベルトがついた白い服で肌を包んだ、ただ1人残った女が語り始める——「白き身と白き心は黒き手に　かかりて果てぬ奥の間に　白き敷布に身をのべて」。これはオセローがデズデモーナを殺したときの状況そのものではないか。巡礼に何者かと問われた彼女は、かつて将軍オセローの妻であったデズデモーナの幽霊であると告白する。そして顔を半分隠していた黒いヴェールを取り去り、「跡弔ひて賜び給へ」という懇願を残して、橋掛かりに引かれるように後ろ向きに退場するのだ。
　複式夢幻能の形式に倣うと、この旅の巡礼はまずデズデモーナたちの悲劇を〈過去〉とする〈いま〉の時間を設定してから、その過去から現在へと訪れてきたデズデモーナの幽霊と出会う。彼女の話に耳を傾け、彼女の出来事を目撃することによって、過去と現在が二重写しになる。こうして〈いま〉という劇の時間に生きている幽霊によって、〈かつて〉という歴史の時間に生きていた人間の痛みや苦しみが引き受けられる。つまり、デズデモーナの

幽霊の現在が、デズデモーナ自身の過去の痛みを引き受けるのである。

　デズデモーナの幽霊が落とした黒い布。これこそ彼女の痛みそのものだ——シェイクスピアの原作で、「魔法」が縫い込まれているとされて悲劇的な役割を果たすハンカチーフ。拾った巡礼はこの布についたイチゴの刺繡を見て、女がデズデモーナの幽霊であることを確信し、その霊を「弔はん」と決意する。しかしこの苺の刺繡が入ったハンカチーフは、なぜ純白ではなく黒いのか。原作によると、苺の刺繡がついた白いハンカチーフは、もともとオセローの母親がエジプトの「魔女」からもらってオセローに渡したもの——持っているかぎり女は男から愛されるが、失くしたりすればたちまちその愛を失う——であって、次々と人の手を渡っていき、デズデモーナの「不貞」の証拠とされる。それに対して、『夢幻能なオセロー』における黒いハンカチーフは、決して流通することがない、1人の女の痛みの象徴なのだ。男のまなざしの対象として消費され、1人の女性の死さえも正当化する白いハンカチから、顔を覆い、男の手によってかつて絞められた首を守る黒いハンカチへの変換。幽霊となり、自分の死の場面を語るデズデモーナは、ほとんど抵抗も語りも許されずに、従順な妻（「貞女」）にして「娼婦」）として殺されてしまった昔のデズデモーナではない。しかもこのデズデモーナの稀有な身体性は、彼女が境界領域の存在であることを否応なく物語る。過去からの幽霊として死の影を引きずっているというよりは、むしろ死の影を吹き払う意志に満ちた強いまなざしによって、彼女は自分自身を弔うのである。

4　「本人の口からお聞きください」——仮面と板

　前場で巡礼が女と出会い、彼女がデズデモーナであると判明した後、デズデモーナはいったん舞台から退場する（中入り）。間狂言でデズデモーナ以外の『オセロー』の登場人物、オセロー、イアーゴ、ブラバンショーなどがはじめて地謡座から登場する。唯一、ロダリーゴだけが囃子方を担当し、かつ仮面もつけないが、ほかの役は地謡が舞台の上で仮面を着けて演じる。ここで演じられるのはオセローの物語だ。サイプラス島に来る前、デズデモーナとの秘密の結婚を怒ったデズデモーナの父ブランバショーが元老院に訴えている場面。太鼓の音がトコトコと鳴るたびに、元老院議員たちはピョンピ

巡礼（本多麻紀）と元老院の人々　［撮影：内田琢麻］

ョンと跳ねて動く。その様子は台を叩いて動かす紙相撲そっくりで、ヴェネチアの男性社会を痛烈に風刺する。同時にこの舞台装置が単に能舞台を模倣したものでないことがここでも証明される。能のように足で踏んで音を出すのではなく、板に踊らされているのだから。

　そこに仮面を着けたオセローが登場する。オセローの仮面は素朴で黒く、朗々とデズデモーナとの愛の経緯を語り続ける。かつてデズデモーナが愛したのはオセローのこの語りの力だった。ここでの台詞は、現代日本語による翻訳で字幕は付かない。そもそもこの場面は仮面や動きの滑稽さを除けば、台詞はほぼ原作のものである。現代語で語るオセローと、古語で語るしかないデズデモーナの幽霊。彼女の言葉は、常にすでに語れなかった過去の出来事についてだからだろうか。オセローが自分たちの結婚を認めてもらうために、元老院にデズデモーナを呼び、自分自身の気持ちを語らせる、「本人の口からお聞きください」と。こうしてデズデモーナは現れるが、そこにオセローの姿はすでにない。デズデモーナの語りがオセローに聞かれることは決

してない、ということを示唆するかのように。

5 「われ知らぬ間に」——ドレスと橋掛かり

　後場となり、黒いドレスの「晴れ着」姿でデズデモーナが現れる。しかし舞台に残っているのは巡礼だけだ。デズデモーナの語りはときに謡が重なり、ときに後ろに手書きの字幕が出て、時間が交錯する。しかもデズデモーナの語りはときどき早回しになったり、しゃっくりのように音が飛んだり、朗々と語ったオセローとは対照的である。そのとき彼女は、「われ知らぬ間に」と語って、イアーゴの陰謀を示唆する。そしてその「知らぬ間」に起きたイアーゴの姦計を、舞台からほんの少しはずれた橋掛かりとの境に——死と生、時間の境界に——いるデズデモーナがいま目撃しているのだ。舞台ではイアーゴがデズデモーナの不貞をでっちあげ、オセローがそれを信じ込む様子が演じられ（このときオセローとイアーゴは仮面を着けていない）、デズデモーナはそれをただ黙って見ている。これは不可思議な場面である——自分を死へいたらしめるその謀略の過程を、幽霊のデズデモーナが見つめているのだから。もちろん生前のデズデモーナがこの場面を見ているはずがない。だからこの場面はデズデモーナの回想ではない。ならばデズデモーナの視線は、いったいどこからの視線なのだろうか。しかもこの場面では、デズデモーナが、自分の目の前を通りすぎるイアーゴを何度かつかもうとするが、その手は空を切る。ここでは、2つの時空間が交錯しながらも、すれ違っているのだ。

　能の形式に従うと、シテが語るのは過去の恨みであり、それならばこの光景も過去のこととなる。しかし一方で、観客から見て、いままさにオセローとイアーゴが語っている場面の時間は現在に属する。これから起こる妻殺しの序章としての〈いま〉である。しかしそこにデズデモーナがいるために、それは〈かつて〉でもあるのだ。夢幻能形式の借用によって、観客は過去と現在との時間感覚を失う。夢幻能様式の採用は、描写を回想シーンにとどまらせず、現在性を持たせながら進行する劇的時間とするのである。

　シェイクスピアの『オセロー』では、ヴェニスでオセローとデズデモーナが結婚してから、サイプラスで2人が死んでしまうまで、ほんの数日間の出

オセロー（阿部一徳）［撮影：内田琢麻］

来事でありながら、その時間枠では起こりえない出来事の数々が描かれているため、二重の時間が含まれているとよく言われる。しかも観客は劇を観ながらその時間の二重性に気がつかない。偶然が必然であり、事件が運命であるかのような錯覚が、悲劇の感覚をもたらすからだ。しかしこの『夢幻能なオセロー』では、この時間の錯誤をわざわざ気づかせる仕掛けが、すでに開幕近くの女たちの歴史語りによって用意されている。観客は、まず島の歴史を過去としてたしかな時間枠のなかで学んでから、そのうえでデズデモーナの振る舞いによって、そうした〈かつて〉と〈いま〉とが区別できないこと、現在の過去への流入が避けられないことを知るのである。

6　「しばし我が身はためらひて」──籠手と鋏

　デズデモーナが幽霊となったのは、不貞の汚名によって殺され、その恨みを抱いているからだろうか。この問いに対する驚くべき応答が劇の終局に用

意されている。間狂言が終わって、オセローとイアーゴが地謡座の囃子に戻ると、舞台にはデズデモーナが1人残る。そのとき、彼女は悲劇の主人公としての苦悩や絶望をたたえながらも、ある決意と言うほかないものを表情に刻みながら、舞台の中央に立っている。シェイクスピアの原作では、デズデモーナは悪巧みによって陥れられたジェンダー暴力の犠牲者にすぎない。しかし、この舞台をはじめて観る観客にとって、これから起きることは驚嘆という言葉では到底表しえないような稀有な出来事にほかならない。それはたしかに彼女が殺される場面の描写にちがいないのだが、殺された過去の場面を再現しているというよりも、殺される場面を新たに演じ直すことで、ふたたび自らの意志によって死んでいくかに見えるのだ。

　まずもって彼女の意志を語るのは、その指先である。デズデモーナは、両手の親指の指先を重ねる動きをする。その白い両手は、まるで蝶の羽のようにふわりと動いているが、一瞬彼女の表情が変わり、首を絞める動作となる。しかし次の瞬間、そのことにはっと気がついた彼女が指先を離す。その後、彼女は壺から茶色の、甲冑の籠手のようなものを取り出して右手にはめ、その茶色の手でまず自分の首を絞める。そのとき苦しい息の下で、まるでそれを言っているのがオセローなのかデズデモーナなのかわからない低い声で、言葉が絞り出される──「しばし鋏はためらひて／しばし我が身はためらひて」と。そしてゆっくりと、まるでその茶色の手を優しく包み込むように、自らの左の白い手を重ねていくのだ。デズデモーナがシテである以上、ここでオセローが出てきて首を絞めるわけにはいかない。しばしためらう「鋏」とは、デズデモーナの首を絞めるオセローの両手のことだろうから、デズデモーナの籠手をはめた茶色のほうの手が、オセローの手となるのかもしれない。しかしもう一方の手が白い本人の手である以上、オセローに殺されているのではなく、オセローとデズデモーナの双方によって、デズデモーナの首が絞められているとも見える。首を絞めながらデズデモーナと地謡が語る「しばし我が身はためらひて」は、シテであるデズデモーナによって語られはするが、妻を殺すことに対するオセローの迷いにも聞こえる。しかしためらったのはオセローではなく、決意を前にしてのデズデモーナなのではないか。ここでの「我が身」とは、オセローとデズデモーナとに、黒と白とに分断できない何か、ジェンダーや階級や人種の差別によっても壊されない強固なデズデモーナの決意、まさにオセローと運命を共有しようという1人の女

性の自律した意志そのものである。ここでデズデモーナ自らの手によって再現された黒白ふたりの男女の行為は、死への道行きではなく、生への扉を開く営みにほかならない。かくしてデズデモーナは家父長に殺された犠牲者から、自らの死を悼み、そして過去の死を現在の生へと転換する物語、償われた歴史の創造者となるのだ。

　首を絞めた（絞められた）後のデズデモーナは舞台中央でたたずみ、首から離れた茶色い籠手の手と白い手は重なり合ったまま、決して離れることがない。両手は自らの哀悼のための祈りのように胸の前で合わされていき、それを見た巡礼も自然に手を合わせる。しかしデズデモーナの両手の指は、さらに絡み合いながら、まるで2つの肉体が交わるかのような官能的な動きさえ見せる。かくして、黒と白は対立せず、反転もせず、はじめて裏と表という二項対立から解放され、出会い、結ばれるのだ。死から生への、幽霊から肉体への復活──その再現行為によってデズデモーナとオセローはまさに一体となる。こうして自らの魂を弔ったデズデモーナは、ようやくその両手を離して、美しい舞を舞う。夢幻能の形式に従えば、幽霊は巡礼によって成仏するが、ここでは死を再現するデズデモーナ自身の演技によって、生と死、過去と現在、男と女、黒と白との対立が溶解される。シェイクスピアの『オセロー』では訳もわからず殺されてしまったデズデモーナが、いま「ためら」う「この身」に自らの身体とそこに起きた出来事を引き受け、自己と他者の痛みを分有することによって、それを昇華する。そこにこそ真の自由が、痛みからの解放がもたらされる。この結末は、もとの『オセロー』という劇にあったジェンダー暴力に対する怨みでも、赦しでもない。デズデモーナの幽霊は、ただ自分の痛みを他者の痛みとして引き受ける──それによって、愛していた男に理不尽に殺されてしまった自らの過去から、ついに解放されるのである。

7　弔いと魔女

　こうして自由を獲得したデズデモーナは、ひとしきり舞った後、「命の光いま消えて」と語り、地謡が「失せにけり」とつないで、彼女は橋掛かりから舞台を去る。幽霊の魂がいま弔われたことで、生者と死者の境が消滅し、

そしてまた引き直される。能舞台の特徴である橋掛かりがこの世とあの世をつなぐものであるならば、『夢幻能なオセロー』では、オセローとデズデモーナという、黒と白に分断された2つの相反する世界が、シテである「女」の視点からの歴史の語り直しによって結ばれるのだ。

　その名前のなかに悪魔を意味する"demon"を隠し持っているデズデモーナ（Desdemona）は、なるほど能の狂女役にふさわしいかもしれない。しかし宮城演出が夢幻能という形式を参照することでおこなうのは、植民地主義における人種／ジェンダー／階級による差別が、「狂女」や「魔女」として周縁化してきた歴史を再審することである。白い肌を持つ「貞女」であるがゆえに憧憬され、黒い名前を持つ「娼婦」であるゆえに忌避される——そこにあるのは、デズデモーナという女性の白い肌も、1つの仮面にすぎなかったのではないかという問いかけだ。オセローの黒い肌が彼にとって不幸の源泉だったとすれば、デズデモーナの白い肌もヴェネチア支配社会の人種主義の規範の犠牲となった。夢幻能形式を現在に甦らせた『夢幻能なオセロー』は、デズデモーナが白い仮面を脱ぐ物語でもある。

　『夢幻能なオセロー』が古典の再解釈として傑出しているのは、日本の伝統芸能というローカルな形式を借りながら、魔女として差別されてきた女たちの集合的記憶と、サイプラス島に擬せられた植民地主義的な周縁性というグローバルな主題を際立たせるからである。黒色のオセローと茶色のイアーゴ、そして白色のデズデモーナというように分割が明示された島は、島の女たちと旅人である語り手の記憶が出会う場となる。彼女たちの記憶は、舞台上に再現されるデズデモーナの記憶によって再編され、デズデモーナという巫女にして魔女の語りが、本来ありえたはずの歴史に回帰しながら、同時にそれを再審し翻訳する。そこには彼女自身の身体と言葉によって具体化される黒と白、男と女、中心と周縁といった二項対立の解体、および物語の再生がある。デズデモーナは自身の痛みを他者の——オセローの、ほかの無数の植民地主義の犠牲となって幾多の島々へと漂着し続ける女や男たちの——痛みとして引き受け、その死を担う主体となる。『夢幻能なオセロー』には、デズデモーナと同じようにジェンダー暴力の犠牲となる、イアーゴの妻エミーリアや、キャシオーの娼婦ビアンカは登場しないけれども、デズデモーナによる痛みの償いは、彼女たちの、そして無数の女たちの思いをも「弔う」ものだろう。ヴェニス家父長制社会の性差別と人種主義とキリスト教原理主

義を、夢幻能の形式を借りることによって解体すること——『ク・ナウカで夢幻能な「オセロー」』は、デズデモーナの身ぶりが可能とした自己と他者の主体の再編成によって、彼女の記憶と観客の夢が交差する時空で、まったく新しいシェイクスピア解釈の地平を開く。シェイクスピアの『オセロー』が、オセローやイアーゴの視点から悲劇を描くがゆえに、島は漂着ではなく定住の場所として、植民地支配やジェンダー差別のトポスとしてしか存在しない。ワキの僧とシテの亡霊とが出会う夢幻能の仕組みが、デズデモーナを主人公とする劇を可能にするとき、黒いハンカチーフを身につけた女が橋掛かりを渡り、時空を超えて夢幻の島へと漂い着くのである。

◆コラム5◆

シェイクスピア

　『夢幻能なオセロー』はク・ナウカ時代の作品ですが、いわゆるシェイクスピア四大悲劇『ハムレット』『オセロー』『マクベス』『リア王』のなかでこれまで宮城さんが演出していないのは『リア王』だけです。喜劇では野田秀樹版『真夏の夜の夢』があり、またこの冬にはシェイクスピア最後期の劇である『冬物語』の上演が予告されています。

　シェイクスピアは「人殺し色々」、つまり1564年に生まれ1616年に死んだイギリスの劇作家ですが、世界でシェイクスピアが上演されない日はないと言っていいほど、その戯曲は古今東西、言語や文化や演劇様式を超えて上演され続けています。演劇だけではなく、映画やマンガ、研究書やウェブサイトはもとより、シェイクスピアが生まれたストラットフォード・アポン・エイヴォンには季節を問わず多くの観光客が訪れます。まさにシェイクスピアは現代のグローバル文化産業の花形なのです。

　なぜこれほどまでにシェイクスピアは人気があるのでしょうか。さまざまな答えがあるでしょうが、ここでは2つだけ挙げます。1つは植民地主義。シェイクスピアが活躍したのは、その後4世紀にわたって世界を支配することになるヨーロッパ列強による植民地支配が本格化していく時代です。シェイクスピア演劇は「人殺し」の最たる形態である戦争や差別、搾取、文化の破壊といった植民地主義の暴力に切り込みます。もう1つは言語。登場人物が語る台詞は、高踏な哲学から卑猥な冗談、愛を育む詩から罵詈雑言、狂気の熱から沈思の静けさまで、人間が語りうるあらゆる言語表現が含まれているのではと思えるほどに「色々」と多彩で多様です。そう考えれば、「西洋的近代への挑戦」を目指す宮城さんが、シェイクスピア作品で、植民地主義の諸問題を摘出しながら、言語が持つ美や身体性を具現しようと試みるのも自然なことでしょう。

第6章　『夜叉ヶ池』──約束と鐘

2015年6月2日、3日／静岡芸術劇場／（初演　2008年5月）

作：泉 鏡花
音楽：棚川寛子
舞台美術デザイン：深沢 襟
衣裳デザイン：竹田 徹
照明デザイン：樋口正幸
音響デザイン：水村 良
舞台監督：林 哲也

出演
萩原晃（鐘楼守）：永井健二
百合（晃の妻）：布施安寿香
山沢学円（文学者）：奥野晃士
白雪姫（夜叉ヶ池の主）：たきいみき
湯尾峠の万年姥（白雪姫の従者）：木内琴子
白男の鯉七：岩澤侑生子
大蟹五郎：鈴木真理子
黒和尚鯰入（剣ヶ峰の使者）：黒須 芯
与十（鹿見村百姓）：春日井一平
鹿見宅膳（神官）：三島景太
権藤管八（村会議員）：貴島 豪
斎田初雄（小学教師）：仲谷智邦
畑上嘉伝次（村長）：中野真希
伝吉（博徒）：長谷川直紀
穴隈鉱蔵（県の代議士）：吉植荘一郎

❖ストーリー❖

　越前の国、夜叉ヶ池の麓に住む鐘楼守の萩原晃と妻の百合。日照りが続くある夏の日、山沢学円という学者が訪ねてくるが、彼は晃の学友だった。晃は山沢に、夜叉ヶ池を訪ねた折に、ある老人から聞いた不思議な話を語る──「昔、水害で里が滅びようとした時、夜叉ヶ池の竜神を法師が池に封じ込めた。竜神は人が鐘を作り、昼夜三度撞いているうちは池を出ないと約束した」と。老人は晃に鐘楼守の仕事を託して息を引き取ったという。

夜叉ヶ池には妖怪たちが住んでおり、主である白雪姫は剣ヶ峰の千蛇ヶ池の若君を慕っているが、彼女は鐘の取り決めに縛られて池を出ることができない。姫は鐘さえなくなればと考えるが、池を出れば洪水が起こり村は沈む。晃と百合のためにそうしてはならないと思いとどまっている。一方、晃の留守中に村人たちは、雨乞いの儀式の生け贄にするため百合を連れていこうとやってくる……。

1　民話と現代

　芥川龍之介も三島由紀夫も澁澤龍彥も絶賛した鏡花の華麗にして擬古的な美文。それに触れる者は、単に美しいというだけでなく力強く柔軟で、古典の素養と西洋語の翻訳とが混交した新たな言語の誕生に立ち会う興奮を覚える。しかもそれが戯曲として舞台に現前するときには、鏡花が好んで題材として取り上げた怪異でありながらもなじみ深い物語の魅力が充溢するのだ。宮城聰は鏡花の戯曲から、『夜叉ヶ池』と『天守物語』を繰り返し上演してきた。ここで取り上げる『夜叉ヶ池』は、不可思議な話のなかに、伝説と民話、妖怪と人間、男と女、共同体と社会、戦争と恋愛、学問と伝承、エコロジーと欲望といった主題群を盛り込んだ作品である。
　主人公の萩原晃は伯爵家の三男で、帝大生にして民話を収集していたというから、民俗学を学び神話の構造や人類学的な知見を蓄えていたのだろう。その彼が日本の山村に伝わる民話を集めに出かけた先で夜叉ヶ池の伝説に遭遇する。夜叉ヶ池の鐘楼守と出会い不思議な話を聞き、彼の後を継いで竜神との約束を守る鐘撞き人となるだけでなく、その村の前の神官の娘であり、その美しさから、背中に鱗があり寝所に白蛇がいると噂される百合と2人で暮らし始めるのだから、この物語は一種の異種婚姻譚とも言える。この作品では、神々を主人公とする神話に対して、土俗的な習俗や歴史に基づき、妖怪が重要な役割を果たす民話の世界が中心となっている。民話は地域の共同体によって育まれるが、同時に村落のような共同体は民話に登場する人物を「異人」や「妖怪」として、自分たち住民とは区別し差異化することで共同体の結束を図ってきた。異世界の存在を創出し、自己と他者との境界線を不断に引き直すことで共同体は存続し、外部に対して防衛する。近代の国民国家による対外戦争や少数民族への差別はその典型であり、『夜叉ヶ池』における村人たちによる百合に対する暴力もその縮図だ。宮城聰とSPACによ

る上演は、鏡花の美文を単なる怪奇譚とせず、日本の近代社会が抱えてきた宿痾(しゅくあ)を暴き出しながら、しかもそこに恋や友情といった永遠の価値を容れることにより、民話が過去を志向しながら現在に問いを放つものであることを証する。そのことを舞台を追いながらたしかめていこう。

2　「水は、美しい」── 紗幕と字幕

　『夜叉ヶ池』の最初の場面、舞台中央に百合と晃が立っている。客席と舞台を隔てる紗幕により、2人の姿は淡く水のなかを思わせる。晃の「水は、美しい。何時見ても……美しいな」という台詞の後、百合と晃は2人の目の前にある水たまりに吸い込まれるように倒れていく。2人と水とが誘い合う力が、『夜叉ヶ池』では、水を池にとどめる引力になっているのだ。

　紗幕の幻想的な場面が終わると、突然、舞台上部に字幕で「夜叉ヶ池 DEMON LAKE」というタイトル文字が映し出され、続いて映画のエンドロールのように配役と俳優の名前が流れていく。その後に、舞台設定の場所と時間。そしてト書き、先ほどの晃の台詞までが文字となって続く。この字幕は、映像を使ったオープニングのキャスト紹介ではない。配役、時代や場所の設定、それに続くト書きと台詞──これは鏡花の書いた戯曲の写しだ。つまり観客はまず場面を観て、その後に文字としてその場面を追いかける。これは鏡花の独特な文体への導きとなる演出上の卓抜な仕掛けである。まるでサイレント映画のようにいったん画像と文字を切り離すことで、口語とは対極にある鏡花の文語体風の台詞を舞台上に引き入れる。かくして観客は、台詞を単なる意味を表す言葉の連続としてではなく、鏡花の文体における目に見える文字の美しさも、耳に聞く音の響きも、そのすべてを受容することができるのだ。

　この字幕によって観客にはもう1つ驚きがもたらされる。それは「時　現代」というト書きの設定だ。私たちにとって、百合と晃の着物姿と「現代」という響きは隔たりがあり、なぜこれをして「現代」とするのか戸惑いを覚える。が、これもまた鏡花の戯曲どおりである。『夜叉ヶ池』が発表されたのは1913年だが、この戯曲を執筆したときの鏡花にとって、時はまさに「現代」だったのだ。そのときから百年の時が過ぎても、戯曲に書かれてい

るのは当然「現代」のままなのだから、これは不整合ではない。しかし考えてみると、戯曲を読むことと上演された作品を見ることとは異なる体験で、戯曲の時代設定がいつであれ、その作品が上演されているのは常にすでに観客にとっての「現代」だろう。つまり宮城聰がよく言うように、舞台上に俳優の身体という、どうしようもなく現代性を持つ媒介が存在する以上、あらゆる演劇は「現代劇」なのだ。「時　現代」という字幕の3文字は、演劇における時代性、時間性の問題を浮上させながら、現実の時間の流れでは回収できない演劇的時間の世界——『夜叉ヶ池』の妖しい世界へと観客を引き込んでいくのである。

　舞台は、中央に小さな一軒家があるだけの簡素な作りで、両袖には斜めに紗幕が張られ、紗幕の奥に生演奏のための楽器が置かれている。冒頭のシーンで客席と舞台を隔てていた紗幕はすでに上がっているが、真っ暗な背景と左右を紗幕に囲まれることにより、家の存在の小ささと、この家が村社会と隔絶されていることが示唆される。広い舞台にぽつんとある家。ときおり、奥の演奏者の人影や山々の絵が紗幕に水墨画のように浮かび上がる。紗幕は薄い膜1枚にすぎないが、照明の当て方によって幕の内側の空間を有にも無にもする。水面が光の反射によって表情を変えるように、『夜叉ヶ池』の舞台では紗幕が水面のゆらめきを表すのである。だから冒頭の2人の情景も、山々の遠景も、水面に映る風景の揺らぎと水底の景色を思わせる透明度をたたえている。水そのものは透明で見ることができないが、紗幕という不透明な幕により、逆説的に水の透明さが可視性を帯びる。宮城による、字幕や紗幕という遮断と透過をともに可能にする幕の活用は、目に見えないものを舞台上に見せ、見えるものを見えなくさせ、そして見えないものと見えるものとの切っても切れない結び付きを想像させるはたらき、すなわち演劇の本義を実現するのである。

3　「お談話を一つ、お聞かせなすって下さいましな」——白髪と竜神

　この幻想的な風景にさらに妖しさを加えるのが、百合と晃の姿形だ。家の前の小川で米を研ぎながら、夕飯のことなどたわいもない会話をする2人は到底老人には見えないが、2人とも長い白髪という会話の内容とはかけ離

白雪姫（たきいみき）と万年姥（木内琴子）［撮影：Eiji Nakao］

た姿をしている。演じる俳優が若いだけで本来は老人という設定なのか、それとも夜叉ヶ池の魔力で彼らは白髪になってしまったのか、はたまたもともと白髪に生まれた異形の者たちなのか。戯曲ではト書きに設定が記されているが、観劇中にそれを知ることはできない。この白髪の理由を知る驚きは実際の上演ならではのマジックといえる。

この疑問に答えを提供するのは、山沢学円という京都の大学教授。山沢は休みを利用して夜叉ヶ池見物に訪れた「余所者」にして、これから起こる出来事の目撃者ともなる。それは山沢が夜叉ヶ池という水の引力の外にいる立場でさまざまなことを見聞きするという、観客にいちばん近い人物であるからだ。だから山沢の疑問は同時に観客の疑問となり、この問いを考えるときの道標となるのが「民話」である。1杯の水を求めて立ち寄った山沢に対し、百合はお茶代の代わりに旅人から「談話」を1つもらうことにしていると民話を請う。それに「むむ、これこそ民話じゃ」と応じる山沢の言葉どおり、百合は言動と肌や髪の白さが相まってどこか妖しい。けれども、この舞台の百合は妖艶というより、この世とあの世との境界に生きているかのようだ。

民話は民衆の生活のなかから生まれた説話である。過去にあった何らかの出来事が時間を経て物語となったとすると、民話を聞くとは誰かほかの人の過去の暮らしの破片を拾うこととも言える。百合が民話を請うとき、そこには日々の無聊を慰めるだけでなく、過去の破片を集めることで、流れていく時間をその場にとどめたいという祈りにも似た想いがにじむ。白髪の百合の姿は、他人の生の断片を収集しているうちに、自身が民話の主人公となったかのように現実の重みがなく、時間を食べて生きているとさえ思わせる。だが、奇しくも山沢が百合に民話として語るのは、鐘守になる前の晃の話、すなわち百合にとっては現在の夫に関わる民話とはなりえない、あるいはまだ民話にはなっていない「現代」の話にほかならない。

この後、晃が出てきて旧友との再会を喜び、山沢に自分が鐘守になった経緯を話す。諸国の物語を聞いて歩いていた自分が、前の鐘守の死に際に出会い、毎日鐘を撞く約束をし、そのまま鐘守となってしまったという「お談話」——「僕、そのものが一条の物語になった訳だ」。ここで2人の白髪の謎も解ける。彼らの白髪はカツラなのだ。一夜の恐怖が人の髪を白くすると言われるが、それは日常の時間の流れとは異なる極限的に濃密な時を過ごしたせいではないだろうか。だとすれば白髪は凝縮されて急速に過ぎ去った時

第6章　『夜叉ヶ池』　　135

間の流れの象徴である。百合と晃の場合、夜叉ヶ池の伝説を信じ、そこに生きることを決めた時点で、2人の暮らしはすでに民話のなかにある。つまり彼らの白髪はすでに凝縮された時間の先、通常の時間を超えた遥かなたを指し示しており、そこから照射された過去の時間が、現在の時間として現前していることの証しなのだ。このように宮城の演出は、鏡花の「時　現代」という時代設定に、今と永遠という演劇的弁証法を組み入れる。それはまた、ともに白髪になるまで生きていくという2人の約束、白髪になってもすでに2人でいるという現世と来世とをつなぐ約束の印でもあるだろう。かくして『夜叉ヶ池』という民話は、過去と現在とこの先とを、約束という縁で結んでいるのである。

　百合を連れて東京へ戻れという山沢に、晃は答える、「何も三ヶ国とは言わん。越前一ヶ国とも言わん。われわれ二人が見棄てて去って、この村と、里と、麓に棲むものの生命をどうする」。こう言う晃も、もとは死にゆく老人を安心させるためその場では鐘楼守を引き受けたものの、村に行って鐘撞きとなってくれる人を捜していた。しかし村人は晃の話に耳を貸さないので東京へ戻ろうとするが、そこで百合と出会い、「村の滅びる事があったら、……この娘の生命もあるまい」とここに残ることに決めたのだ。百合の存在こそ、晃をこの土地にとどめ、晃と先代の鐘守との、そして人間と竜神との約束をつなぐ引力である。ここで重要なのは、百合と外部の他者である晃との出会いだ。演劇における多くの重要な出来事は、共同体の内部にいた者がその外部に出て、共同体と共同体とのあいだで社会性を獲得することによって起こる。2人の周縁性が引かれ合い周縁が異界との通路を開く。かくして、晃と結ばれた百合の存在は、鐘守との約束を果たす要として、竜神である白雪と妖怪たちをも、この現代の民話に引き入れるのである。

4　「生命のために恋は棄てない」──文箱と子守唄

　山沢と晃が夜叉ヶ池を見に出かけた後、舞台は妖怪たちの世界となる。白雪姫と万年姥、大蟹五郎、白男の鯉七、黒和尚鯰入という池の生き物と人間の名前を併せ持つ妖怪たちは、そのたいそうな名前にもかかわらず、蟹がハサミをチョキチョキ動かしたり、鯉が口をパクパク開けてみせたり、着ぐる

みのキャラクターのようにユーモラスで愛嬌あふれる。宮城は夜叉ヶ池の妖怪たちにありきたりな妖艶さや不気味さを与えない。それにより妖怪たちを怪奇な外部の他者にとどめず、百合と同様に、周縁の位相に置くのだ。静的といっても過言ではない水底の沈黙をその裏にたたえる舞台で、百合と白雪はともに村と池という共同体から抜け出た位置にあるのだが、その原動力が「恋」なのだ。そして物語は、彼女たちが周縁へと行かざるをえない状況が、共同体の「掟」を騙る暴力の結果であることをあらわにする。宮城は、後で登場する百合を雨乞いの生け贄にしようと企てる村人たちが男性だけの集団であるのに対し、妖怪を演じる俳優をすべて女性とすることで、村人と妖怪との対比にジェンダーによる差別構造を重ねる。共同体の掟を唱える者と、それによって犠牲となる者との関係にある、日本の近代化を裏打ちしてきた家父長制度の力学をつまびらかにするのだ。演劇として再生する民話。遥か昔、人と水が戦って、僧侶によって夜叉ヶ池へと封じ込められた竜神。夜叉ヶ池伝説における人と水（竜神）との対立が、まさに現代の人間社会における男性的な暴力と、その暴力に虐げられた人々との対比に映し出されていくのである。

　晃の語りによれば、昔、裸で牛に縛られて雨乞いの生け贄にされた白雪という娘が、夜叉ヶ池に身を沈めたという言い伝えが村にはある。この池に沈んだ娘の化身が、池の主人である白雪姫にほかならないだろう。となると、ほかの妖怪たちも何らかの形で村落共同体の犠牲となって死んだ者、村から排除された人間の化身であると想像するにかたくない。自分たちは決して生け贄になる恐れを抱くことなく、娘たちだけに犠牲を強いる村の男たちと、逃げ場のない痛みを背負わされる女たち——犠牲の暴力と連綿と続く深い痛みの連鎖が、この一見たおやかな民話にはらまれていることに気づかされるのだ。

　この作品からはジェンダーだけではなく、「人種」や「民族」に関わる差異化も見えてくる。カニやコイ、マナズといった妖怪たちの半人半魚的な造形は、生き物の擬人化というよりも異人化である。共同体は内部の結束を保つために外部を必要とする。村という平地から何らかの理由で追い出された人たちは山へと逃げ込むほかない。村人は夜叉ヶ池を恐れ、そこに近づこうとはしないため、そのような場所は逃れざるをえない人々が行き着く避難場所となるだろう。フランスの哲学者ジャン・ポール・サルトルが「ヨーロッ

パのヒューマニズムは自らを人間とするために怪物を生んできた」と喝破したように、異人だから人間と異なるのではなく、人間が自分とは異なると一方的に定義することで、異人が作られたのだ。このような原因と結果との論理的な倒錯が差別のメカニズムを支えている。もともとは晃や百合と同じ人間だったのだから、この舞台の妖怪たちが恐ろしくなく、むしろ親しみさえ感じさせるのは当然のことではないか。

　なかでも剣ヶ峰・千蛇ヶ池の若君を恋い焦がれる白雪は、普通の娘と変わるところがない。文箱を使い若君と手紙のやりとりをする白雪は、むしろ人間よりもずっと優雅なたたずまいで、およそ近代とは遠い古(いにしえ)に生きている。しかも白雪は、封じられた竜神そのものではなく、化身した者であると同時に竜神を継ぐ者として、先祖代々の言い伝えに従い、人間たちとの約束を守っている。だが、若君への恋しさが募り千蛇ヶ池へと行きたい白雪にとって、夜叉ヶ池に自分を縛り付ける約束は我慢ならない。池から去れば大水によって村人が死ぬだけではなく、白雪も神仏による祟りを免れないと諭す姥に「生命(いのち)のために恋は棄てない」と飛び出そうとする白雪を止めるもの——それは、約束を担保する鐘の音ではなく、自分自身には叶わない「恋」を実現している百合の子守唄なのである。

　百合の歌声を聞き、「私がこの村を沈めたら、美しい人の生命もあるまい」と思いとどまる白雪もまた、晃と同じ理由で池にとどまることを選択している。晃は老人との約束を守り鐘守として、白雪は先祖代々の約束を守り夜叉ヶ池の主として、この地に居続けているのだ。どちらも竜神と僧侶との約束を維持するためだが、白雪も晃も法力によって縛られているのではなく、自らの意志によってそこにとどまっている——百合のために。鐘を切ろうとする白雪を止める姥は、本当に大事なのは鐘ではなく、その倫理であると説く——「重いは義理」と。「重い」とは夜叉ヶ池において「想い」に等しい。少なくとも舞台上で発せられ、観客が耳で聴く台詞では、それが「重い」なのか「想い」なのかは判別できないだろう。演劇作品で、恋を全世界と天秤にかける物語は少なくない。ロミオとジュリエットにとっては、2人の恋が成就するためなら世界など滅びてもかまわない。しかし『夜叉ヶ池』は違う。この演劇が美しいのは、夜叉ヶ池の白雪姫から身寄りのない村娘にすぎない百合に向けられるこの想いがあるからである。

　舞台上の百合は消え入りそうなほどに澄んでいる。百合は人の想いを映し

出す水鏡なのかもしれない。白雪が約束を守るのは、この百合の存在を守るためだ。自らの想いを記した恋文を実現するかわりに、子守唄を残すこと。白雪は百合に昔の自分を重ねているのだろうか。人間が鐘を撞き竜神に約束を知らせるように、百合の子守唄は白雪のような運命に遭った代々の白雪たちにふたたびそのことを思い起こさせ、ひいてはその唄によって慰めを与えるのだ。時代を経て、鐘は竜神に約束を思い出させるための合図ではなく、百合と白雪の心の共振の響きに変わる。この舞台を支えているのは、ジェンダーや種の差異を超えて、誰かを何かを想う、この「想い」の重さなのだ。物質ではなく、想いの引力が人間も妖怪をも、池の水も鐘をも、地上にとどめているのである。

5 「人は、心のままに活きねばならない」──太郎と太鼓

　夜叉ヶ池を見にいく晃と山沢を見送った百合は、さみしさをまぎらわせるため太郎という名の人形に子守唄を聞かせる。百合の人形に対する語りかけがあまりに自然なので、百合にとってこの人形が本当に人形なのか、舞台の小道具として赤ん坊の代わりに人形を使っているのかわからない。台本のト書きを読めば、そこには人形と書かれているのだが、舞台という「現代」ではそれを確認する術がない。しかし私たちはここで、人形か赤ん坊かを判別することの必要を感じるだろうか。この舞台で、人形と人間にどれほどの差があるのか。妖怪になるのは生き物だけではない。太鼓だって鎌だって妖怪になるではないか。妖怪が生きる世界で、人に身近なモノはただの道具ではないのである。

　この舞台にはモノがよく出てくる。ほかの宮城作品に多く使われる紙の質感を持った抽象物でも、装飾を施した具象物でもなく、まさに人が使うモノ──お茶道具、傘、鎌、文箱、手紙、カツラ、太鼓、手ぬぐい、大八車、人形……。舞台全体も一軒家の造形から、いわゆるリアリズム演劇に近い印象さえ受けるが、本作の現実主義(リアリズム)が示すのは目に映る写実ではなく人間の目が見過ごしてしまうモノの存在そのものである。舞台上でモノであろうとヒトであろうと、それが関係性の力学によって新たな意味や生を獲得することが、演劇の現実なのである。舞台上の重力はニュートン力学ではなく、モノ

も妖怪もそれぞれの独自の重力をもって世界と関係している。このようなそれぞれの力を見せるためにこそ、この舞台は余計な抽象を極力排するのだ。妖怪たちを幻想という位相にとどめることなく、現実のモノ（物・者）として活躍させること——この効果が、彼女たちの「異人性」を際立たせるのである。

その一方でこの舞台では、当然目に見えてもいいはずのものが不可視にされている。ここには、この物語の中心にある鐘も鐘楼も見えていない。見えないものを信じない人にとって、約束という目に見えないものは信じるに値しない。だから鐘の存在もないに等しい。村人に鐘は見えているのだろうか。もともとこの舞台に鐘がないのが不思議だったが、実はそこにあるはずの鐘が私たち観客にも見えていないだけではないか？

妖怪たちの時間が終わると、舞台では村人たちの時間が始まる。1人でいる百合を狙って男たちがやってきたのだ。そこには村長・神官・教師・百姓・博徒・村会議員といった村落共同体のすべての階層の男たちがそろっている。村人たちは全員、手に持つ団扇のような太鼓を叩きながら百合に迫ってくる。この太鼓は残酷かつ正確に正当化された暴力に酔いしれる村人の狂騒をかき立てる。ドンドンとリズムが刻まれ増幅する恐怖は、言葉以上の力をもって迫る。脅し文句だけならば、そこに嫌悪感を抱くことはたやすいが、リズムによる熱狂はときに論理的な思考を封殺する。激しい太鼓のリズムによる同調は、扇動されてマイノリティを迫害するマジョリティの心理を象徴する。議員から博徒まで全階層の人々が居並び、自ら叩く太鼓に合わせて高揚するさまは、記号の暴力そのものだ。日常、まったく異なる境遇にあり利害を相反する人々が、犠牲者を捏造することで大同団結する。百合に雨乞いの生け贄となれと迫るとき、太鼓の激しいリズムは恐怖に満ちた百合の鼓動を内にはらんで観客の耳に届く。

村人は百合の着物を剝ぎ、真っ白な肌着1枚となった彼女を大八車に縛り付ける。そこへ夜叉ヶ池に向かう途中で百合の子守唄を聞き、里心がついた晃と山沢が戻ってくる。晃が百合を助け「跣足で来い。茨の路は負って通る」と連れていこうとするが、村人は「村のものは置いて行け」と迫る。晃は応える、「人は、心のままに活きねばならない」と。村人の論理からすれば、百合は「一郡六ヶ村、八千人の生命」であり、百合を連れていくのは「八千人の生命」を奪うのと同じであることになる。対して、晃には人間を

所有物と考えることも、数の大小で価値をはかる合理主義も理解できない。「者」も「物」とし、所有できると疑わない村人と、「物」をも「者」のように扱いながら、モノとともに生きている晃とが真っ向から対立するのだ。

　ここで見誤ってはいけないのは、この対立の構造が、雨乞いの儀式を信じる迷信深い村人と、近代的な学問を身につけた晃のそれではないということだ。進歩的な歴史観からすれば、民話を文字どおり信じて鐘を撞き続ける晃こそ蒙昧な中世人で、村人こそが合理的な近代主義者である。日照りだからもう鐘を撞かなくていいと晃を揶揄する村人が、もし鐘の約束を信じていたのなら、晃というよそ者にそもそも鐘守を任せることもなく、「鐘を撞くな」などと言えるわけもない。鐘を撞かねば村そのものが水の底に沈むのだから。しかもこの雨乞い儀式にはすでに「代議士閣下」という国家の代表たる見物人が用意されている。これは儀式に名を借りた、資本・国家(ステート)・民族(ネーション)が結託する、民俗や伝統を商品化した近代的な視覚の暴力、先住民を博覧会の見世物にして恥じないイベントなのだ。彼らが本当に求めているのは農民のための水などではなく、金や地位や権力である。急速に近代化していく村落共同体のなかで、彼ら自身は農村の荒廃になんら汗を流すことなく、晃や百合だけに責任と義務を要求する。「人を救い、村を救うは、国家のために尽くすのじゃ」とまくしたてる議員は、ひときわ大きな音をたてて太鼓を打つ。太鼓はほどなく銃剣と日の丸に替わるだろう。太鼓と鐘は、こうしてそれぞれが近代の軍国主義的暴力と前近代の共和的約束を象徴する道具となるのである。

6　「一所に唄をうたいましょうね」──鎌と撞木

　村人が百合に言う「八千人の命」のために生け贄になれという数の論理が、マイノリティを犠牲にすることで成り立つ近代国家を支える理論であるとすれば、以前に晃が「この村と、里と、麓に棲むものの生命」と言っていた言葉は、そのような近代主権国家の論理を超えるものだ。晃は百合ひとりの生命だけを大切にしているのではなく、百合の生命にここに棲むものの生命を見ているのである。それは数に代えられない水の存在そのものを思うような営みであり、「八千」という数が示す切り捨てられた端数という周縁をも包

百合（布施安寿香）をつかまえる村人（仲谷智邦、中野真希、春日井一平、貴島豪、三島景太、長谷川直紀）［撮影：Eiji Nakao］

み込むだろう。

　ここで山沢が間に入り村人の説得を試みる場面も興味深い。京都大学の教授で僧侶でもある山沢が、村人一人ひとりに、晃と百合を助けてくれるよう頼むが村人の耳には届かない。近代の排外主義者の特徴は、人の話をいっさい聞かない、聞けないことだ。晃が語る白雪の伝説も山沢の人情的な説得も、彼らには馬耳東風なのだ。実は晃と山沢の言葉にも違いがある。ここで晃が語るのは倫理であるが、山沢は道徳を説く。道徳とはそのときどきの時勢にからめ取られるもので、村人の「お国のために」という理屈も彼らにとっての道徳にほかならない。山沢が晃を伯爵の三男と紹介し、それぞれの教育者や宗教家という肩書を前提として話す時点で、すでに山沢も近代国家の論理の延長線上にいるのである。

　この太鼓の暴力は晃の鎌でさえぎられる。夜叉ヶ池に向かう道草を刈るために腰に鎌を差す晃に驚く山沢に、「鎌を研ぐことを覚えた」と言う晃の鎌は、山沢の傘や博徒のドスとは対照的に、農具にして生活に欠かせないモノ

である。そしてその鎌で百合は自分の胸をつき、晃も鎌で鐘を撞くための撞木の綱を絶ち切った後、首を切り百合の後を追う。このとき晃が百合の亡骸に向ける「一人は遣らん！　茨の道は負って通る」という台詞は、2人で村人から逃げようとしたときの言葉と共鳴する。旅支度の言葉が死の間際に繰り返されることで、2人の死は浄瑠璃でいう道行きとなり、冥土でも2人の結び付きが続くことを予感させるのだ。

　鐘がないこの舞台は切るべき撞木の綱もない。そのかわり、晃は鎌で空中を切った。すると、空が切り裂かれたように舞台が暗くなり、一軒家の後ろから妖怪たちがせり上がってくる。とりどりの太鼓を叩きながら「人間は？」「皆、魚に」と、一同笑いに包まれる。白雪はこれで夜叉ヶ池から解放されて、恋人が待つ剣ヶ峰に行けることを喜ぶが、しかし彼女が百合を忘れることはない。この物語の最後は白雪の台詞で締めくくられる——「この新しい鐘ヶ淵は、御夫婦の住居にしよう。……お百合さん、お百合さん、一所に唄をうたいましょうね」。晃が切って落としたのは、撞木であって鐘そのものではない。破られたのは丑三つ時に鐘を撞くという取り決めであって、鐘という約束そのもの、百合と白雪とを結ぶ想いはここに残っている。あふれ出た池の水のなかにたとえ鐘が沈んでも、私たちが聞こうとすればその響きは〈重い想い〉として共振し続けている。夜叉ヶ池に閉じ込められていた白雪が百合のこの先の姿だったとすれば、いま主を代えた夜叉ヶ池は広大な鐘ヶ淵と名前を変えて、百合自身の民話が語られる〈現在〉となったのである。

7　犠牲と自由

　白雪や百合を犠牲にすることで自らの権力を保持してきた共同体の支配層にとって、1人の人間の死がかけがえなく不条理なものとして胸に迫ることも、ましてや「人民蒼生のため」に自ら「命を棄てる」こともありえない。対照的に白雪や晃は、命よりも恋を重んじ、自由を語る。その2人こそが約束を守り、民話を信じ、池と鐘とともに時間を過ごしたために、村の生活は保たれてきたのだ。それは地理的に束縛され物理的には不自由な暮らしではあるだろう。しかし彼女たちにとっての自由は、自分の意志を貫き、それを

何人にも邪魔させないという心の束縛を受けない自由である。ときに不自由に感じようとも、自由とは自分の意志との約束にほかならないからだ。

　宮城の舞台は、しかし、妖怪と百合夫婦のハッピーエンドでは終わらない。百合が歌っていた子守唄——しかもそれは小泉今日子の「遅い夏」（銀色夏生作詞、藤井尚之作曲）という現代のメロディー——が流れ、カーテンコールが始まるが、出てくる俳優のなかに百合と晃はいない。舞台と客席との間にふたたび下ろされた紗幕の前で俳優たちは挨拶するが、百合と晃だけは紗幕の向こう側で重なり合い倒れたまま、時が沈んでいく。子守唄の歌詞には次のような一節がある——「きよらかな沼のほとりにでて／このまま時が止まれば　永遠に一緒だ／僕が沈んでも　君は笑ってよ」。この「僕」とは晃なのだろうか、百合なのだろうか、それとも鐘なのだろうか。歌声が誘う郷愁は、宮城がほかの舞台で多用する打楽器演奏が喚起する「いま」ではなく、民話が生きていた「昔」を想わせる。

　「重い／想いは義理」——宮城版『夜叉ヶ池』の舞台を支えているのは、「昔」と言うほかない何かを想う重さなのだ。演劇はときとして、1人の人間と世界全体の重さとを等価にする。これを演劇の「質量不変／普遍の法則」と呼んでよければ、この質量とは物質ではなく想いの量のことである。ニュートンからパラケルススへの回帰。水に始まり水に終わる『夜叉ヶ池』の舞台が提示するのは、人と人、人と妖怪を結ぶ約束の力が、地球を支える水の引力と等しいという、演劇だけに証明可能な科学的真理なのである。

❖コラム6❖

演劇鑑賞教室

　『夜叉ヶ池』もその一つですが、静岡芸術劇場では一般公演とは別に、県内の中高生を対象に学校単位の鑑賞教室を実施しています。静岡県の中高生は1学年で約3万5,000人、年間100ステージすれば1学年全部の生徒と引率の先生が観劇でき、中高6年間に最低1回は劇場に行く、という計画だそうです。一般観客のためにも、リハーサルを見せる「おためし劇場」、「プレトーク」や「アフタートーク」での解説や関係者インタビューなどがあります。劇場2階のカフェ・シンデレラでは俳優が働いていて、終演後は役者が観客と交流するフレンドリーな雰囲気。でもいちばん「フレンドリー」なのは、SPAC芸術総監督の宮城さんかもしれません。どの公演でも始まりと終わりには劇場の入り口に立って、私たちに挨拶をしてくださるのですから。

　静岡芸術劇場の特色は明るさ。2階のカフェは天井が高くガラス張りで、天気がよければ富士山も見えます。1階には演劇書の本棚があり、イスやテーブルだけでなく給水器まである。開演までの時間を（チケット代以外の無駄なお金を使わずに）ゆっくり過ごせる工夫がなされています。出迎える制作の人も、ボランティアのシアタークルーも笑顔で自然体。何より観客が明るく、鑑賞教室のおかげで、一般上演でも中高生とおぼしき観客の声が聞こえます。

　『ペール・ギュント』のとき、カフェに茶髪のヤンキーな高校生の一団がいました。5分前のアナウンスに、「あ、もうすぐ始まるから、トイレ行ってこよう」と1人が立ち上がると、隣の生徒が「え、なんで？ なんでいまトイレ行くの？ 始まったら途中で行けないの？」と真面目に質問。聞かれた高校生も「いや、よくわかんないけど……」と、しばしトイレ論議。そんなことも知らない学生が劇場に足を運び、宮城版『ペール・ギュント』を観る。これはとてつもない偉業なのでは？　ちなみに彼らの感想は「ペール、やばい」――最上級の誉め言葉でした。

第7章 『ペール・ギュント』――帝国と双六

2012年6月2日、3日／静岡芸術劇場／（初演　2010年3月）

作：ヘンリック・イプセン
訳：毛利三彌
音楽：棚川寛子
照明デザイン：大迫浩二
舞台美術：深沢 襟
衣裳デザイン：竹田 徹
舞台監督：村松厚志

出演
ペール・ギュント：武石守正
ソールヴェイ：布施安寿香
オーセ 他：榊原有美
イングリ 他：谷野麻里江
緑衣の女 他：舘野百代
緑衣の女の子供 他：加藤幸夫
ドヴレ王（INOUE Kaoru）他：渡辺敬彦
くねくね入道 他：吉見 亮
ヘルガ 他：石井萠水
トルムペーターストローレ 他：若宮羊市
アニトラ 他：本多麻紀
見知らぬ船客 他：春日井一平
小作人の女 他：木内琴子
ボタン作り 他：貴島 豪
鍛冶屋、船長 他：小長谷勝彦
女官 他：佐藤ゆず
婚礼祝いの客 他：永井健二
婚礼祝いの客 他：根岸絵美
痩せた男 他：牧野隆二
女官 他：森山冬子

❖ストーリー❖

ペール・ギュントは野心的な若者。地主の娘イングリがほかの男と結婚すると聞いて花嫁を奪い、村人たちから追われ山に棲むトロルの王国に逃げ込み国王の娘を誘惑する。が、国王との交渉が決裂し殺されそうになった瞬間、鐘の音が鳴りトロルたちは逃げていく。その帰り道でくねくね入道に捕まりかけるが、またも鐘の音に救われる。森の奥に小屋を建てたペールのところにイングリの祝宴で出会ったソールヴェイがやってくる。しかしトロルの娘も現れたため、ペールはソールヴェイに待っていてくれるよう頼んで旅に出る。
　奴隷売買や貿易で巨万の富を得たペールは列強の客人を招待して世界の皇帝となる目的を語るが、船が奪われ無一文に。次に予言者となり娘に恋するも捨てられ、老年となり国に戻る途中で船は難破してしまう。ようやく戻った故郷で、悪魔の命令でペールを他人と一緒に溶かしボタンにするという男に会う……。

1　戦争と近代国民国家

　イプセンの初期の大作『ペール・ギュント』は、まさに「叙事詩」の名にふさわしく、その長大さ、物語の複雑さ、登場人物や場面の多様性、詩的表現の比喩の奇抜さ、そして主題の社会的な広がりによって、多くの演出家や俳優を魅了しながら、彼らの挑戦を斥けてきた難作である。根幹に「自分とは誰か、人はどのようにしておのれ自身となれるのか？」という問いをはらみながら、そこに西洋植民地主義や世界戦争、人種差別から神学論争までが盛り込まれている。一方で、出自に関わる特権や特異な才能を持たない青年ペールが、故郷の村から広い世界に雄飛して成長するという伝統的な「教養物語＝ビルドゥングス・ロマン」の体裁を保ち、他方で、西洋近代の病とも言うべき、他者の搾取や土地の征服に対する社会的な批評を含む──そんな問題作なので、これまでの上演は、主人公が冒険と挫折の末に故郷のソールヴェイの許に帰りついて救済される波瀾万丈の流離譚とするか、あるいはシニカルな社会批評を前面に出した寓話とするかの選択を迫られてきたのではないだろうか。
　こうした個人と社会との対立をめぐる難題を解決するために、2010年に静岡芸術劇場で初演し、12年にコロンビアのイベロアメリカ国際演劇祭を経て静岡で再演されたこの『ペール・ギュント』で、宮城は2つの方策を提示する。1つは、ペールを演じる俳優に徹底的な運動量を課し、さらに役者たち自身が演奏する打楽器の演奏を台詞の語りにほぼ一貫して伴走させ続け、ミニマリズム的な現代オペラとでも言うべき作品に仕上げることで、原作の

壮大なタペストリーをスピーディーでコンパクトなタブローに編集すること。もう1つは、ペールの旅路を日本という近代国民国家の軍国主義的な成長と重ね合わせることで、そこに必然的に含まれる帝国の欲望と矛盾、すなわち東アジアの同胞国民に向けた蔑視と西洋列強への羨望のまなざしを、明治からアジア太平洋戦争にいたる戦争の時代を喚起することで焙り出したこと。この大胆な演出によって宮城版『ペール・ギュント』は、自分は何者かという問いの探求を、西洋的な個人の自立の物語に閉じ込めることも、東洋的な因習による抑圧の神話に囚われることもなく、近代の国民国家が通過しなくてはならない政治的・経済的な発展という文脈のなかで再考するのである。

　そのために宮城が採用するモチーフが、戦争双六という日本の軍国少年の遊びだ。双六の盤と化した舞台上で、その駒として動く（動かされる）ペールの「上がり」とは何か？　1コマずつ場を追いながら見ていくことにしよう。

2　「おれは王様になる、皇帝になる」——紙カブトとぼろ服

　舞台中央の暗がりで、袴に半纏姿で新聞紙のカブトをかぶった少年がサイコロを振って遊んでいる。どうやら彼は戦争双六をしているらしい。舞台の背面には鮮やかな双六の絵図が映る。そこに姉のような女性がやってきて、せき込む彼の背中をさすろうとするが、少年はいやがり、さみしそうに去る彼女の背中に紙飛行機をぶつけて「撃沈！」と戦争ごっこに熱中する。この子は肺病か何かで外で遊ぶことができず、家でひとり双六をやっているのかもしれない。少年の孤独と周縁性とがこの劇の一つの基調をなすのである。

　やがて背面の双六絵図が消えると、その下から現れたのは逆さまになった双六盤で、少年の後ろにあった舞台も同じ双六盤だったことがわかる。双六盤はマス目に区切られ「上がり」と「振り出し」以外のマスにはサイコロの目が書かれ、「1」に当たる丸部分は穴が空いている。この穴は日本国を示す「八洲」を表すものだろうか。そこへ少年と同じ姿の3人が硬直した男を抱えてくると、少年が「振り出し」のマスに立たせる——この双六の駒こそがペール・ギュントだ。次に少年が双六舞台の両側にいる演奏者に向かい指揮を始めると打楽器の音が激しくなり、ペールの物語が始まる。この作品

は、見方によっては全体が明治の軍国少年による戦争双六を劇にした劇中劇とも言えるし、少年を物語の導入としたペールという特異な人物の冒険物語とも言える。この二重性が作品を単なる個人の成長物語とも、日本近代国家の歴史の再現ともせずに、個人と社会とを横断する批評性を担保するが、宮城は少年や、ペールを運ぶ3人を女優に演じさせることで、さらにもうひとつの座標を足す。

　この作品における音楽の役割を確認したい。ペール以外の役者は演奏者役も担い（しかもすべての演奏者が紙カブトをかぶっているため、全員が双六の参加者であるとも考えられる）、音楽はほぼ途切れることなく役者たちの台詞や動き、場の転換を形容する。オペラのようにここでは音楽が語りに欠かせない要素なのだ。しかもこの音楽は、台詞をアリアとして歌わせるための伴奏ではない。それは勇ましい「正露丸」（明治期に「征露丸」と名づけられた「ロシアを征服する」胃腸薬！）のコマーシャルソングから、微かなソールヴェイの歌のような響きまで、さまざまな調べを自在に織り込み、音楽を外在させず常に内在させることで、台詞や動作をときに抑制し、ときに増幅させる。このことで作品全体がミニマリズム的な現代音楽オペラの様相を帯びるのである。

　さて、ペールとその母親オーセは、貧しい身なりにもかかわらず意気軒昂だ。「おめえは自分で自分のズボンの繕いができるようになればそれでいいだ」という母親に対して、「おれは王様になる、皇帝になる」と「でっかいこと」を言うペールだが、地主の娘イングリの結婚が知らされると、反対するオーセを水車小屋の上に乗せ、自分は地主の屋敷に駆けつける。舞台上に出てくる大道具はほとんどがミニチュアで、水車小屋といってもイスほどの大きさ、子どもの玩具のようであり、物語全体が双六の盤面上にある印象を強める。さらに登場人物たちの出入りに盤面の穴が使われることで、ゲームにも似た世界の枠組みが提示される。穴から飛び出たり、すっと落ちて入ったり、双六の平面に対して穴による上下運動は爽快だが、その実、すべての人物は盤の外へと行けないのだ。また、多数の人物が同時に退場するときには、背面と舞台面の2つの双六盤の接点である、暗い隙間に飛び落ちていき、あっという間に姿を消すので存在の余韻が残らない。双六の世界では、運動量の大きさが逆説的に世界の閉塞性を表すのである。

　イングリの婚礼祝いの宴は典型的な日本の村祭りにも見えるが、ラッパと

太鼓の音に踊る村人の様子は出征祝いをも連想させる。この作品ではパーティーの場面が何度か出てくるが、どれもがそれぞれの共同体のありようを色濃く映し出す「祝賀会」であって、この内輪による内輪のための祝いは、他者との境界を超える交わりを目指す「祝祭」とは著しく異なるものだ。この祝賀会的な構造はペールのような異端者をムラの外へと追いやっていく。しかしだからこそペールはその構造の支配者として君臨すること、「王様になる、皇帝になる」ことを生涯の目的とするのである。

こうしたペールの欲望は女性との関わりで端的に表れる。愛情もないのに地主の娘イングリを奪うのもその典型だ。ただ、この祝宴にきていた明治の女学生風のいでたちで、騒々しい村人のなかで浮いているソールヴェイだけは別である。穴から上半身だけ出しすぐにいなくなる彼女は、存在そのものが不分明なのだ。台本によると、ソールヴェイは「移住民の娘」とされ、地主の娘とは正反対にムラ共同体にとっての新参者である。そのためだろう、彼女は村人もペールも冷静に観察する。ペールとソールヴェイという共同体にとって異質な者同士の出会い——ぼろ服で荒々しいペールと、袴姿で静かなソールヴェイとの距離が、この劇のパースペクティブを形作るのである。

3 「おのれ自身に満足せよ」——尻尾と左目

花嫁を奪い村人から追いかけられるペール。宮城の演出では長方形に照らしたマス目の上でペールを全速力で走らせるが、1歩も前に進ませない。同じ場所での疾走が示すのは、移動の自由ではなく、盤上の駒としての閉塞感と不毛な連続運動だ。その場で力いっぱい走り続けるペールに対して、それを見守るかのようにオーセとソールヴェイが穴から顔を出す。その様子は、穴を棲みかとする小動物を思わせ、いつも逃げながら移動していくペールと違い、穏やかに安定している。ペールはいつもこの小柄な2人によって救われていくのだ。

ペールが逃げ込んだトロル王国は、人間から見れば他者の領域であるにちがいない。しかし宮城の演出はここでも独創性を発揮して、シルクハットにステッキを持つドヴレ王の胸に「井上馨」の名札を付け、その宮廷を鹿鳴館に擬する。こうしてトロルの集会も自民族中心主義的な祝宴として示される

トロルの王国で、緑衣の女（舘野百代）とペール（武石守正）とドヴレ王（渡辺敬彦）［撮影：Eiji Nakao］

のである。人間であるペールがこの王国の一員となるためには、尻尾をつけ、牝牛の排泄物を食さなければならない。それはトロルと人間では目に映るものが反対に見え、ものの基準が異なるからで、ここにも『ペール・ギュント』という作品がもつ相対主義が色濃く表されている。トロル王によれば、人間とトロルとの違いは、前者が「人よ、おのれ自身であれ！」というのに対して、後者では「トロルよ、おのれ自身に満足せよ！」ということだ。ペールは王国の世継ぎとなるという野心のために、「おのれ自身に満足せよ」というトロルの哲学を「生涯の武器となせ」と言われ、一瞬ためらうが深く考えることなく受け入れる。人間もトロルも「おのれ自身」を基点とする自己中心的な個人主義に変わりはない。しかし、「おのれ自身であ」るためには、絶え間なく疑いや挑戦を抱きながら現状に満足しない、つまり変化し続けなくてはならないが、「おのれ自身に満足」することは現状を肯定して何もしないでいることであり、両者には大きな隔たりがあるのだ。

「満足」するためにトロルは、「左の眼に傷をつけ物が曲がって見えるよう

にする」という。背面の双六盤が床のそれを映し出した鏡面のようでありながら斜めに傾いているのもこのためだろうか。トロルの世界では「物が曲がって見える」のだが、同様にペールのいる世界も歪んだ鏡像関係のうちにあるのだ。傷つけた眼はもとには「もう決して戻らない」ことを知り、ペールは拒否する。このトロル王国が鹿鳴館文化の象徴であり、明治期の社会の矛盾や経済の危機に目をつぶりながら、成り金趣味に溺れる者たちへの批判を喚起するものであるとすれば、そこから逃走するペールの冒険、彼が目指す国王や皇帝への道はいかなる軌跡を描くのだろうか。次なる「冒険」の始まりは、ソールヴェイとの別れである。

4 「わたしがきた道には、戻り道はないの」——ボタンと斧

　トロル王国から出ていこうとするペールにトロルたちが襲いかかると、遠くで鐘の音がし、トロルたちはいなくなる。この鐘ははっきりとした音ではなく、鉄板が反響しているような鈍い響きにすぎない。しかし、次にペールが自分とそっくりの「くねくね入道」に遭遇し捕えられそうになったときも、またこの音が鳴り、くねくね入道は「こいつ、うしろに女がついているな」と言い残して消えていく。
　オーセもソールヴェイも、ペールのために鐘を鳴らすということを口にするが、実際にどちらが鐘を鳴らしているかは問題ではない。「うしろに女がついている」こと、つまり鐘が鳴って、ペールが守られていることに意味があるのだ。子守唄を歌ってくれた母親と、歌声を聞かせてくれる女性——どこからともなく聞こえてくる鐘の音と無伴奏の歌声は、近代帝国主義を彩りけしかける打楽器の激しさを柔らかに相対化する。この二種類の相反する音が、帝国主義の権化でありながら、無条件に見守られる子どもという二重性をペールに付与しているのである。
　鐘の音に助けられ戻ってきたペールが山小屋の外で目覚めると、ソールヴェイと妹ヘルガが食べ物を持ってやってくる。ソールヴェイはこの場面でも穴から上半身だけを出し「じゃあ、鐘ならして、よかったのね」と言って消えてしまう。そこでペールはヘルガに、姉さんが「おれを忘れないよう」に、「銀のボタン」を渡してほしいと頼む。ボタンはペールの人生の結末で、最

終的に人生の価値を判断する代物として登場する。そのボタン作りの言葉に従えば、「世界レベルの上衣の金ボタン」が最高で、平均は「出来損ないの箱」に入れられる。ボタンが象徴するように、この作品では衣服という外側が人物を規定する。たとえばペールの場合、オーセと暮らしていたときのぼろ服から、成り上がってからの羽織姿、予言者となったときの中国風の服……。しかもボタンは上着をとめる道具であるともに、装飾品でもある。「金ボタン」が装飾の極致、「出来損ない」が実用だとすれば、ペールがソールヴェイにあげる「銀ボタン」は装飾でも実用でもない、ペール自身であると言えるのではないだろうか。

　ペールが木を切って森で小屋を建てていると、1人でソールヴェイがやってきて、次のように語る。

　ソールヴェイ　風が黙ると、あなたの声がぼそぼそとささやくの。忘れないでくれ──。／私の耳のこんなそばで。だから私は、あなたのそばに来た。
　（略）
　ソールヴェイ　わたし、来る途中どこ行くのって聞かれたから、「私のうちへ」って答えたわ。
　ペール　……お前がこの中で暮してくれるなら、魔物なんぞ、もう恐くない。／ソールヴェイ！　お前を見させてくれ！　近よるな。見るだけでいい。……
　ソールヴェイ　ここでは、松の木のゆれる音がきこえる、なんて静かなの、森が歌っているのがきこえる。／私の家(うち)。

　見るペールと、聞くソールヴェイ。このとき軍国双六の累進性を否定する決定的な台詞が、ソールヴェイの口からこぼれる──「わたしがきた道には、戻り道はないの」。この作品では場面が変わるとき、背面の双六盤のマス目が光る。双六なら、いつでも振り出しに戻ることができるが、ソールヴェイは「私の家」という終着点を自分で選んで、すでに到着しているのだ。こうして彼女はなかには入らず、小屋の隣に静かに座るのである。

　枯れ木を集めようと森に入ったペールは、トロルの女から彼の息子だという子どもを見せられる。過去の「心に浮かんだ欲情のせい」でトロルから逃

れられないペールは、くねくね入道が言ったように「回り道」をしてからでないとソールヴェイのところにたどり着けない、彼女を汚さないためにはそれしかないと自分に言い聞かせたペールは、歌っているソールヴェイのところへ戻り「長くても短くても、待っていてくれ」と告げ、小屋を後にする。かくしてソールヴェイは、森の小屋という共同体の外部、その小屋の外というさらなる外部で「待っている」ことになる。そして彼女へといたる回り道をペールがたどるには、やはり双六のマス目を進むほかないのである。

5 「ギュント的おのれ自身」──羽織袴と竹馬

　いったん自分の家に戻ってオーセの死を看取ったペールは旅に出る──舞台の後ろにゆっくりと歩いて行き、下に落ちて消える。そこで背面の双六盤が最初の戦争双六の絵に変わり、紙カブトの少年たちが亡くなったオーセを後ろに連れていく。演奏者に照明が当たると、全員が紙カブトに袴姿。ここで舞台は休憩を挟み、ふたたび背面に映る戦争双六の絵と、少年の指揮によって物語が再開される。

　背面が通常のマス目に戻ると、そこに男たちのシルエットが映り、仰々しい宴の場面になる。ペールは白髪まじりで、羽織袴。ドイツ、フランス、スウェーデン、イギリスの代表とそれぞれの通訳の中央に、自らの通訳とともに並び立つペールは、さながらサミットの主催者といった趣だ。「ギュント的おのれ自身、それはさまざまな希望、願望、欲望の束だ」と、ペールはおのれ自身であることを強調する。自身の半生を日本語で滔々と語るペールに対して、4人の西洋人たちがそれぞれ早口の自国語（しかもハチャメチャな発音）で応答し、それを4人の通訳がまた早口で日本語に直す。この漫才のような掛け合いには、言語をめぐる力関係、通訳の政治学が潜んでいる。列強4人は短い質問をそれぞれの言語で語り、通訳が単純な日本語で言い直す。ここにあるのは、ある特定の言語で国民国家が構成され、さらに言語の境界が国家や国民の境界でもあるという近代主権国家体制を支える幻想だ。西洋人たちの発音も正確さではなく、「それらしさ」が肝心なのだ。

　つまり、ここでの語りの位相は、ペールの日本語を最上層、通訳の日本語を2番目、そして西洋列強の「西洋（らしき）語」を最下層とする、階層関

係によって成り立っている。5人の通訳は、意味の伝達よりも「日本語」の優位を確保するためのエージェントである。つまり観客にとっては、西洋人（もどき）が話す内容を通訳の日本語を通じて理解できるということが重要なのではなく、ドイツ語、フランス語、スウェーデン語、イギリス語を話しているらしいという確認だけが必要なのだ。通訳の意義は、ペールという「日本国家」の代表との会話が成立しているという体裁を示すことにある。奴隷と古美術の国際貿易で巨万の富を得たことを誇らしげに語る羽織袴の「日本人」ペールの姿に、西洋列強の実践を模倣した近代日本の発展が重なる。西洋と肩を並べ、やがては追い越していくという自民族中心主義的な構図が、双六絵のように戯画的に提示されているのである。

　トルコとギリシャとの戦争で、トルコを応援するというペールを嫌悪した4人は、彼の帝国の夢をつぶそうと黄金の詰まっているペールの船を奪い取るが、その船は海上で爆発してしまう。このことを神に感謝して柏手を打つペールは無一文となったが、広大な荒地を見渡して「わが国民がここに入植すれば高貴な血筋がここに根づく」と、首都ペールポリスを築きギュント国の時代を作ると気勢を上げる。「皇帝になる」というペールの野望は、あくまで西洋近代植民地主義のモデルに基づく幻想であり、ペールがそう望むとサイコロの目が希望どおりに出るという妄想が、人生ゲームとしてのこの「劇中劇」の性格を規定している。ペールが「馬をくれ！　馬をくれたら国を――」とシェイクスピアの『リチャード三世』の台詞を真似すると、ちょうどそのとき、泥棒が盗んだ「皇帝の馬」がいななき、竹馬となって穴から出てくる。ペールの欲望が玩具となって出現することが、子どもの遊具である竹馬と帝国の結び付きを示唆しているのである。

　次にペールは、中国皇帝を思わせる衣装に身を包み、清朝をイメージさせる黄色い旗を掲げた砂漠の予言者となり、女性たちをはべらせている。女性たちも中国風（日本帝国の傀儡国家である満洲国を思わせる）の衣装に身を包み、歌と踊りでペールにかしずく。いまでもおのれ自身であり続けられるのは「若さを支配」しているからだと言うペールは、アニトラに恋をするが、彼女は宝石だけを受け取り、彼を見捨てて去っていく。西洋列強との通訳を介した対話が、日本人としてのペールの優位を確認する儀式でしかないように、植民地の面影を持つ国で女性たちに囲まれ、皇帝になったつもりで振る舞うペールは、竹馬や衣装でしか「おのれ」を作れない、タマネギのように

ペール（武石守正）とソールヴェイ（布施安寿香）［撮影：Eiji Nakao］

内実がない皮だけの存在なのである。

6 「あなたの罪じゃない」——タマネギと柄杓

　アニトラに逃げられ呆然とするペール。舞台は暗転し、紙カブトの指揮者がペールの持っていた黄色い旗を羽織り、下手から上手へよろめきながら移動して、指揮を続ける。この少年がはじまりでペールを軍国双六の盤面に置いたことが思い出される。一方でペールの双六はまたしても進み、次は老年となったペールが杖をついて現れると、指揮者は黄色い旗を舞台の端に置く——ペールにとって、「皇帝になる」という近代帝国主義の夢が終わったことを示唆するかのように。

　国への帰途、ペールが乗っている船が嵐に巻き込まれる。その不安な旅路の体現者として、穴からランプを持った船客が現れる。カーキ色の軍服にブーツの男は、溺死したペールの死体がほしいという。その様子からも、この男はアジア太平洋戦争における日本軍の死者の亡霊——明治期に開始された軍国双六の時代が、とうとう昭和の敗戦末期に近づいてきたのだろうか。船が難破し、助かるために同じ丸太につかまるコックを沈めたペールは、漂流中に、穴から顔を出す防空頭巾の女たちの「子どもの泣くような」歌声に囲まれる。彼女たちの姿は、日本敗戦後の被災者の姿、あるいは空襲による死者を思わせる。

　女たちから逃げられないペールを、穴から出てきたオーセが救う。オーセの生前同様の叱り声が、歌声の呪縛からペールを解放するのだ。だがその瞬間、指揮者はバランスを崩し、それとともに演奏の音も乱れ、さらにB29の爆音と空襲警報が鳴り響く。照明は点滅し、背面の双六盤のマス目が落下してくる。爆音が収まると、舞台の双六盤はマス目が抜け人々が倒れており、空襲で破壊された風景に様変わりしている。そのなかでペールは、タマネギの皮を外側から剝いて自らの身の上をたどる——「ボートの上の溺れかけた男」、「船客」、「冠」、「予言者」、「人生を楽しむジェントルマン」と時系列を逆転して、タマネギの皮を剝いていくが、どこまでいっても皮ばかりで芯がなく、「皇帝」には行き着かない。

　焼け跡で「おのれ自身」を見失ってしまったペールは、地獄の悪魔から彼

を「出来損ないとして溶かすべし」と言い付かってきたボタン作りに会う。ペールは地獄に行くほどの罪もない「中どこの平均」で、その他大勢と一緒に鋳物柄杓(びしゃく)で溶かされてただのボタンになると、ボタン作りは玉音放送の声音を交えて告げる。くず鉄のように溶かされ「おのれ自身」を放棄することに堪えられないペールは、自分が「一生、おのれ自身だった」ことを証明するために、「次の十字路まで」猶予をもらう。ペールは穴だらけの双六盤を歩き回り、トロルのドヴレ王に再会する。井上馨であった彼は、破れかけた黒い燕尾服の下に、出征する兵士に渡す寄せ書きの日の丸を巻き、日本国家の敗北を体現している。結局、トロルも日本国の植民地政策によって搾取されたのだろう。ペールはドヴレ王に、眼を傷つけることを拒否した事実をして「おのれ自身だった」ことを証言してほしいと頼むが、ドヴレ王はペールがトロルの哲学「おのれ自身に満足せよ！」をモットーとし、トロルとして生きてきたと言い返す。

　ボタン作りからさらに次の十字路までの猶予をもらったペールは、今度は自身の大罪を証明するために牧師を捜して、痩せた男に遭遇する。この男が「こんにちはこんにちは」と三波春夫のようにやってくるのだから、すでに時代は戦後の高度経済成長期、万国博覧会の時代にまで移行しているのか。日本の戦後民主主義がアメリカ合州国の軍事支配下での「永続敗戦」状況によって支えられてきたことを踏まえれば、この男の正体が悪魔だったことに戦慄を覚える。ペールの言い分は悪魔に一蹴され、さらなる爆撃音が鳴ると、ペールだけでなく指揮者までもが一緒にもがいている。そこでボタン作りの「時間切れだな」との声をきっかけに、ときどき低く聞こえていたソールヴェイの歌声がはっきりと聞こえてきて、下手後方の小屋に明かりが灯る。「第三の十字路まで」が最後だと言うボタン作りから離れて、ペールは小屋の戸口を開ける。ソールヴェイに対する自分の罪を証明するために。しかし、小屋のなかは明るいが、誰もいない。

　そのとき指揮者が、最後の力をふり絞り廃墟となった双六盤の上に這い上がってきて、ソールヴェイの声で言う――「あなたの罪じゃない」。一生涯、皇帝になることを夢見て、「おのれ自身」であり続けた証拠である罪が、最後にソールヴェイによって否定されるのだ。そして指揮者がかぶっていた紙カブトを穴に落とすと、現れた顔はまぎれもなくソールヴェイその人で、「あなたはずっとわたしの夢の中にいた」と続ける。ソールヴェイは待って

いたのではない、ずっと指揮していた、つまりいつも傍にいたのだ。「お前はおれの母親のつもりか！」と問うペールに、「そうよ。……わたしたちがあなたを生んだの」（傍点引用者）と答えるソールヴェイ。母親オーセとソールヴェイとの二重性、さらに社会全体をも含む複数の「わたしたち」の存在。くず折れながらペールが「じゃあ父親はだれだっていうんだ！」と聞くと、ソールヴェイはペールの横に立ち「父親は……」と声に出した後、左右から前方へと、つまり演奏者から客席のほうをゆっくりと指さす──無言の指先が観客を射抜く。そして静かに聞こえてくる子守唄のなか、ソールヴェイが後ろからペールの肩をさわる。ペールは生気を吸われたかのように脱力し、白いドレスを赤ん坊のヨダレかけのように首にかけられる。舞台外からボタン作りの「十字路で会おう、ペール……」という声が聞こえ、ソールヴェイがふたたび指揮を始めると、柔らかな音とともに3人の紙カブトを脱いだ女性たちが登場し、始まりと同様ペールを抱えて「振り出し」のマスに置く。ソールヴェイが人形の位置を整えると、演奏者たちのカブトを取った姿に照明が当たり、背面の双六盤でも「振り出し」と逆さに書かれたマスが白く光る……。

7 父親と銀貨

　ペールがソールヴェイにあげた銀のボタン。母のオーセによれば、ペールは子どもの頃、柄杓で錫のかたまりを溶かして、ボタンを作って遊んでいたが、あるとき父親が酔っぱらって錫の代わりにあげた銀貨を溶かしてしまい、銀のボタンをこしらえたという。銀貨ならば貨幣として、共同体によって定められた一定の交換価値しか持たないが、銀のボタンとなれば、そこには死んだ父親の思い出や、母親の愛情、ソールヴェイへの想いを溶かし込むことができる。銀のボタンは、そんな懐かしくも哀しい、つつましい宝物だ。
　またボタンは、双六でコマを進めるサイコロの1の目でもある。最後にペールは、ソールヴェイたちの助けで、少女の駒となり振り出しに戻る。ソールヴェイが指し示す、ペールの罪の源である「父親」が、周囲の人間すべて、すなわち個々人ではなく、共同体そのものであるとするならば、軍国主義に侵された西洋的近代を超える道も、人々が形成する社会構造の革新にしかな

いだろう。そのための鍵が、少年から少女への駒の変換、すなわち彼の物語（his-story）から、彼女の物語（her-story）への視座の転換にあることをこの劇は示唆する。こうして、戦争と植民地支配と奴隷貿易と資本搾取に彩られた少年の軍国主義双六は敗戦の惨禍のなかで否定され、より公正で平等で平和な未来を目指す、少女の民主主義双六が始まろうとしているのだろうか。

　しかし少女双六だからといって、それが必ずしも素晴らしい上がりに到達する保証はない。ボタン作りの「十字路で会おう」という遠くからの声は、不安な未来への脅威であるとともに、どこかユーモラスで懐かしい父親の温もりをも含んでいないだろうか。おそらく大事なのは、子どもたちが父親からもらった銀貨を溶かして作ったボタンを、いちばん大事な人に自分を「忘れないよう」にとあげる、この行為を忘れないことだ。そうすればいつか、国家共同体は帝国双六の幻影から解放されて、「おのれ」と「あなた」の双方に寛容な社会となるだろう。そうしてやっと、「あなたの罪じゃない」という、肺を病んだ少年と彼を庇護する女性とが照応する言葉が、過去の救済や贖罪を証すにとどまらず、現在の連帯と未来への責任を生む。戦争と他者支配という近代帝国主義の罪業を告発する、宮城版『ペール・ギュント』が最後に私たちに贈るのは、このような明日への遺産なのである。

❖コラム7❖

オペラ

　『ペール・ギュント』を耳で聴いていると、1960年代にアメリカ合州国で生まれた音楽様式であるミニマル・ミュージックに近いものを感じませんか？　単純なモチーフを反復しながら、緩やかに変化していく音楽は、まるでスティーヴ・ライヒやフィリップ・グラスを思わせ、「ミニマル・オペラ」と呼んでみたい誘惑に駆られます。

　宮城さんはオペラにも造詣が深く、たとえば彼がワーグナーに寄せる想いは、ク・ナウカ時代の作品である『トリスタンとイゾルデ』からもうかがわれます。ここではワーグナーの音楽自体は使われていませんが、抑制された動きと緊密な空間設計によって、まるでワーグナーの五線譜を聞く思いでした。宮城さんが演出したオペラとしては、2012年に「北とぴあ国際音楽祭」で上演されたモリエール作、シャルパンティエ音楽の『病は気から』、13年の静岡の合唱団とSPACの役者たちによるモンテヴェルディの『オルフェオ』といったバロック・オペラがあります。15年には倉橋由美子の小説を間宮芳生が現代オペラにした『ポポイ』が静岡で、そして年末には「北とぴあ国際音楽祭」でヘンリー・パーセルの『妖精の女王』が上演されました。『妖精の女王』では、原作であるシェイクスピアの戯曲『夏の夜の夢』から場面が選ばれたのですが、俳優の配役は同じ年に野田秀樹版の『真夏の夜の夢』を演じた役者たちなので、観客としては演劇とオペラを二重に楽しめました。

　オペラ上演は歌唱に専門的な技術が要求されるので、ともすれば歌が主で、演技や演出は二の次とされがちでしたが、最近のオペラ劇場では演出にも重点が置かれるようになり、舞台演出家がオペラに進出して優れた舞台を作ることが少なくありません。『妖精の女王』でもオペラ歌手たちがとても楽しそうに演技していたことが印象的でした。いつか宮城さんの演出で、モーツァルトやプッチーニやワーグナーのオペラを観る日も遠くないことでしょう。

C　言語：わたしって誰？

第8章　『ハムレット』――記憶とチョコレート

2015年2月21日、28日、3月1日、7日／静岡芸術劇場／（初演　2008年11月）

作：シェイクスピア
翻訳：小田島雄志
音楽：棚川寛子
美術デザイン：彦坂玲子
照明デザイン：樋口正幸
音響デザイン：加藤久直
衣裳デザイン：竹田 徹
演出補：中野真希
舞台監督：山田貴大

出演
ハムレット（デンマークの王子）：武石守正
ホレーシオ（ハムレットの友人）：泉 陽二
クローディアス（ハムレットの叔父、現王）：貴島 豪
ガートルード（ハムレットの母）：たきいみき
レアティーズ（ポローニアスの息子）：野口俊丞
オフィーリア（ポローニアスの娘）：布施安寿香
ポローニアス（デンマークの内大臣）：牧山祐大
旅役者：石森愛望、佐藤ゆず、瀧澤亜美、吉見 亮、若宮羊市、泉 陽二、野口俊丞
オズリック（廷臣）：牧山祐大

❖ストーリー❖

　デンマークの王子ハムレットは、父王の突然の死去の後、母ガートルードが叔父クローディアスと再婚し、叔父が王位を継いだことで気持ちがふさいでいる。すると、父王の亡霊が現れクローディアスに殺されたと告げる。ハムレットは旅役者たちに父親殺害に似た場面を演じさせ、それを観たクローディアスの反応で罪を確信する。ガートルードはハムレットを諌めようと寝室に呼ぶが、ハムレットはその模様を隠れ聞

くポローニアスを刺し殺してしまう。危険を感じたクローディアスは、ハムレットを暗殺するためイギリスへ送るも船が海賊に襲われ、ハムレットは戻ってくる。ポローニアスの息子レアティーズがフランスから帰国し、父を殺したのがハムレットであると聞き復讐を決意。しかもハムレットが想いを寄せていた妹オフィーリアは正気を失い溺死する。クローディアスの策略で、レアティーズとハムレットは剣の試合をおこなう……。

1　記憶の反共同体

　父親の亡霊に出会ったハムレットが、至上命令として自らの身体に刻むのは、「この身を忘れるな（Remember me）」という亡霊の言葉である。ハムレットは劇の最初から、亡くなった父親の記憶に憑かれているのだ。しかしそれを具体的に表象できないハムレットにとって、「リメンバー・ミー」という亡霊の命令は、他者の記憶との闘争を促すことになる。

　ハムレットは、見えない亡霊の言葉を形にするための手段として、演劇というメディアを発見する。ハムレットの「あとは沈黙」という最後の台詞が観客の心に刻み付けるのは、いわば記憶による抑圧の浄化（カタルシス）だ。『ハムレット』は、主人公の死と共同体の再興によってもたらされる精神の純化（カタルシス）で終わる悲劇ではなく、演劇だけが可能とする記憶の共有、歴史の外部に他者によって創造される演劇的な反共同体の可能性を示唆して終わる劇である。宮城版『ハムレット』は、そのような記憶の反共同体をどのように創造するのだろうか？

2　「この身を忘れるな」──ビー玉と剣玉

　薄闇に包まれた舞台の前方に、数個の透明なビー玉と一振りの剣が置かれている。暗転後、ビー玉と剣の間にハムレットがうずくまり、指でビー玉をさわっている。するとざわめきとともに楽器を打ち鳴らしながら人々が現れ、ハムレットの背後に一列に並ぶ。四角いライトに囚われたハムレットと対照的に、丸いスポットに浮かぶ彼らは、ガートルード、クローディアス、オフィーリア、ポローニアス、レアティーズ、ホレーシオの6人。宮城版『ハム

レット』に出てくる宮廷人は、ハムレット自身を除けば、この6人だけであり、宮城は原作に大胆な編集を施す。この合計7人という数は、のちに登場する旅役者の数と同じである。

　クローディアスが先王死去と現王就任のいきさつを語り始めるが、ハムレットだけは無関心だ。6人が去ると、ゆっくりと顔を上げるハムレットの眼は一瞬、虚空を見つめるように三白眼となり、重い口を開き、地の底から聞こえてくる低い響きで母の結婚を嘆く。ハムレットは、その沈黙、その位置、その所作、すべての身体性で孤絶しているのである。

　舞台は帆船を思わせる、4点で吊られた白い布が薄い黒い台の上に敷かれているため、全体が浮いて見える。布の際立つ白さが、周囲を夜の海の暗さにまで落とし込む。この重力を欠いたような空間が、ハムレットの暮らすデンマーク宮廷であり、亡霊に出会った後でハムレットがホレーシオに語る「いまの世のなかは関節がはずれている」という世界観そのままに、四隅のわずかな関節による間接によって、かろうじて均衡を保っているのだ。しかし彼以外の宮廷人たちは、そうした危うい状況を見ても感じてもいない。正方形の布という風呂敷に包まれた、自閉した世界のなかでビー玉を転がすハムレットだけが、世界の波動を意識しているのである。

　舞台を形作る白と黒のコントラストを圧倒的なイメージで示すのが、「亡霊」としてハムレットを覆う影だ。ハムレットのもとをホレーシオが訪れ、剣玉をしながら語り合っているとき、ハムレットの前に大きな影が映し出される。その場にいたホレーシオは後ずさりするため、四角い空間にはハムレットと亡霊の2人だけになる。しかも亡霊の台詞はハムレット自身によって語られる。だが、これは憑依されたというより、亡霊の言葉を口伝えに聞き、一言一句忘れないために繰り返しているからではないか。このことにより「この身を忘れるな」という言葉は、亡霊の願いであると同時にハムレット自身の宣言ともなるのである。

　ハムレットの発声はほとんど吃音のように、遅滞を伴い、澱んでいる。それは書きとめた〈記録〉ではなく、書きとめることができない〈記憶〉を口のなかに、身体にとどめおくために言葉を溜め込んでいるからだろう。「この身を忘れるな」とは、亡霊の存在だけでなく、言葉をとどめおいたハムレット自身の身体そのものをも指示する。他者の記憶は誰かによって語られないかぎり、記憶としては成立しない。しかしそれが文字となったとき、記憶

は記録にすりかわる。ここにクローディアスの記憶とハムレットの記憶との異相がある。亡霊の言葉はハムレットに伝言されてはじめて記憶となり、彼の身体で繰り返されることにより、ハムレット自身の記憶となる。ハムレットは1人で語り、答えるという営みによって、新たに〈記憶〉を創造するのである。

　ハムレットの「身」は、重心が低くブレない、世界に隙を見せない体だ。無意識や感情に任せない、完全に知覚された身体は正気を超越した狂気の具体化でもある。研ぎ澄まされた身体によって無効となる正気と狂気との境。舞台上のハムレットは白布から舞台袖へと何度も小走りに移動し、舞台の境界をも横断する。「言葉では表現できない何か」にしか自分のアイデンティティがないと思い詰めるハムレットにとって頼りになるのは、記憶をつなぎとめる「この身」だけなのだ。

3　「ことば、ことば、ことば」——本と雲

『ハムレット』において、記憶を共有するための鍵は演劇である。演劇は虚偽の営みでありながら、現実によって隠された真実を表象できるという両義性をはらんでいる。このパラドックスは、言語動物という人間の本質に起因する。そのことに過剰に敏感なハムレットと、鈍感なクローディアスやポローニアスとは、同じ言語を話していても、意味するところが異なるために会話が成立しない。今回の舞台でも、生演奏が用いられているが、楽器のリズムが複雑な重なりを見せるのと同じく、会話のリズムと意味の伝達とはまったく別次元の出来事である。意味が一元化された神のような超越者の言葉の有効性が失われた近代人であるハムレットは、身悶えしながら神に懺悔するクローディアスとは異なる。そのハムレットが亡霊の言葉を他者にどう伝えるのか——オフィーリアに宛てた手紙、亡霊の声、旅役者の台詞、さまざまな言葉が錯綜する宮廷を、ハムレットは彷徨するのだ。

　伝言をその身にとどめおくハムレットは、正確な響きで言葉を使うが、他者と語れば語るほど、あらゆる対話がモノローグになってしまう。宮城は、言葉と存在との関係を考察する有名な独白である「このままでいいのか、いけないのか、それが問題だ」という台詞を劇の前半に移動させることで、ハ

ムレットと言葉との輻輳した関係を強調する。この独白は、客席の後方から舞台へと階段を歩きながら、片手に持った本を朗読するように語られ、内面の告白というよりもメディアを介した伝達行為となっている。そこにポローニアスがオフィーリアに対するハムレットの真意を探ろうと話しかける。「なにをお読みで？」と聞くポローニアスに、ハムレットはことさら分節を強調しながら、「ことば、ことば、ことば」と応答する。「いえ、その内容で？」とさらに問うが、ハムレットは「ないよう？ おれにはあるように思えるが」と、意味をずらしてしまい、ポローニアスの理解を脱臼させる。「この身を忘れるな」が比喩ではなく、記憶の伝達のための定言命令であったとするならば、ハムレットは言葉が意味内容として変換されるのを拒み、ただ言葉を存在そのものとして把握しようとしているのではないだろうか。この言葉を吐くハムレットの身体の重みが、駄洒落さえも真実に変えてしまうのだ。後にオフィーリアには、「元気だ。元気だ。元気だ」とここでも3回、言い方を異にして繰り返すが、それは意味内容を伝えるのではなく、「げんきだ」という音の形を繰り返しているにすぎない。ポローニアスに向かって、雲がラクダやクジラやイタチに見えると、次々に形を言うように、ハムレットにとって重要なのは意味ではなく存在なのである。

　しかしこの劇における言葉のありようは、コミュニケーションへの絶望を示すだけではない。言葉が伝わらないことにより、はじめて伝達の可能性が見えてくる――ハムレットと旅役者たちの出会いの場面がそうだ。その格好から七福神に見える役者たちの一団は、これまで舞台の後ろで演奏を通じて、言葉によらない会話をしてきた者たちである。ポローニアスが旅役者たちのレパートリーを、「悲劇、喜劇、歴史劇、牧歌劇、牧歌劇的喜劇、歴史劇的牧歌劇、悲劇的歴史劇、悲劇的喜劇的歴史劇的牧歌劇、…」と単語の連鎖で紹介すると、役者たちはそれをジェスチャーで説明する。ポローニアスが哀れなのは、単語が意味の貯蔵庫であると信じ、それをハムレットの「狂気」に対する「正気」の証明だと考えていることだ。この舞台でのポローニアスが終始、ネジが壊れたおもちゃのようにガタガタと動き回るのも、「この身」の欠落ゆえかもしれない。

　さてこの旅役者たちにハムレットは、トロイア落城時のヘカベの嘆きを演じて見せるようにと頼む。旅役者の台詞を聴くハムレットは、言葉一つひとつを身体に刻み込もうとしているのか、とても集中している。この瞬間、ハ

ムレットは演劇の台詞が持っている反‐言語性にはじめて気がつくのだ——「虚偽」だからこそ「真実」を明らかにできることに。そして記憶を伝達する方法にも。演劇とは絶対的に他者のものであるほかない言葉や状況を、自己の肉声と肉体を通して表す危険な試みである。役者たちの演技を見たハムレットは、意味と音だけではない言葉の可能性と、それを体現する身体を見いだす。こうしてこれまで二項対立として認識されていた「内面の何か」と「身体／演技」とが、演劇で融和可能なものとして実現されていく。かくしてハムレットは亡霊という他者の言語を、その身にとどめるための方法として、演劇に賭けるのだ。記憶を伝える営み、それを考えるうえではずせないのがハムレットとオフィーリアとの対面、いわゆる「尼寺の場」である。

4　「尼寺へ行くがいい」──紙と円筒

　宮城版『ハムレット』におけるオフィーリアの造型はきわめて独創的だ。かつてこれほど重みというものを持たないオフィーリアはなかったのではないだろうか。だがそれは、弱いということではない。このオフィーリアは、はかなさが持つ強さを矛盾なく体現している。オフィーリアの周りにはいつも距離、空洞がある。ジョルジョ・アガンベンが『いと高き貧しさ』のなかで書いていることによると、中世のフランシスコ会修道士たちは「すべては神のものなのだから、所有するのではなく使用する」ことを生の規則としていた。この修道士たちのようにオフィーリアも何物も所有しない——恋も空間も言葉も「狂気」も。ハムレットがオフィーリアに告げる「尼寺に行くがいい」という言葉も、怒りや焦燥ではなく、所有とは無縁なオフィーリアの生き方を理解してのものではないか。孤立したハムレットと、寄る辺ないオフィーリアには、「尼寺に行くがいい」という言葉も2人の間だけで通用する伝言となる。2人のモノローグにもダイアローグにもならない応答のあいだ、普通のコミュニケーションではない会話の不安定さが空間を揺さぶるのか、舞台上からぶら下がる裸電球が左右に揺れ続ける。
　この場面では一貫して、2人の動と静の対照が目立つ。ハムレットは舞台の中心にいるオフィーリアの周囲を動き回りながら、彼女をつかまえるどこ

オフィーリア（布施安寿香）とハムレット（武石守正）［撮影：K.Miura］

ろか、触れることさえない──まるで触れば消えてしまう陽炎(かげろう)のように。ハムレットがオフィーリアの存在を信じれば信じるほど、彼女の身体は薄くなり消えていく、亡霊とは正反対に。姿なく存在だけがある亡霊に対して、姿はあっても存在感のないオフィーリアとの関係──それが記憶の闘争を示唆する。2人の私的な思い出がたち現れてくるこの場で、オフィーリアはハムレットがくれた贈り物を返そうとするが、彼女にとってそれは別れの挨拶ではなく、記憶の確認のためである。しかしポローニアスたちの監視を恐れるハムレットによって、共有されるはずの記憶は無残に破壊されてしまう。

この贈り物は手紙ともハンカチとも見える真紅の正方形のもの。この舞台には、和紙の質感を持った小道具がたくさん出てくる。ポローニアスがオフィーリアに渡す祈禱書も経文のような折り本だ。ハムレットに当たる照明と同じ四角い思い出の品は、白と黒の舞台のなかでは唯一の色を放つ。その赤い紙／布をハムレットは受け取ると、ゆっくりと3つに裂き、自らの吐息で吹き飛ばそうとする、まるでオフィーリアとの「思い出」を消し去ろうとす

C　言語：わたしって誰？

るかのように。贈り物の記憶をとどめるためには言葉を費やすのではなく、言葉にならない息にこそ真実があるのではないか——鉛のようなハムレットと和紙のようなオフィーリア。ハムレットが去った後、舞台にたたずむオフィーリアの独白も、内面の吐露というよりも、何かを読むように分節化され、静かにその声を響かせる。

　息を吐くこと。旅一座の上演に憤りをあらわにしたクローディアスを気遣い、ガートルードが自分の寝室にハムレットを呼び問いただす場面でも、息は大きな鍵となる。自分の狂気は見せかけだと公表すればいいと言うハムレットに、ガートルードは「ことばが息から出るものなら、／息がいのちから出るものなら、おまえが言ったことを息にもらすいのちはない」と応じる。ガートルードもオフィーリア同様、息だけが何かを伝えることができることを知っていたのではないだろうか。ハムレットは盗み聞きしていたポローニアスを刺し殺してしまうが、ここで重要な役割を果たすのが、白布の舞台の周囲にあった金属の円筒である。白布の左右と後ろに2つずつ並べられた6本の円筒は、四角い金属板を巻いて、中が空洞の円錐形のもの。ハムレット以外の登場人物たちは、ときにこの円筒の影に隠れ、身を沈めて退場する。ハムレットに当たる照明だけがいつも四角く切り取られているように、ここでも白布の舞台と外のエリアという世界との関わり方が、ハムレットとほかの登場人物たちとで異なっていることが明示される。ポローニアスを殺害した後、ハムレットはポローニアスではなく、この円筒を軽々と担いで運ぶ。ここで円筒は死体であり棺桶だ。そしてこの円筒による死は、舞台の最後にハムレット自身にも訪れるが、それについてはのちに検討するとして、その前に旅一座による劇中劇の場面に戻ろう。

5　「お願い、私を忘れないで」——柩と髑髏

　ハムレットは王殺しの場面を再現した演劇によって、王の「記憶と本心」を白日の下にさらけ出すことに成功する。その演目が『ゴンザーゴー殺し』であり、旅役者たちはこれを人形劇で上演する。男が女に首飾りを渡し、その女の夫が昼寝をしている最中に耳から毒を入れるのだが、場面が進むたびに人形が大きくなっていき、最後の毒の場面ではクローズアップされる。実

際に見ている者の視点は変わることはないが、ものの見え方は人の意識によるものであることが示唆されるのだ。記憶とは記録ではない。録画したものを目が覚えているのではなく、脳内の意識がその痕跡をとどめるから記憶が成立する。ハムレットにとって記憶とは「この身を忘れるな」という亡霊の意識をとどめておくことにほかならず、演劇が記憶を再現できるのは、それが時間と記録という視覚に基づく次元を無効化するからなのである。

　身の危険を感じたクローディアスは、ハムレットの暗殺を企んでイギリスに送る。海賊の出現でハムレットは戻ることになるが、彼が不在の間に、オフィーリアが「狂気」となる。オフィーリアを演じるあらゆる俳優にとって、これは困難な表象であり、多くが抑圧されたハムレットへの想い、父親の死の衝撃といった記憶の混乱を納得させようと力んでしまう。しかし狂気とは正気を失った状態ではなく、正気が盲目にすぎないことを明らかにしてしまう状態ではないか？　オフィーリアは、ハムレットが「このままでいいのか、いけないのか」と言っていたときに持っていた本を桴(ばち)で叩き、そのリズムに合わせながら読経を唱えるように台詞を言う。さらに薄紅色の花びらを散らし、ハムレットが引き裂いた「思い出の品」を手の平に乗せ息を吹きかけて落としたときと同じ動作を、手の平で反復する。これは言葉にならないハムレットの息＝記憶を反復する行為にほかならない。オフィーリアにできるのは、ハムレットの言葉をなぞること、ハムレットを真似して「げんきだ、げんきだ、げんきだ」と答えることだけだ。紙のように重みを欠いてはいるけれども、輪郭がたしかで透明な存在感を持つオフィーリアの言葉は、意味の整合性はないけれども、静謐で近寄りがたい威厳を含んでいる。ここにある「狂気」とは、ハムレットの口から漏らされない記憶をつなごうという、無遠慮で崇高な意志である。オフィーリアが語る花言葉を聞くレアティーズは「ものを思って忘れるなというのだな」と言うが、オフィーリアの寄る辺ない身を、どうすれば覚えておくことができるというのだろうか。

　宮城版では墓掘りの場面がないかわりに、ハムレットが慕っていた道化ヨリックのものとおぼしき髑髏(どくろ)をオフィーリアが小さなスコップの上に持って登場する。亡霊でも円筒でもない髑髏という骨が表す死。それは人にとって大事な死者の記憶への、オフィーリアによる追悼の仕草だ。オフィーリアが始めた喪の儀式。記憶の演劇の終わりの始まりである。

　帰ってくるハムレットは、スケートボードの上に腹這いになりながら、海

の上を泳ぐように白布の周りを一周する。そのとき白布のなかの舞台では、クローディアスがレアティーズに「父親を奪われた息子として、ことばではなく行為で、何を示す」とハムレットへの復讐を誓わせる。ここに記憶と行為との対立がある。ここからのハムレットとオフィーリアをめぐる一連の情景は、まさに「言語を絶して」胸を打つ。クローディアスとレアティーズの姿が消えた後、吊られていた白布は平らになり照明に青く照らされる。奥にオフィーリアの遺体が横たわっている。ハムレットは傍に近づき、彼女を布の上に乗せて上手まで運びながら、何度も何度も咆哮する――言葉を持たない獣の哀しみ。だが、これは言葉ではないのか。これこそが記憶の叫びではないか。ハムレットはオフィーリアが、自分が破った「思い出の品」を縫い合わせて持っているのを発見する。「ものを思って忘れるな」――亡霊の「この身を忘れるな」という命令から、オフィーリアの思い出の記憶へ。宮廷人たちが埋葬の儀式に参列してオフィーリアを悼む言葉が次々と発せられるシェイクスピアの原作とは異なり、ここではハムレットのこの声と思い出の品、「身」と「もの」という記憶以外にオフィーリアを葬送するものは存在しない。ゆえに宮城版では、この比類なき孤独を持ったオフィーリアに共鳴するハムレットの悲劇が際立つのである。

6　「あとは、沈黙」――杯とダンボール箱

　オフィーリアの死も、ハムレットとレアティーズの剣の試合も、伝えにくるのは廷臣オズリックだが、彼もまた自動巻きの伝令人形のようだ。さらに伝令係として忘れてはならないのはホレーシオだろう。原作のホレーシオはハムレットの腹心とも言うべき友人だが、宮城版での彼は亡霊も見ず、ハムレットの話やクローディアスの命令を聞くだけの人物。しかしオフィーリアの死の後、持っていたビー玉を捨てたハムレットに剣を渡すのは彼であり、いわば積極的な復讐へとハムレットを駆りたてるきっかけを与えるのもホレーシオなのだ。
　剣の試合が始まり、ハムレット暗殺用の毒杯を飲んだガートルードの死を皮切りに、クローディアス、オズリック、レアティーズがハムレットの剣を受け次々に死んでいく。このとき男たちそれぞれにハムレットは儀式のよう

落下するチョコレートとホレーシオ（泉陽二）［撮影：K.Miura］

に1本ずつ円筒を運び、その円筒を倒すと、人物も倒れて死ぬ。しかしガートルードだけは、オフィーリアと同様、白布の外に仰向けに倒れており、円筒を倒す儀式はおこなわれない。これまでこの男たちと空間を異にしていたハムレットも、最後に自分自身で円筒を倒しながら死んでいく。宮廷人たちの死に際して、彼らを円筒と葬るとともに、やはり政治力学では、王子という運命を引き受け自ら円筒を倒しながら死ぬほかないのか。金属筒という中身がない存在でしかありえない彼ら、記憶ではなく、墓碑銘という記録にしかなりえない宮廷人たちの存在が、死の場面で明らかとなるのである。

　死の直前、ハムレットはホレーシオに伝える——「少しでもその胸にハムレットを思う心があるなら、／しばらくは安らかな眠りにつくしあわせをはなれ、／つらいこの世にあっておれの物語を伝えてくれ」。宮城版『ハムレット』が、驚くべき独創性を発揮するのは、ここからだ。ホレーシオは最後の台詞を語るハムレットの言葉を自分の口に移すべく、聞きながらその口で言葉をなぞる。しかし、ホレーシオの口はハムレットの言葉を完全には捉

えられない。そして「あとは、沈黙」と言って倒れるハムレットの後を追おうと、最後の一本の円筒を持ってくると、突然ジャズのメロディーとともに、英語のナレーションが流れる——"This quarry cries on havoc./ For me, with sorrow I embrace my fortune: /I have some rights of memory in this kingdom, /Which now to claim my vantage doth invite me." そしてこれに対し答えるホレーシオの声も、ナレーションと同じくマイクを通した音声となる——「その件については/私から申しあげます、いや、実はハムレット様の/最後のおことばをお伝えするだけのこと、つまり/当然国民大多数の意見もそれに従うわけです」。

　たしかにハムレットの言葉は、ホレーシオによって語られるだろう。しかしそれは亡霊の記憶でも息の継承でもなく、拡声器により街宣メッセージとして伝達される。しかもそれが「大多数の意見」にすり替えられる。こうして、ハムレットの最後の言葉は記憶されず、記録として捏造される。このとき照明が舞台の奥を照らし、私たちははじめてそこにオベリスクを想わせる巨大な円筒が立っていたことに気づく。ハムレットたちの円筒をも無化してしまう、圧倒的で巨大な金属。さらにそれをダメ押しするかのように上から何かが降ってくる——大量のハーシーズのチョコレートだ。死体の間に、チョコレートの詰まった段ボールが散乱し、「この身」も「HERSHEY'S」のロゴに埋められ、アメリカ製チョコレートの圧倒的な物量によって圧殺される。わざとらしいまでに強いアメリカ合州国風のアクセントで語られるナレーションとジャズの響きに、日本敗戦後の占領軍最高司令官ダグラス・マッカーサーの影を聴き取ることは容易だが、このチョコレートの衝撃は、太平洋戦争の終結という現代史ではなく、ほとんど歴史の戯画とでも言うべきではないだろうか。この声は明らかに「偽物」である。その安っぽさ、英語のナレーションのメッキ的でトタン板程度の薄さこそが、「敗北を抱きしめ」た（ジョン・ダワー）日米合作の戦後史の本質だ。そしてその安っぽさを隠蔽するためにも、ダンボール箱で投下されるハーシーズの物量が必要とされる。かくして記憶の継承ではなく、記憶の抹殺と、それが抹殺されたことさえをも忘れた、忘却の忘却が完成するのである。

　忘却とは忘れていることを忘れている状態だ。その意味で日本の戦後とは、終わりなきアムネシアにほかならない。天皇の戦争責任を、アジアへの暴虐を、植民地支配を忘却して築き上げられてきた「戦後の日本」。宮城版『ハ

ムレット』が最後に仕掛けたチョコレート爆弾は、ヒロシマとナガサキへの原子爆弾投下を記憶しながらアジアへの侵略を忘れ、さらには「原子力の平和利用」という名のもとに、日米合作で原子力産業の振興に邁進してきた戦後日本の虚妄を暴く。事実をなかったことにはできないが、その記憶を簒奪し、記録として歪曲することはできる。勝者アメリカのチョコレートとは、日本とアメリカとが協働して作り上げた戦後の記憶の書き換えの隠喩なのである。

　しかし、宮城版『ハムレット』のクライマックスはここからだ。ホレーショだけが生き残り、死体とチョコレートが散らばる舞台に、静かに寄ってくる人々がいる――ほかならぬ旅役者たちだ。まるで死んでしまったハムレットたちの記憶をつなごうとするかのように、にじり寄る有象無象の衆。彼らはチョコレートを拾って食べるだろう、そうして支配者が変わろうとも、旅をして生き延び、芝居を続けてきたのだ、これまでも、これからも。ハムレットの記憶は彼らによって引き継がれるだろう。ハムレットが芝居のなかに記憶を見たように、彼らは『ハムレットの悲劇』を演じ、私たち観客はその舞台から、演劇としての記憶を受け継ぐのである。

7　喪としての演劇

　国家の喪失や民族虐殺、家族の離散といった極限的な出来事を、当事者（＝死者）の視点から語ることはできない。だからこそ私たちは、生き残った者として、証言者の声を聴き、ともに喪に服する可能性を模索する。いまだ歴史や記録として整序される前の（あるいは永遠に整序を拒む）言語の断片ないしは兆候こそが、卓越した役者たちによって解き放たれる演劇言語であるとすれば、言語が空間に介入するときに（あるいは介入を阻まれるときに）生じる身体のきしみ、振動が、劇的契機を育む。宮城の舞台には、意味作用が言葉＝身体によって断ち切られる瞬間がある。『ハムレット』の最後に突如出現する「マッカーサーの演説」もその一例であり、こうした「邪魔」は、まさに邪な魔の瞬間の訪れとして、物語と意味を断ち切り、劇を壊すと同時に創るのだ。このような舞台の創造は、「自然にたいして鏡を掲げ」るという（リアリズムとは対極にある、意味への挑戦としての）ハムレットの演劇観に

隣接する。『ハムレット』における狂気と演劇と沈黙の意義が問われるべきなのも、ここにおいてである。記憶をつなぐ営み、それは不特定多数の人たちにしかできない。宮城版『ハムレット』が示すとおり、記憶とは一振りの「剣」によってではなく、無数の「ビー玉」によってつながれていく。ビー玉のような旅役者たちが演じる『ハムレット』──私たちが目撃したのは、このように困難だが、かけがえのない記憶の継承の試みである。この劇を見る観客は、舞台の上でも舞台の外でも証言者として記憶を引き継ぐ主体となる。「後は沈黙」というハムレットの言葉は、「国家」や「民族」といった歴史が捏造する意味とは無縁の、演劇的誘いなのだ。

　宮城版『ハムレット』が、歴史という残酷な記録の政治性を、役者の身体に充溢する記憶に耐える詩の力によって相対化できているのは、まさにそれが、亡霊たちによる「この身を忘れるな」という願いに応答しているからである。時代の個別な出来事と向き合い、そこに物語を超えた空間を創造することを目指してきた演劇が、歴史の野蛮さと向き合うとき、そこに一瞬ではあれ、普遍的な可能性が見通される──舞台奥からにじり寄る旅役者たちの歩みが記憶をつなぐように。

❖コラム8❖

宮城聰名言集──演劇篇

　「『ハムレット』の主要登場人物は、主人公ハムレットに巻き込まれるかのように、次々と「自己懐疑」に陥ってゆきます。自分の欲望を把握していると思っていた人物も、ハムレットを前にすると、次第に「本当は自分は何を望んでいたのか」がわからないような気がしてくるのです」（「劇場文化」No.13, Nov2008、SPAC）。このように述べる宮城さんは、中高生鑑賞事業のパンフレットで、次のように書いています。「みなさんは、いま自分がどういう時代に生きていると感じていますか？／そう、地域社会が崩壊し、価値観が流動化し、自殺者は増え続け、そして若者は「ひとり遊び」ばかりしていて孤独のなかに閉じ込められている、そういう「精神的危機」の時代に生きている…と感じる人が多いかもしれません。／でも演劇をやっている僕から見ると、すこし違って感じます。なぜなら、演劇は何百年間も孤独にさいなまれる精神や、なにが正しいのかの基準をなくして迷子になっている精神をえがいてきたからです。／つまりどうやら、世界が人間にとって生き易かったことなど一度もなかったらしいのです。／でもそのなかでがむしゃらにあがく人間が、演劇には登場します。がむしゃらにあがく彼らは、しばしば悲しい結末を迎えるし、人間とかこの世というものについてのはっきりした解答を出してもくれません。ですが、それでも演劇を見るとなんだか励まされる気がします。／どうしてでしょう？／きっとそれは彼らが"「わからない」ことに耐える力"を、すこし観客に手渡してくれるからだと、僕は思っています。／"「わからない」ことに耐える力"。それは"孤独と向き合う力"でもあります。／人間はいまも昔も孤独です。だから少しでも人とつながれるように、一生懸命ことばとからだを研ぎすましてきました。／それが演劇です」──だからこそ、『ハムレット』が演劇の代名詞ともなっているのかもしれませんね。

第9章　『忠臣蔵』──武士道とソロバン

2013年12月14、15、21、22、23日／静岡芸術劇場

作：平田オリザ
演出補：中野真希
振付：中村優子
舞台監督：山田貴大
照明デザイン：樋口正幸
音響・映像：大塚翔太
衣裳：大岡　舞

出演
大石内蔵助：下総源太朗
侍A（鈴木）：大高浩一
侍B（佐藤）：奥野晃士
侍C（田中）：阿部一徳
侍D（佐々木）：牧野隆二
侍E（大橋）：若宮羊市
侍F（久保田）：永井健二
一力茶屋の女：赤松直美、片岡佐知子、桜内結う、鈴木麻里、関根淳子、前田知香、山下ともち

❖ストーリー❖

　城内で、3人の侍が事務仕事をしながら早駕籠が来たと話している。1人が様子を見に行く間、残った2人は、子どもに武道と算術のどちらを習わせるべきかを相談している。戻ってきた侍によると、主君・浅野内匠頭が高家・吉良上野介に刃傷沙汰に及んだという。降ってわいた藩の危機に、侍たちは主君に殉じるか、現実の生活第一か、さまざまに意見が分かれる。そこに家老の大石内蔵助が現れるが、自分の考えを主張しようとはしない。関ヶ原の戦いから百年が経過し、侍たちにも「武士道」とは何かが、わからなくなっているのだ。まとまらない話し合いの束の間、彼らはしばし白昼夢に落ち、女たちと茶屋遊びに興じる。そのまどろみから醒めると、大石は幕府を困らせることが大事と提案するが、それが討ち入りとなると意見がまとまりきらない。議論はいったいどこに落ち着いていくのだろうか……。

1　現代口語演劇と身体性

　この戯曲の作者である平田オリザは、いまの日本人が日常生活で普通に使う言葉づかいをそのまま台詞とし、職場や家庭や公共施設など、人々が暮らす社会の一部をそのまま切り取る「静かな演劇」の旗手である。この潮流は、アングラ演劇とそれを支えた社会変革の熱が冷めた後の20世紀末から、プライベートな空間意識や感情表現を中心とする社会や芸術一般の流れに呼応して、演劇界に大きな影響を与えてきた。それはアングラ演劇が主唱した強烈な肉体や祝祭的な空間と距離を置く。平田作品に出てくるのは、ごくありふれた身体性を持つ人物で、彼ら／彼女らは新劇のように翻訳調の台詞を感情込めて高らかに語ることもなく、前の台詞が終わるのを待ってから次の台詞を言うこともなく、ときに複数の人物が同時に声を出す。彼らは台詞を「語る」のではなく「しゃべる」。現在の日本語圏の主流の演劇は多かれ少なかれ、平田の影響を受けていると言っても過言ではないだろう。
　しかし興味深いことに、平田の「現代口語演劇」と新劇とはその演技スタイルの違いにもかかわらず、台詞の扱いで似ているところがある。たとえば、一方で新劇の俳優は、台詞のなかから登場人物の心理や行動を想像し、語りと動きを一致させるとする。他方、平田の演劇では、俳優の身体は台詞の文脈のなかにあり、俳優同士のやりとりのなかで反応していく。つまり、身体の動かし方、声の出し方は対照的ではあるが、台詞の文脈が人物の動きの流れを作る点では共通しているのだ。そう考えると「現代口語演劇」もまた、日常的な語りという人工物をあたかも自然なコミュニケーションであるかのように見せる一種の技術と言えるかもしれない。もちろん口語演劇の裾野は広く、さまざまな形で展開しているので、口語演劇＝日常的などと簡単にくくることはできない。しかしその基にあるのは、演劇的「言文一致」の思想、すなわち口語と文語、日常会話と台詞が表現手段として同じ意味内容を持つべきだということではないか。
　平田の『忠臣蔵』は、鈴木忠志がSPAC芸術総監督をしていた1999年に、宮城演出によって清水港を舞台に多くの県民が参加して初演された。今回、宮城聰が新たな形で上演するさい眼目としたのは、役者たちの鍛えられた身

体である。「現代口語演劇」における身体性の復権という逆説的な試み。武士道を「武士道的な」という曖昧な表現でしか把握できないサラリーマン侍たちにとって、「討ち入り」という非日常の出来事はどのように把握されるのだろうか？ 捉えどころない会話で議論が進んでいくという、まさに「言葉に流される」状態を演劇化するために宮城が示したのは、SPACの俳優たちによる、言葉と肉体、文語と口語との分離である。この試みは単に演劇スタイルの探究にとどまらず、この「日本」という閉鎖的な言説空間における共同体や政治のあり方にまで問いを投げかけていく。

2 「道場じゃなくて、算術習わせろって言うんだよ」——帳面と決済箱

　時は元禄、関ヶ原の戦いからすでに百年がたち、人々は戦いも忘れ、鎖国という平穏のなかにいて、江戸では独特の町民文化が爛熟期を迎えていた。のちに「忠臣蔵」として有名となった赤穂浪士による仇討事件が起こったのは、そんな時代である。当時の将軍は生類憐みの令で有名な五代綱吉。犬を殺したら罰せられるという、戦乱から遠い太平の世にあって、47人の武士が起こした事件は江戸の町に衝撃を与えたにちがいない。
　この事件はすぐに舞台化され、『仮名手本忠臣蔵』という名作となって、現在でも歌舞伎や文楽で上演されている。「忠臣蔵」はまた映画やテレビドラマの定番だ。この物語がいつの時代も人々の心を捉えて離さないのは、密かに討ち入りを目指す赤穂浪士の中心人物である大石内蔵助が、本懐を遂げるために幕府や敵方だけではなく、ときに味方さえも欺く、その心理描写の巧みさ、またそれぞれの浪士の葛藤や働きなど、個性豊かなエピソードが詰まっていること。さらに討ち入りのために、浪士だけではなくその親類縁者が必死で耐えるけなげさが、日本人の共同体意識に訴えるからだろう。ところが今回の平田、宮城、SPACによる『忠臣蔵』はどうだろう。まったく泣けないどころか、私たちが涙を流すとすれば、それは抱腹絶倒の涙なのだ。
　平田オリザは、数あるエピソードのなかから、藩主が切腹させられ、今後の藩をどうするかという話し合い——「大評定」の場面を選択する。より正確には、大評定の前におこなわれたかもしれない内輪での話し合い、いわば「小評定」の場面。この『忠臣蔵』には、討ち入りはおろか、秘密を守ろ

侍B（奥野晃士）と侍E（若宮羊市）［撮影：K.Miura］

うとする大石の苦労や、浪人となった武士の苦悩、家族との別れといった、観客の心情に訴える要素は何一つなく、ただただ話し合いの前の話し合いがおこなわれる。そんな芝居のどこが面白いのか？　それはこの「時代劇」が、平田の台詞の容赦なき論理性と、宮城の演出による完璧な空間造形、そして俳優たちの強靭な身体がぶつかり合って、1時間余りの掌編でありながら、社会的状況に対する正確な批評的射程を持った「現代劇」として現れるからである。

　舞台が始まると、3人の武士たちが国許でいつもどおりの事務仕事をしている。すでに戦乱などないのだから、仕事と言えば帳面付けが主で、関心も家族のことが中心だ。机の上に積まれた帳面は、「既決」「未決」の箱に分かれていて、彼らは1冊ずつ処理しては、「既決」「未決」と判断し置いていく。彼らの決断力は、書類の仕分け能力で十分。そんな平和な日常を過ごしている武士たちのもとに、突然、藩主が江戸城内で吉良上野介に刃傷沙汰に及んで切腹させられたという訃報が届く。本家「忠臣蔵」では藩士たちの意見が

分かれ、取り仕切る大石の本心が不明で、緊迫した会議がおこなわれるのが定石だが、この芝居での武士たちの辞書には「緊迫」という文字はない。

　彼らのいでたちは侍の袴姿ではあるが、口調は「あのさ」「でも」「だって」と日常会話風で、私たちが時代劇を見て聞き慣れている侍言葉とは似ても似つかない。そもそも藩主の訃報が届く前の会話が、子どもを道場に行かせるべきか、それとも算術を習わせるべきかと、休憩中のサラリーマンと変わらない。つまり彼らは、身分は武士ではあっても、戦がない世にあって必要な能力はもはや武術ではなくて算術なのだ。「生きるべきか、死ぬべきか」ではなく、「道場か、算術か」、それが問題なのである。ところがここに突如、ハムレット張りの大問題が降りかかる。事態は「生きるべきか、死ぬべきか」となりそうだが、武士が死と隣り合わせに生きていたのは百年も前のことだ。藩主を失ったにもかかわらず藩士たちの切迫感が無いなかで、いよいよ侍たちによる内輪のミニ評定が始まるわけだが、これを現代日本社会の縮図にしてしまう絶妙な人物設定を紹介しながら、その内容を見ていこう。

3　「決めた、身の振り方？」──文机と袴

　登場する藩士は、後に仇討のリーダーとなる国家老の大石内蔵助と、城で事務を務める6人の武士たち。まず侍AとCが子どもの教育について話をしているところに、Bが殿の切腹のニュースを伝える。次に、Dが追加のニュースをたずさえ話に加わる。さらにこれらのニュースをすでに知っているEが加わり、この後でようやく大石が登場。そして最後にほかの侍の冷静さを責める若い侍Fが加わり、大石を中心として話し合いが続いていく。

　戯曲では「侍ABCDEF」となっているが、台詞のなかでは名前を呼び合うので、一応彼らにも名前がある。だが大石という固有名詞とは違い、彼らの名前は日本人に多い苗字を順番に割り振ったかのようで、一般名詞化された苗字だ。つまりこの侍たちは、現代日本人のタイプの羅列ということになるだろう。A＝鈴木は、籠城や討ち入り案に「現実感ないじゃん」「生活もあるからね」という生活第一の現実派。続くB＝佐藤は、「いまは議論を楽しんでる段階でしょう」と言いながら自分自身の意見は言わない日和見派。籠城案を口にするC＝田中は、「浪人って言えばね、傘張りでしょう」と夢

見る武士道派。D＝佐々木は、ひたすら討ち入りを主張する直情派。E＝大橋は、籠城案も「まぁ、面白いけどね」と受け流しながら現実的な仕官の道を考えている、AとBを足して2で割ったような他人事派。F＝久保田は籠城案も討ち入り案も「あぁ、それもいいなぁ」とあれもこれも採用する、CとDを足して2を掛けたような欲張り派。整理すると、仕官という現実主義を一方の端、討ち入りという行動主義を他方の端とするベクトルを均等に分け、AからDまでの性格を配置し、ベクトルの発展軸としてEとFを置くという、完璧に均整がとれた平田の設計図で人物が構成されているのだ。

　この設計図が宮城の手にかかるとさらなる明晰さを帯び、舞台空間として打ち立てられる。均等に並べられたデスク（文机）は前に4脚、後ろに2脚。前は下手からABCDと並び、後ろはABの間にD、CDの間にFが座り、性格のベクトルの位置に対応する。文机には事務仕事のためのソロバン、帳面、硯などが置かれ、脇にはやかんを載せた火鉢がある。しかも6脚すべて同じセットで、乱れも個性もなくそろっている。背景は劇場の壁で、そこに映像で小さな窓枠が映されるだけの簡素な造りだ。文机の間を歩く侍たちの動きにも大きな差はない。この物と行動の均一性が、その性格のベクトル上の差異と、緻密な段階分けを視覚化する。

　さらにそれを彩るのが侍たちの所作である。彼ら自身は戦を知らない武士だが、子どもを道場に行かせるべきかと悩むところからもわかるように、武士として肉体の鍛錬はどうやら欠かさずにおこなっているらしい。不必要な武芸に鍛えられた身体で、事務仕事をしているのだ。会話をするときも正面を向いたままで、動きは直線的。袴をさっと折る仕草や、摺り足、帳面を付ける姿勢の正しさ……口調のゆるやかさに反して、一挙手一投足が過剰に几帳面な身体は、端正な美しさゆえにかえって滑稽味を醸し出す。しかも話しながら一斉に立ち上がり、隣の文机に書類を置いたり、書類を床に滑らせて渡したり、動きがぴったりとシンクロするのは、身体訓練が行き届いたSPAC俳優ならではの技である。しかしここで重要なのは、身体能力の高さが演技スタイルとして示されていることではなく、不自然に鍛えられた身体が侍たちの口語の日常性を増幅させていることだ。たとえば私たちが普段デスクワークをしているとき、パソコンのキーを叩きながら誰かと話をする──そのとき人は叩いていることも話していることも意識せずにそれらをおこなっている。同じように侍たちもつまらない会話をしながらも、美しい

姿勢で帳面を付ける手が止まることはない。ゆるい口調と無駄のない動きという、ちぐはぐな共存が日常の無意識な声と体のあり方を表す。台詞のスタイルが口語であれ文語であれ、動きと台詞が連動している場合、一見ナチュラルで日常風ではあるが、そこに現れる人物は口語的、すなわち日常的と言えないのではないか。つまり、無意識のおしゃべりとしての口語的な台詞は、動きと台詞とが切り離されたときに、はじめて可能になるのではないだろうか。ここでの侍たちの話し合いこそ、私たちが日常おこなっている会話や行動のあり方、すなわち「ながら」状態そのものなのだから。

　そのうえ、ときおり響く鹿おどしの「カーン」という音を除いて、話し合いの場面に音楽や効果音が用いられないことも、鍛錬のうちに身に染み付いた侍たちの規則性を強調する。この鹿おどしの音は場面転換のない議論のシーンで場の区切りをつける役割も果たしており、観客の意識を間延びさせない絶妙な仕掛けだ。この手法は、観客の集中を途切れさせないだけでなく、登場人物たちの身体のリズムに私たちを巻き込み、眼前の元禄時代の出来事と現代の私たち自身の日常とを、観念のレベルではなく身体性のレベルで揺さぶるのに絶大な効果を発揮する。侍たちはソロバンをパチパチ弾き、帳面をパタンと閉じ、頭を叩くことまで、同じテンポとリズムでもっておこなっていく。無意識に統率された体内リズムの同一性。身体性を極めることにこそ、現代口語演劇の核心が見いだされる――ここに、宮城がこの戯曲を上演した画期的な意義が存在する。自分たちの殿が刃傷沙汰を起こし、これから藩がどうなるのか、自分たちはどうすべきか、それぞれ身の振り方に対する考えは異なっても、彼らの身体はどこまでいっても一緒に同じテンポを刻んでしまう。しかし唯一、同じ身体性を持たない侍がいる。それが大石内蔵助である。

4　「汚名を晴らすじゃなくて、汚名をすすぐでしょ」――硯と湯呑み

　普通の「忠臣蔵」では決して描かれない武士たちのデスクワークという日常風景は、時代劇のイメージからあまりに遠く、彼らの緊迫感のなさには驚くが、大石はさらに脱力している。釣り竿と道具箱を提げて現れ、事態の概要を業務連絡のように説明し、全員に意見を求める。侍BCの間に小さなあ

ぐら用のイスを置いて座り、Cに出された茶をすすりながら話を進める大石は、ほかの侍たちとは異なり、台詞回しだけでなく身体の所作もゆるい。猫背でゆらゆらしながら、自分の主張はなく、討ち入り案に反対する侍に対しては「まぁまぁ、時間はまだあるからね。まったくできないって決めるのはよくないと思うよ」と何となくなだめたり、意見を聞かれても「じゃさ、どういうことが目的として考えられるかだね」とはぐらかして、何となくほかの者に意見をうながす。まとめ役としてはあまりにも頼りなく思えるが、半面、現代人の感覚からすれば自分の意見を強要せず、部下の意見を聞く、民主主義的なリーダー像とも言えるのかもしれない。

このとき会話が、この作品における言葉と身体の関係を考えるヒントになる興味深い方向へと脱線する。大石が「主君の汚名を晴らす」ことを目的の一つとして挙げると、侍Bが「汚名を晴らすじゃなくて、汚名をすすぐでしょ」と大石の言葉の誤りを指摘する場面だ。些末なことだと反論するDは、討ち入りのときに間違えたら恥ずかしいとからかわれ、大石は「汚名をすすぎ、お恨みを晴らす」と言い直す。議論の内容とはまったく関係がない言葉に対するこだわりだが、この場面にはいくつかの効果がある。「汚名を晴らす」は、Aが「許容範囲じゃないの、日本語の」と言うように、私たちのあいだでもよく聞かれる言い方だ。それに対してCは「言葉の揺れと、間違いは明らかに違うからね」と言って、誤用は誤用と念を押す。もし「現代口語演劇」というものが、いわゆる新劇的な書き言葉の文法的な正しさではなく、文法を意識しない日常会話に基づくとすれば、ここは「汚名を晴らす」で何の問題もないどころか、むしろ「汚名をすすぐ」よりもずっと口語的でふさわしいとも言える。しかしその場合、本当に間違えたと思われることもないとは言えない。つまり、一方では誤った言い方をさせ、他方で訂正させることにより、戯曲上の誤用は回避しながら、表現としての口語性を保つのだ。さらに、そもそもこのような会話が成立するのは、彼らの体に、硯をすり、文字を書くという文語的な営みが染み付いているからだろう。仕事中の茶飲み話における言語へのこだわりが、このような議論の場でも出てきてしまうのだ。

となると、そもそもこの作品は口語演劇なのか、という疑問が湧いてくる。たしかに侍たちは所作も姿も時代劇風だが、その姿を見ずに会話だけを聞いていれば、現代サラリーマンの会話と大差ない。つまりこれは藩という組織

で働く武士を、会社で働く現代人に重ねたサラリーマン劇ということになるのだろうか？　宮城が言うように、俳優が現在この時に演じているかぎり、どんな時代設定であれ、すべては「現代劇」だ。とすれば、この『忠臣蔵』も現代劇であることは間違いない。だとしたら、この劇で現代性を担保するものが口語である必要はない。これら絶妙なタイミングによって交わされる台詞が目指すものは、口語が持っている日常性や親近感などではなく、むしろ口語的な語り口が隠蔽する、ある力への意志なのではないだろうか？

5 「切腹は見たことあるもん」——襷と打ち掛け

　話し合いの途中で籠城案を押す侍Cが、しばしば口にする単語が「武士道」である。心意気を示すだけなら切腹という手もあるという大石に、Cは籠城して抗議の意を示し「戦ってこそ武士」であると言うが、その根拠を聞かれると言葉に詰まる。おまけに「戦ったこともないのに」と返されると、「じゃ、御家老だって、切腹したことないじゃないですか」と反論し、それに対して大石は「切腹は見たことあるもん」と言い返す。ここでの武士道論議は、ほとんど子どものけんかのような言い合いだ。侍たちにとっては戦争も切腹も遠い時代のことで、武士道といっても現実味がない。だからここでのCの発言は、主君への忠義というより、武士道に憧れているだけ。そのことをはからずも漏らしてしまうのが、「武士道的」という発言である。彼だけではなく、侍たち全員にとって武士道とは具体的な名詞ではなく、曖昧な形容詞がついた「武士道的なるもの」にすぎない。「武士道」の現実的悲劇性が、「武士道的」の言語的喜劇性に取って代わられているのである。

　最後に話し合いに加わる侍Fも、武士道を夢見る人物で、「無理を通すのが、武士道でしょう」とCとは違う独自の武士道を主張する。しかし彼らの武士道に対し、大石は身も蓋もなく「ま、武士道は、それぞれの武士道でいいですよ、どうせよく判んないんだし」と相手にしない。だがここで場面は突然、定番の「忠臣蔵」的なイメージへと転換する。

　照明が暗くなり、三味線の音とともに背後から一列に並んだ遊女たちがせり上がってくる。三味線とソプラノの声が重なった華々しい音楽に、侍たちはしばらく固まって文机の前で呆けているが、遊女たちに釣り上げられるよ

遊女と遊ぶ大石（下総源太朗）［撮影：K.Miura］

うに動きだして目隠し遊びなどを始める。その間に大石の迫りが下がり、ふたたび上がってきたときには着流し姿の酔っ払いとなっており、遊女と遊ぶ——討ち入りを警戒する幕府や吉良をあざむくために、大石が遊び人のふりをして茶屋に入り浸る一力茶屋の場面の再現だ。すると音楽が突然、重厚な旋律に変わる。「忠臣蔵」と言えばこの曲、芥川也寸志作曲のNHK大河ドラマ『赤穂浪士』（1964年）のテーマだ。そして大石が読む手紙を、遊女が手鏡を使い盗み読むという、典型的な「忠臣蔵的」シーンまでが演じられるのである。

　この場面は話し合いの途中にいきなり挿入されるが、有名なエピソードなので、多くの観客は話し合いの先に起こることの一場面だと察するだろう。ここで観客はよく見知った「忠臣蔵」の断片を観るのだが、実は侍たちにとっても同じことが起こっているのではないだろうか。これまで使われなかった音楽が鳴り響くなかで、侍たちが遊女と一緒に踊り始めると、事務仕事のために袖をたくし上げていた襷がけ姿が、その見えを切り、足を踏む踊りの

なかではじめて"忠臣蔵らしい"討ち入りする侍に見えてくる。しかし後ろの壁に映っていた「一力」の暖簾の文字が少しずつ解体していくように、それはイメージにすぎず実体がない。遊女たちがきらびやかな打ち掛けを広げ、くるくる回り後ろへ戻っていくと、まるですべてが彼女たちの打ち掛けのなかの出来事だったかのように、鹿おどしのカーンという音とともに話し合いの場面に戻ってしまう。この茶屋の場面は侍たちが「忠臣蔵」の映画を見て、登場人物に自分を重ねた妄想だったかのように。彼らにとっての武士道とは、あくまで「忠臣蔵的なるもの」、つまり比喩なのだ。ただし大石だけは除いて。なぜなら大石にとって、この場面はこれから起こる出来事の前触れ、いや予行演習となるからである。

6 「あの、算術に、確率って言うのがあるんですけど」——竿と筆

　白昼夢から醒めた侍たちは、それまでどおり仕事の手を休めることなく、話し合いを続ける。襷がけ姿もそのままだが、それは刀を振るうためではなく、筆を持つためのものに戻っている。最後に大評定へ向かうときに1人が「刀忘れた」と取りに戻るように、すでに武士を武士たらしめている刀という存在が、彼らにとっては筆に置き換わっているのだ。剣術の稽古を欠かさずおこない、鍛えられた身体を持ちながらも、その身体が扱うのは筆であり、刀ではない。一方、もとの袴姿に戻っている大石は、茶屋の妄想さえなかったかのように淡々と釣り竿の手入れをする。その姿は風流人のものだが、彼だけは帯刀している。家老である彼がほかの侍たちと異なるのは、その身分だけではなく、その身体と持ち物、そして精神が異質なのである。
「どうしたら幕府が困るか」ということで意見を出し合っていると、侍Ｆが画期的な提案をし、これが一気に議論を終結へと導くことになる。それが「算術」だ。Ｆは、「あの、算術に、確率って言うのがあるんですけど」と、西洋では確率という算術があり、どの方法に賭ければよいかを計算できると言う。Ｆの説明によれば、討ち入りが成功する確率を1割とすると、100人が討ち入りをすれば10人が成功し、そのうち切腹をしなくてもいい可能性を2割とすると、10人のうち2人は生き残るという計算だ。これは確率の計算としては合っているが、侍たちからみれば、切腹しなくてよいとなれば全

員が生き残れるはずで、なぜ2人になるのかがまったく理解できない。さらに「結局、どれが一番得なんだよ、おまえの計算では」と聞くＣに「それは、討ち入りが、どのくらいの確率で成功するかによりますね」と、ほとんど不条理劇のような会話が繰り広げられるのだ。

　だが観客はこの会話を笑いながら、実はこの確率論の恐ろしさにも気づかざるをえない。この計算の結果からは何の結論も導かれないはずだが、なぜかこれを機にそれまで討ち入りを反対していたＢが「じゃあ、討ち入りでもいいかな」と意見を覆すのである。ここに数字のマジックがある。Ｆが出しているのは成功する確率であり、成功する確率が高いという証明ではない。実際にＦが説明した計算例では成功率は10パーセントで、生き残る確率はたった2パーセントにすぎない。にもかかわらず、「成功する確率」というものを計算した時点で、成功の可能性が導き出されてしまうのである。大石は、確率の話は「全然判らない」と言いながらも、「鈴木さんとかは、どう、討ち入り目指してみるって路線は？」「あくまで、その可能性にかけるってことだけど」と何となく討ち入りへと議論の方向を促していく。これが言葉と数字のおそるべき罠でなくてなんだろう。その後大石は、赤穂藩の藩士が300人いて、討ち入りに加わるのが80人、実際にやれるのが50人という、一見、確率のような数字を示す。Ｆと大石のどちらの確率も人数を示しているが、2人の確率の説得力が異なるのは、Ｆが行為の可能性そのものの確率を示したのに対し、大石は可能であることを大前提とした後の行動人数を具体的な数として示していることだ。それでも数字化された瞬間、可能性が「可能的」となってしまうマジックは同じである。しかし、Ｆの確率があくまでも算術上の計算を示すだけで確率の計算の基となるべきデータが抜け落ちているのに対し、大石は自身の経験(データ)をもとにその確率を導き出している。これはすでに確率というよりも、大石が描いている討ち入りまでの絵図面そのものではないだろうか。となるとこのミニ評定は、これから藩としての結論を出す大評定のリハーサルだったのではないかとも思えてくるのである。

　こうしてなし崩しに何となく、仕官の道を探しながら討ち入りを目指すという結論に達し、一同は大評定へと向かう。みんなが出て行ったと思った瞬間、大石だけが戻ってきて、舞台の後方から自分が座っていた椅子に向かって釣り竿を振り、釣り糸で椅子をずずずっと引き寄せる。この不可思議な行為は何を意味するのだろうか。大石が遊び人のふりをして幕府をだましてい

たように、この小評議でも大石は釣り竿の手入れをしながらのらりくらりと侍たちに自分の本心を隠していたのではないか——椅子というキャスティングボードを握ることを。口語による会議は自らの力への意志を隠すためのスタイルだったことを。「まぁまぁ」となだめ、何となく意見をまとめるふりをしながら、実は柔らかな口調で討ち入りへ向かう道筋をつけていたのでは？ 思えば大石が「切腹は見たことあるもん」と言ったときには、いかにも太平の世にいる武士の気楽な発言と思えたが、逆に言えば彼だけが切腹を見たことがあるという厳然たる事実の表明でもある。観客の笑いの対象でしかなかったとぼけた議論の裏に流れていた、権力者の意志を垣間見た瞬間、この喜劇は私たちに冷徹な衝撃を与えて幕を閉じる。

7　民主主義と独裁政治

　平田オリザによる「現代口語演劇」の秀作『忠臣蔵』に対する宮城の演出が画期的なのは、表面的には、現代の話し方に近い、いわば演劇版の言文一致の発話法をとりながら、実は口語的なスタイルが隠蔽している政治的な意志を暴き出すからだ。政治とは、人の可能を発揮させる条件を日常のなかで組み替えて開花させることであり、そのときの武器が言語である。数学が何かを納得させるための魔法となるように、口語もまた何かを納得させてしまう、しかも納得させられたと気づかせない魔法だ。もはや武士道という現実はなく、武士道的なものという言語表象だけがある——同様に、発話されているのは口語ではなく、口語的なるものだけなのである。人は日常、体を意識しながら言葉を発することも、言葉を意識しながら体を動かすこともない。その言葉と体の関係を、武士という鍛えられた身体を持ちながら、会社人間の事務仕事を器用に無意識にこなしていく人物たちを介して示すこと。「リアル」ということが言葉や身体の無意識性にあるとしたら、それを舞台上で示すのは、こうした言葉と身体の分離においてのみ可能となるのではないだろうか。
　このように考えるとき、私たちはこの上演が持っていた現代社会の身体性への問いかけの鋭さに思いいたる。この舞台が上演された2013年12月は、国会で「特定秘密保護法案」が審議されていた時期と重なる。この「何が秘

密なのかは秘密である」という、ブラックジョークのような法案を成立させるのに、多くの国会議員とマスメディアはその法案の内容を詳細に検討するどころか、ただ「国の機密を守る」「選挙で示された民意」「世論の支持」「国民の声」「熟慮」「決断」「粛々」といった、内実を問われることなく流布する言葉に流されて法律にしてしまった。そしてそのことを是認した多くの国民は、自らの身体と言葉による日々の世界とのつながりを、外交や軍事といった国家の専権事項として独占されることに無関心で、自身の言語や感性が国家の口で語りや国家の耳で聞くことに日々慣らされている。このように自らの身体性に対する責任を欠いた民主主義が、容易に衆愚政治と独裁にいたることは、この「秘密法」の制定を画期として、その後、次々と進められた「アメリカ合州国の戦争に加担する国への昇格」を目指す方策によってすでに明らかだろう。この国の政治は格差と差別を容認し、既得権益層だけがますます大きな利益を得ていく、名ばかりの「民主政治」になりつつある。

　このように考えるとき、SPACが2013年末に上演した『忠臣蔵』が、この国の社会における議論のあり方を根底から考えさせる政治劇だったことが明らかになる。平田の透徹した言語の論理が、宮城の演出とSPACの役者たちの身体性によって、まさに現実に進行する政治状況を鋭く撃つ上演となったことは、観客の意識に時間を経ても現在進行形のままで残ることだろう。『忠臣蔵』の登場人物の誰にも「武士道」の何たるかがわからないまま「武士道的な」言説が幅を利かせてしまうように、「民主主義」や「国益」のような概念も「〜的な」という言葉の使用によって思考停止に陥ってしまう危険を常にはらんでいるからである。

◆コラム9◆

利賀と静岡

　『忠臣蔵』はもともと1999年に静岡で開催された第2回シアターオリンピックスの際に、清水港イベント広場で上演されたものが最初の版です。当時SPACを率いていたのは鈴木忠志さんで、その指揮の下に、平田オリザ（脚本）、宮城聰（演出）、安田雅弘（舞台美術）、加納幸和（主演）といった人たちが結集し、静岡県民100人とともに作り上げたスペクタクルでした。この4人はかつて若い演出家の集団【P4】の会を結成し、鈴木さんが76年に富山県山奥の利賀村に本拠を置いたSCOT（Suzuki Company of Toga）のもとで活躍し始め、95年には【P4】を中心とした「利賀・新緑（はるの）フェスティバル」がスタートするなど、利賀で頭角を現した人たちでした。

　鈴木さんは言うまでもなく20世紀が生んだ世界で最も偉大な演出家の一人であり、その舞台の緊密な美しさ、テキストを編纂し読解する知力、劇団の俳優たちの集中度、どれを取ってもまさに演劇界の巨匠です。特に「スズキ・トレーニング・メソッド」と称されるその身体訓練法は、世界の演劇学校で採用されており、もちろん現在のSPACの俳優たちもその洗礼を受けています。鈴木さんのような演劇人がいまだ現役で作品を作り続けており、利賀に行けば見られるのですから、同時代に生きる私たちは本当に幸せです。2007年に鈴木さんの後を継いでSPACの芸術総監督になったのが宮城さんです。鍛えられた役者の身体に支えられた13年の宮城版『忠臣蔵』は、いわば宮城さんによる鈴木さんへの恩返しのようなものでしょう。

　冬は豪雪地帯の利賀と、一年を通じて温暖な静岡。天候は違いますが、どちらも演劇を上演し鑑賞し訓練するには理想的な施設を備えた環境で、毎年世界中から演劇人が集まります。その地で指導者として暮らす鈴木忠志と宮城聰——後世の歴史家が20世紀後半から21世紀前半の日本語圏における演劇史を書くときに、この2人をはずすことはできないかもしれません。

第10章　『真夏の夜の夢』——コトバと新聞紙

2015年10月31日、11月1、2、3日／にしすがも創造舎／（初演　2011年6月）

作：ウィリアム・シェイクスピア、小田島雄志訳『夏の夜の夢』より
潤色：野田秀樹
音楽：棚川寛子
照明デザイン：岩品武顕
舞台美術デザイン：深沢 襟
衣裳デザイン：駒井友美子
音響デザイン：加藤久直
舞台監督：村松厚志
演出補：中野真希

出演
そぼろ：本多麻紀
ときたまご：池田真紀子
板前デミ：大道無門優也
板前ライ：泉 陽二
割烹ハナヤンの主人：大高浩一
仲居おてもと：桜内結う
福助：小長谷勝彦
オーベロン：貴島 豪
タイテーニア：たきいみき
パック：牧山祐大
メフィストフェレス：渡辺敬彦
《出入業者》氷屋：加藤幸夫
　　　　　　豆腐屋：武石守正
　　　　　　酒屋：春日井一平
《妖精たち》年の精：森山冬子
　　　　　　妖精：鈴木真理子
　　　　　　あたしの精：赤松直美、石井萠水、木内琴子
　　　　　　目が悪い精：柴田あさみ、吉見 亮
　　　　　　耳が悪い精：佐藤ゆず、若宮羊市
　　　　　　夏の精かしら：河村若菜

❖ ストーリー ❖

　言いたいことを呑み込む癖があるそぼろはデミに恋しているが、デミはときたまごと結婚するという。しかしときたまごはライと駆け落ちし、富士の麓の知られざる森に行く。そぼろとデミも2人の後を追いかけ森のなかへ。
　森では妖精の王オーベロンと女王タイテーニアが仲たがいの真っ最中。森にやってきたそぼろに同情したオーベロンは妖精パックに命じて、「恋の三色すみれ」でデミとの仲を取り持とうとするが、手違いでデミとライの2人ともそぼろに夢中になってしまう。
　この騒動の間、どこからともなく姿を現したメフィストはパックになりすまし、そぼろたちの仲をさらに混乱させ、妖精たちが人間に姿を見せるための「逆隠れみの」を燃やして、さらに森が火事になるよう仕組む。森が燃えるなか、メフィストを呼んだのは自分が呑み込んだ言葉だったと知ったそぼろは、火を消すために呑み込んだ言葉でお話を始める……。

1　シェイクスピアと野田秀樹

　現代日本を代表する劇作家の一人野田秀樹には、シェイクスピアを翻案した作品がいくつかある。それは野田の歴史や社会に対する批評眼が、初期近代という激動の過渡期にあって演劇に自己表現の道を見いだしたシェイクスピアの境界的な感性や理性とシンクロし、英語の草創期に戯曲を書いたシェイクスピアの柔軟な言語が、言葉遊びを多用する野田特有の文体を刺激するからだろう。とりわけこの『真夏の夜の夢』は、シェイクスピア喜劇のなかでも最も人気が高い作品だ。野田秀樹はこの有名な祝祭劇を、一方では富士の裾野で起こる恋人や妖精たちの騒動として特定の場に引き寄せながら、他方では見る、話す、聞くといった人間の基本的な認知行為への普遍的な問いかけを、言葉遊びを駆使することによって独自の戯曲に潤色した。
　野田の批評性にあふれた言葉遊びは、たとえば登場人物の名前にも表れる。妖精の「精」が原因を示す「〜のせい」にかけられて、「木の精」が「気のせい」になったり、この戯曲の根底にあるテーマを示唆する「目が悪い精」や「耳が悪い精」も登場する。言葉を呑み込み、ぶつぶつとしゃべるそぼろ。自分のことが大好きなときたまご。この2人の名前は、素材は同じ卵でも、一方は粒状で他方は液状という違いがある。そして状態を表す「様」と「サマー（夏）」が入り乱れる。このように野田の言葉遊びはシェイクスピアの原作が持っていた、人間の認知能力の限界と可能性にまで網を広げるのであ

る。原作が本来はらんでいるのに、ともすれば結婚祝祭劇(ハッピーエンド)という外見のなかに見失ってしまいそうな、恋愛や欲望をめぐって近代の人間が抱えている宿命を描き出す野田版『真夏の夜の夢』——宮城聰はこの夢をどう調理して、私たちにいったいどんな現実のビジョンを見せ、話し、聞かせてくれるのだろうか？

2 「気のせいではないの」——メガネとパーカッション

　舞台の幕が閉じられたまま、かすかに町の雑踏の音が聞こえる。黒縁のメガネをかけたそぼろが幕の前に歩いてくる。観客のほうを向き、ゆっくりと棒読みで話しだす。

　　そぼろ　不思議なことが起こると、それは夜のせいだとか、夏のせいだとか、ああ、きっと気のせいだろうってやりすごして、何も見なかったことになって、ただの夢を見ていたことになって、でも、覚えておくのよ、不思議なことは気のせいではないの。

　こう話してはいても、そぼろ自身はまだ夢から醒めていないようにぼんやりしている。しかもそこに別の声が加わってくる——「じゃあ、なんだい？」。そぼろはその声に「木の精のしわざ」と応え、正面を向いたまま見えない声との会話が続く。ただ、見えない声が話しているときにもそぼろの口は動いている。そのためお話を読んでいるうちに、お話のなかにいた妖精の声が実際に聞こえてきて知らずにお話のなかへ入ってしまったように、会話なのかそぼろの独り言なのかわからないのだ。そして、「その妖精たちってさ」「なあに」「こんな姿じゃなかったかい？」という言葉とともに静かに軽やかな打楽器の音がはじけ、幕が開く。するとそこには緑に輝いた妖精たちのいる森が広がっている——何本もの棒が立ち並びその上下左右いたるところ、空中に妖精たちがいる。音が金の粉のようにきらめき、色彩をさらに輝かせるマジカルな空間。この幕開きは何度見ても本当に美しい。メガネを取ったそぼろが振り向き「ああ、木の精がそこにいたのね。思った時はもう遅い。木の精は、森にひびく木魂(こだま)に変るわ」と驚いているとき、「不思議

の匂い」は音によって観客席にも運ばれていて、私たち観客もすでに、そぼろと同じ夢の世界にいる。

　この美しい森は、よく見ると新聞紙と鉄パイプによって作られている。新聞紙を何枚も重ね層にして、丘や木や草、太陽や月や雲を作り、パイプの上下に飾っている。なかには渦状に巻き込んだものもある。ときどき新聞のカラー部分の色がにじんで見えるが、全体はモノクロでそこに照明が当たると、一瞬にして総天然色に変わる。そう、ここは人間の言語によって創られた人工の森なのだ。

　森の木々となる鉄パイプも層(レイヤー)になっている。床から天井へと垂直に立っている鉄パイプは数本ごとに横一列に並び、そのまとまりが互い違いになって奥へと続く。それによって舞台空間はいくつかの平行な層に分けられ、俳優はこの層の間を走り回ったり、パイプに上ったりする。このパイプの層と高さは、一定の容積しか持たない空間に、何倍もの距離と面積を作る魔法の仕掛けだ。パイプなので実際に層となる仕切りはないが、このレイヤーが意識されることで登場人物たちの距離が測られ、観客の目に層という何枚ものフィルターが付けられるのだ。この層のいちばん奥には演奏する妖精たちの居場所があるが、そこまで観客の目は届いているだろうか。

　この層になった世界を見るための道具、それがメガネである。メガネは奇妙だ。なぜならガラスという人工物を通すことによって物体がよりよく見える半面、物事を自然のままでは見ない手段となり、さらに本人の視力とは関係なく、かけた人はそれによって外見の印象が変わる。つまりメガネとは自己と他者の表象をともに変化させる卓抜なフィルターである。ところでそぼろの場合、メガネをかけていたのは幕前で話していたときだけだ。このメガネは何を意味するのだろうか？

　だがこのメガネをもってしても、森の細かな文字を読むことはできない。この文字を可視化するのが、パーカッションだ。ほとんど途切れることなく聞こえるパーカッションは、文字のざわめきを音に変える。コトバは「言の葉」となり、妖精たちのしゃべり声ともなる。観客はパーカッションの音に言葉を感じ、妖精の姿を見ることで（登場人物たちと違って観客には妖精たちが常に見えるという特権があるので）楽器の音色が聞こえてくる。これはまだ言語として意味を持つ前の精霊の響き、演劇そのものの息吹となって私たちの身体を揺らし続けるのである。

こうして野田の戯曲が内に含んでいる、言葉の意味を解体し原初の音を憧憬する景色が「不思議の匂い」のする森として舞台に立ち現れる。野田の言語感覚と宮城の演出が「富士の麓の知られざる森」で出会うとき、シェイクスピアが職人ボトムに言わせた"I see a voice（声が見える）"――視覚と聴覚とが層になって重なった新しい〈真夏の夜の夢〉が聞こえてくるのである。

3　「聞いてくれないか」――暖簾とバク

　シェイクスピアが創作した人間と妖精との交通空間に、野田秀樹は1つの異分子を添加する――視覚と聴覚とのレイヤーに隠された人物、メフィストフェレスだ。まずその登場から見ていこう。野田版では、恋する青年たちは貴族ではなく板前である。割烹料理ハナキンの主人が娘ときたまごを板前デミと結婚させようとしたため、ときたまごは板前ライと駆け落ちする。そぼろからそのことを知らされたデミ。そして、彼が手に持つハナキンの暖簾の陰からメフィストフェレスが現れる。「知らないよ、あんたなんか」と言うデミに「何の用だって聞いてくれないか」と返すメフィスト。デミが言われるままに「何の用だよ？」と聞くと、今度は「何の用はないだろ。つれないな」と、「○○って聞いてくれないかい」「○○はないだろう。つれないな」というやりとりが繰り返される。冒頭のそぼろと妖精の声の会話がどちらもそぼろの口から出ていたように、ここでもデミはメフィストの言葉をなぞるばかりで、会話ではなくメフィストの独り言のようである。ただそぼろと違うのは、メフィストは自分の言葉を「○○って聞いてくれないか」という形でしか、つまりあらかじめ相手に借用させることでしか口に出せないということだ。

　このフレーズのたびに、メフィストは耳に手を当てる同じ動作を反復する。このメフィストの演技は公演を重ねるごとに凄みと深みを増し、軽妙さのなかにぞっとする恐ろしさを、哄笑のなかに哀しみをたたえて比類がない。彼の身体は森を走り回る恋人たちや音楽を響かせて行き来する妖精たちとも異質で、走ることも真っ直ぐになることも、もちろんパイプに登ることもない。動きそのものにはパントマイムの滑らかさがありながら、支柱になる骨を欠いたような、どこかでグニャリと崩れそうな不気味さ(アンキャニー)を潜ませた身体。この

恋人たち――デミ（大道無門優也）、そぼろ（本多麻紀）、ライ（泉陽二）［撮影：K.Miura］

　メフィストがデミの前に姿を見せているのは、見えないはずの妖精の姿を人間の目に見えるようにする「逆隠れみの」を着ているからだ。透明人間の逆バージョンと言える逆隠れみのそのものは人間には見えず、観客にも見えない。メフィストは、パントマイムで見えない逆隠れみのを脱ぎ、それを呑み込んで体内にしまう――からだを目に見えるようにする手段自体が、からだのなかに隠されて見えなくなる。この「呑み込む」という営みで、この劇の2人の主人公、そぼろとメフィストが、切り離せない絆を形作るのである。
　話す言葉を呑み込むそぼろと、見られるための逆隠れみのを呑み込むメフィスト。素朴なそぼろと不気味なメフィストという、相容れそうもない2人は、見る角度を変えれば同じレイヤーにいるのではないか。2人が出会うのは少し先だ。その前に森の妖精たちの様／夏を見てみよう。
　舞台の両端にじっとしているので、木々や太陽などの一部のように見えていたが、実は妖精の王オーベロンと女王タイテーニアもそこにいる。2人とも舞台上部の空間にいて（オーベロンは高い台の上に立ち、タイテーニアは昇降

第10章　『真夏の夜の夢』

機の上に座っている)、彼らが振り返ると、ようやくそれが木ではなく妖精であることがわかる。この演出は、そもそも妖精が森の一部であって人間の目には見えないはずだが、それが演劇のなかでは言葉を肉体化した存在として見えるというシアトリカルな逆説を見事に表している。タイテーニアが森の入り口で拾った子どもを、どちらの所有物にするかでけんかしている2人。タイテーニアは妖精たちを引き連れているが、一方のオーベロンの傍にはパックただ1人。しかしパックは別格の妖精である。このあたりはシェイクスピアの原作とほとんど変わらないが、野田版はメフィストフェレスを参加させることで、妖精たちの世界もひとつの階層社会であることを示唆する。

　オーベロンがパックに命じて「恋の三色スミレ」――その汁を瞼に塗ると「男であろうと女であろうと、目が覚めて最初に見たものを夢中に恋してしまう」――を摘みにいかせるのは、タイテーニアの気をほかのものに逸らし、その間に子どもを手に入れるためだ。さらにオーベロンは、デミを追っかけているそぼろに勝手に同情して、恋を成就させてやろうと、こちらでも「恋の三色スミレ」を使う。オーベロンは体中から枝を伸ばした古木の様相で、自由に動くのが難しい。対して、40分で世界一周ができるパックは、パイプの森のなかでのびのびと動いている。漫才風の凸凹コンビだが、彼らが言うことを冷静に聞いてみると、2人とも自分たちがタイテーニアやそぼろの人生を左右することに、露ほどのためらいも感じていない傲慢さが見え隠れする。人間には妖精の姿も見えず、その声も聞こえないことが、彼らを優位にしているのだ。パックがすることはイタズラとして許される。しかし同じことをメフィストがしたら、それは悪魔の仕業と見なされないだろうか？ メフィストの存在が、見えない妖精たちの社会的な偏見や差別意識を可視化するのである。

　老舗割烹の暖簾を継ぎたいデミの暖簾から登場したメフィストは言う――「コトバにならず呑んだコトバが、俺様に届く。そこでメフィスト、俺の出番だ」。メフィストを呼んだのはデミの野心だったのか？　こうして人が呑み込んだコトバを「バクバク」と食べるメフィストは、「真夏の夜の夢食うバク」として、妖精やパックに化けて森を食べつくそうとする。人の悪夢を食べるという獏はもともとは中国の伝説上の動物で、熊と象と犀と牛と虎が混じった体をしている。その姿は誰かになりすまし、誰かのコトバを借りることでしか自分の存在を認めてもらえないメフィストそのものではな

いか。漠然とした印象はあっても、きちんとその姿を認識することがない——人間を見ることができる妖精たちにもメフィストの姿は見えず、その言葉は聞こえない。いや、彼らは聞こうとしていないのではないだろうか。

4 「こいつに一筆」——契約書と籠

　森に着いたときたまごとライは眠ることにし、デミは2人を追いかけ、そぼろはデミを追いかける。この森にはほかにも、ときたまごの披露宴の余興の稽古をするために、ハナキンの出入業者たちが集まっている。妖精たちは森と同じ新聞紙の柄の衣装なのに、メフィストは黒、人間は恋人たちも職人も全員真っ白だが、そぼろだけは灰色。衣装の色が示すのは、それぞれの人物と言葉との関係だ。「白」は日常生活によって劣化したコトバの領域、暖簾や看板（後継ぎ、仲居、氷屋……）の記号世界。「新聞」は報道によって意味を使いきり捨てられたコトバの抜け殻、シニフィアン世界。「灰色」は呑み込まれたコトバがにじむシニフィエの色。そして「黒」は集積されたコトバのブラックホールである。人間にとってコトバとは何か、言葉なくして生きられない人間とはどんな動物か——シェイクスピアの原作に潜んでいたこの問いを、野田が掘り下げ、宮城が舞台上に具現化する。

　この問いの核心には、やはりメフィストがいる。彼は妖精に化け、タイテーニアとオーベロンの邪魔をするための契約書を、またパックに化けて、オーベロンとパックのミスでねじれた恋人たちの関係を修復するための契約書を交わす。伸ばした棒の先に新聞紙をつけて、そこに「こいつに一筆」と書かせるのである。どうやら森では、紙に書かれたコトバが必ずや不幸を招くようだ。新聞の言葉、メディアのコトバは報道にすぎず、現実そのものではない。メディアは常に現実を裏切り、嘘をつく。そして古い新聞はたちまち捨てられ、また次の新聞が届く。この森はコトバの廃棄場でもあるのだ。新聞紙を2つに破って音を出す演奏が示すように、新聞紙に書かれた契約書は始めから破られる運命だった。そして破られたコトバがもたらすのは憎しみだけである。憎しみとは、互いがコトバを話し聞くことを失った状態にほかならない。

　メフィストがパックに化け（舞台上のメフィストの姿はもとのまま）、彼に

そぼろ（本多麻紀）とメフィスト（渡辺敬彦）［撮影：K.Miura］

よって籠のなかに"パック"された妖精パックは、オーベロンまでもがメフィスト／パックを偽物と気づかないことに怒る。だが、それも当然ではないだろうか。この作品で、パックは客いじりをしたり、独白したりして、舞台と客席との媒介の役目をはたすが、モノマネやパロディーばかりで、そのコトバには重みがない。しかしモノマネやパロディーが成立するのは、パック本人が認識されているからだ。一方で、メフィストが完全に化けて相手を騙せるのは変装が上手なわけではなく、誰も化けている当人であるメフィストを認識していないからではないか。パックという呑み込む必要もなく、中身が詰まっている名前を持つ妖精に対し、メフィストが自分自身を主張するためには、「他人」という包装紙が必要なのである。

　恋の三色スミレのせいで、自分への恋心を競って語るデミとライの言葉も、ライに捨てられて嘆くときたまごの言葉も信じられずに、疲れきってぶつぶつとつぶやくそぼろの前に、ついにメフィストが現れる。いよいよ佳境だ。

5　「森が消えていました」──灰と逆隠れみの

　そぼろの前でもメフィストはパックの名を名乗り、自分のもとに届く「コトバにならなかった呑みこんだコトバ」が書かれた紙をそぼろに見せる。悪魔は呑み込んだコトバを集めて見えない話──「みにくい話」を作るというのだ。デミが呑み込んだコトバを知りたがるそぼろに、コトバと彼らの姿を見せるが、そこではデミとライが恋して、ときたまごは鏡のなかの自分に夢中だ。そぼろは信じられない様子を見て「こんな森、消えて……」と言いかけてコトバを呑み込んだ瞬間、メフィストにそのコトバを拾われてしまう。
　2人の様子を見ていたオーベロンが、「そんなコトバを信じるんじゃないよ」と言っても、そぼろの耳には鳥の声にしか聞こえない。姿が見えないと声さえ認識できないのだ。この森では、視覚が絶対的に優位で、恋の三色スミレも見た相手に恋するという視覚のたくらみであり、契約書や紙片に書かれた目で見えるコトバによって事態が動く。その象徴が妖精の家に代々伝わる「逆隠れみの」である。これを着ると「人様に姿を見られること」になるので、妖精はこの騒動を収集するために恋人たちの前に姿を現そうというのだ──「人間は愚かだ。目に見えるものだけを信じる」のだから。しかし

逆隠れみのも、パックに化けたメフィストに集められて燃やされてしまい、そのためオーベロンの声はそぼろに見えない／聞こえないのである。だが妖精たちも負けてはいない。「森からメフィストというアクヌキをするためにこの灰を使うんだ」と、パックは燃えた逆隠れみのの灰を森に撒く。そうすれば、逆隠れみのを着たのと同じ効果が生まれ、妖精たちの姿がそぼろにも見えてくる。人間と妖精は相互に依存している。妖精たちも人間の妖精を見たい／聞きたいという"要請"を失ってしまえば、人間にとって二度と存在しなくなるのだから。

　けれど、妖精たちの姿を見ても、そぼろはもとに戻れない。しかもメフィストは、タイテーニアとオーベロンの契約書を破る代償として、恋人たちの憎しみを倍にしたため森はますます荒れていく。しかも契約はまだ1人分残っているのである――そぼろとの契約が。メフィストを呼んだのはデミの野心ではなく、ときたまごに嫉妬して呑み込んだそぼろのコトバだったのだ。「目に見えない契約は、目に見えない力で返すしかない」ため、そぼろは、いままで自分が「呑み込んだコトバ」を材料にお話を料理しなくてはならない。メフィストはそぼろにコトバの紙を「前菜」「スープ」というように一枚ずつ渡しながら、お話を読ませていく。真夏の夜の森に住んでいた飢えた獣の話だ。エサがないので、まず自分の足を、それから体を、最後に頭まで食べてしまってすっかり見えなくなり、それでも腹をすかした獣は「バクバク森を食べはじめ」、気がついたら「森が消えていました」。

　なぜこんなお話をメフィストは読ませたのだろう。タイテーニアは森で子どもを拾ったが、その子がこの獣だったのだ。可愛がられてはいても、子どもの存在が認識されているのではなく、"かわいい"という記号が独り歩きしているだけ。メフィストはそぼろが話すとおり、ナイフとフォークで自分の体を切るパントマイムをし、足、体、頭と順々に食べていく。それは恐ろしくも哀しい情景だ。彼のパントマイムは、自ら話すことができない者のコトバへの飢えそのものだから。人間にも妖精にも自分自身にも見えない獣、それがメフィストフェレスなのである。

　そぼろは「森は消えないわ、森は生きているもの」と言い直すが、メフィストが演出家に化けて、森で余興の芝居の稽古をしていた出入業者に渡した酒が原因で、森に火がつき、妖精たちが恋人たちの憎しみの炎を消そうとしたとき、タイテーニアが拾った子どもの正体が明らかになる。チャンドラ・

ホルカール・ラグナート・ディップ・ヴィジャナガール・ラオ・ジャスワント・ラシトラクータ・ララブバイ・ゴッシという長い名前を持つ子どもには実は芸名があって、その芸名こそがメフィストフェレス。このあまりに長すぎて名前ではあってもアイデンティティの証明としては機能しない記号に、「芸名」があって、それがメフィストフェレスだというのだ。ここに名前というアイデンティティ記号のパラドクスがある。名前は自己証明の手段だが、他者がいてこそ機能する。名前は常にすでに、自分のものでありながら他人のものでもある。だがここでは、名前を呼ぶという他者との信頼関係が機能していない。苦労しながら名前を間違えずに言うしかない記号も、「芸名」という呼び名のさらなる呼び名も、他者との関わりを持てないのだ。森の異分子メフィスト。結局、森のなかにメフィストを呼び込んだのは、デミでもそぼろでもなく、メフィスト自身の存在証明(レーゾンデートル)への飢えだった。そぼろの話を聞きながら観客は、どうしてメフィストの開いた口のなかが血のように赤い色をしていたのか、その意味を、深い痛みとともに知るのである。

6 「今、呑みこんでしまったコトバでお話し」——涙とノート

　森に広がる赤い炎は、メフィストの口から浸み出してきた血なのだろうか。すべてを「あたしのせい」と言うそぼろに、妖精たちが「今、呑みこんでしまったコトバでお話し」と、紙ではなくパックが口伝えでお話のはじまりをそぼろに渡し、そぼろは口を開く——「真夏の夜の森が燃えていました……」と。

> **そぼろ**　森が燃えていくのを見て、メフィストはとても悲しくなりました。消えてなくなった森の中で目に見えなくなった自分がずっと生きていく。そう思うと不覚にも涙がこぼれました。膝にこぼれて純金になったフレイヤの涙のように、メフィストの瞳からとても綺麗な涙が流れました。その涙はやがて森の上に降りはじめました。

　ここで宮城の演出は信じられない光景を創り出す。そぼろが話し始めると、メフィストが、そぼろが最初の登場でしていたメガネをかけて、舞台の奥で

ペンとノートを抱えて必死に書きとめているのだ。しかもかろうじてメフィストの姿が見えるだけで彼の周りは闇が覆い、すぐに見えなくなる。けれどその刹那、メフィストの目から涙が1粒落ちる——舞台の奥にいるメフィストの涙が客席から見えるとは到底思えない。でもそれは見えたのだ。人間は皮膚で色を感じることができても、皮膚は色について話すことはできない。新聞紙の森は、目にはモノトーンに見えるが、皮膚には妖精の世界が違った色彩で見えているのではないだろうか。「妖精は人間の目には見えないはずだ」というシェイクスピアの原作にある常識と慣習を、野田が一歩進めて「人間の目には見えない」とはどういうことかという問いに書き直し、さらに宮城が観客の目に「人間の目には見えない」という思い込みをモノとして「見せる」ことで、視覚にまつわる私たちの曖昧な認識が鮮明となる。「シアター（theater）」というコトバはギリシャ語の「テオリア」がその源という。「テオリア」とは「観照」「見ること」という意味だ。演劇が見えないものを見せることだとすれば、それは私たち観客にとってどういう意味を持つのだろうか。言葉から身体へ、身体から想像力へ、想像力から感覚へ——宮城の舞台は常に、人間が言語動物であることについて問いかける。

　森が食べられてなくなる話と、森が涙の雨によって救われる話。こうして2つの物語が交錯して1つになる、そぼろが話し、メフィストが書くことで。そぼろの黒縁メガネがメフィストに渡される／返されることによって。2人はまるでメビウスの輪だ。そぼろが話すことをメフィストが聞き、メフィストが書いたことをそぼろが話す。メフィストのノートは破られるべき契約書ではなく、そぼろのコトバも呑みこまれたゴミではない。2人のメビウスの輪がコトバを生き返らせ、憎しみを消し、森を再生させるのである。涙の雨によって、火は消え森は救われたが、妖精たちがまとった逆隠れみのの灰も洗い流されてしまい、二度と妖精たちは人間の前に姿を現すことができなくなった。そのかわり、大地に染み込んだ「見えない灰」が「見えない精霊」となって、「大地から木々の幹を通って青く繁る若葉に変わる」。「そして若い恋人たちが森を歩く時、繁る若葉がざわめいてその木洩れ陽がお前たちを祝福する」のだ。

　そぼろが話した話は、本当にメフィストフェレス自身の話なのだろうか？劇はその答えを明らかにせず、必死にコトバを書き続けるメフィストの残影を観客の瞼に焼き付けながら、暗闇のうちに溶けていくのである。

7　言霊と夢

　妖精たちが住む森が消えてしまえば、恋人たちがさまよい、木々の木魂が語り合い、秘密のリハーサルがおこなわれ、一夜だけとはいえ女王と怪物が愛し合う（タイテーニアは恋の三色スミレでタコの姿に変えられた福助を一夜の恋人とした）、想いが形となる、そんなたくさんの夢の場所が消滅してしまえば、後に残るものは何だろう。それは捨てられた膨大なコトバが集積した廃棄場、誰も住めない跡地なのだろうか。この劇では、逆隠れみのの灰は雨によって大地に染み渡り、森を再生させる土壌となる。しかし私たちは、人の愚かさによって燃やされ汚され消された森が、簡単に再生しないことをすでに知っている。だが野田の言葉遊びでは、「様」が「夏」になるように、言葉は生き物として変化し、その言葉の力で人も変わる。そこに希望がある。野田の言葉遊びは言葉を道具とした遊戯ではなく、言葉をゴミではない言霊に変えるための絶え間ない運動だ。森が生き返るには時間がかかっても、宮城が見せる『真夏の夜の夢』で私たちは知る、「火」を消せるのは言霊(コトバ)だけであることを。

　黒い文字が涙でにじんで灰色になるようにメフィストフェレスが消えていくと、次の場面では、ときたまごとライの披露宴が終わっていて、出入業者たちが余興におけるそぼろの芝居がよかったと口ぐちにほめている。でも、そぼろはいまだに、夢か現実かわからずぼんやりとしている。そして舞台はカーテンコールとなって、役者たち全員がシェイクスピアの原作をしめくくる「我ら役者は影法師」という口上を述べる。この口上の効果は、舞台上の登場人物が役者にすぎないことを観客に再認させることで、「真夏の夜の夢」と「つたない芝居」とを重ね合わせるメタシアターの常道に基づく。しかし野田戯曲と宮城演出は、さらに結末をオープンエンディングにするために、私たちを惑わす一景を付け加える。口上が終わると、中央のそぼろにスポットライトが当たり、彼女がきょろきょろと周囲を一瞬見回し、大きく何かを呑みこむのだ。最後にそぼろはいったい何を呑みこんだのか。まだ夢の途中か、それとも夢が現実だったのか、そのことがこの「呑みこみ」によって観客にもわからなくなる。

披露宴でのそぼろはふたたびメガネをかけていたが、カーテンコールでの彼女はメガネをはずしている。メガネをかけていると妖精は見えないかわりに、自分のなかの願望がそのレンズを通して増幅される。デミをストーカーのように追いかけていたそぼろは、極端に自己評価が低く、メフィストのように承認願望の塊だった。つまりそぼろのメガネは他者を見るのではなく、自分を見てもらうためのフィルターである。しかし、そぼろはメフィストとメガネという〈目〉を分け合うことで、自己ではなく他者を見る——他者を承認することによってしか自己も見えないことに気づくのだ。そぼろは最後に、逆隠れみのもメガネも必要でない世界、自分も他人もありのままに呑みこめる世界を承認したのである。
　まるで「胡蝶の夢」のように、メフィストの夢なのか、そぼろの夢なのか判然としない、重なり合った曖昧な夢の構造のなかで、自分の目をしっかりと見開いて「コトバ」という世界を呑みこんだそぼろは、もはや現実と夢の二項対立を超えた「夏(サマー)」のなかで、永遠に目覚めているのである。

❖コラム10❖

音楽

　『真夏の夜の夢』のなかで舞台美術とともに印象的なのは、森の木々の葉からこぼれてくる光や雨の粒を表現する音楽の美しさでしょう。宮城作品において音楽は欠かすことのできない大きな要素です。上演で多く使われる打楽器は常に俳優たちの生演奏ですが、舞台上で何かの役を演じていた俳優が交代で演奏したり、演奏だけに集中する俳優がいたり、そのスタイルはさまざまです。宮城さんはあるアフタートークで、「稽古のときに言葉で会話をしていると2人の間にズレがあっても案外気がつかない。ところがその2人に楽器を持たせてリズムを刻ませるとそのズレがすぐわかる」といった話をしていました。俳優が演奏をしているのは、いわゆる「出番がない」ということではなく、音という言語の台詞を言っているということかもしれません。棚川寛子さんの音楽は、作品によって音を変化させます。ときにはまなざしとなって役者を包んだり、風、土、火、そして宇宙の元素ともなります。どこかの国の大きな太鼓やボンゴ、民族楽器のようなものから、アルミのドリンク缶で作ったオリジナル楽器まで、さまざまな楽器が置いてある演奏エリアは世界と人の暮らしが混在となった摩訶不思議なスペースです。

　以前、東京で『転校生』が上演されたとき、演出の飴屋法水さんと戯曲の平田オリザさん、そして2人を出会わせた宮城さんの3人が勢ぞろいするアフタートークがありました。そのとき、平田さんは「ロボットの人」（ロボット演劇を上演しているので）、飴屋さんは「動物の人」（動物を扱うお店を経営していたので）などと言われていました。では宮城さんは、という話にはそのときなりませんでしたが……もしかしたら、宮城さんは「楽器の人」なのでは？　宮城さんは俳優の身体を振動させて詩を発し、空気のように見えない小さな出来事を増幅させて音に変える――これこそが演劇という営みなのではないでしょうか。

第11章 『メフィストと呼ばれた男』——リハーサルと椅子

2015年4月24、25、26日／静岡芸術劇場

作：トム・ラノワ（クラウス・マンの小説に基づく）
音楽：棚川寛子
空間構成：木津潤平
翻訳：庭山由佳
翻訳協力：大西彩香
照明デザイン：大迫浩二
音響デザイン：加藤久直
衣裳デザイン：駒井友美子
舞台監督：内野彰子
演出補：中野真希

出演
クルト・ケプラー：阿部一徳
ヴィクター・ミュラー：渡辺敬彦
ニクラス・ウェーバー：若菜大輔
ママヒルダ：鈴木陽代
ニコル・ナウマン：本多麻紀
アンゲラ：山本実幸
レベッカ・フックス：美加理
巨漢：吉植荘一郎
リナ・リンデンホフ：鈴木麻里
宣伝大臣：大高浩一
新総統：大道無門優也
ソ連兵：牧山祐大

❖ストーリー❖
　舞台はドイツの国立劇場。この劇場には『ファウスト』のメフィスト役の演技で名高い俳優で演出家のクルト、芸術監督のヴィクター、ユダヤ人の名女優レベッカ、ナチ信奉者のニクラス、ドイツ出身の女優ニコル、新人女優のアンゲラたちがいて、その日におこなわれた選挙の成り行きを気にしながら、『ハムレット』の稽古をしている。その結果、ナチスが第一党となり、レベッカとニコルは亡命することに……。文化大臣である「巨漢」によってクルトを芸術監督にすることを条件に演劇活動の存続

C　言語：わたしって誰？

が許されるが、彼らの劇場も不安に満ちた運営を迫られることになる。
　クルトは劇場と芸術を守るという大義のもと、次第に巨漢の作品に関する介入についても妥協を重ねていく。ナチスの現状を批判するニクラスは殺され、ヴィクターも連行されてしまう。戻ってきたニコルとともにクルトは劇場運営を続けるのだが……。

1　「もうとうに、わたしたちの家じゃないのよ」──演劇と亡命

　20世紀における「全体主義」の一つの典型とされるナチズムは、ユダヤ民族や同性愛者、政治的反体制派の虐殺で悪名高い。だが同時に、ナチス政権の中枢にいた者たちの、音楽や美術、演劇といった芸術への愛好もよく知られている。犠牲者を拷問しガス室へと送りながら、その後すぐにベートーヴェンのソナタを弾き、ワーグナーの楽劇を聴く……。「アウシュヴィッツの後で詩を書くことは野蛮だ」という意味の言葉を述べたのは、ドイツ出身のユダヤ人哲学者テアドール・アドルノだが、暴力と芸術とがこのような形で結び付く状況を、私たちは十全に説明する言葉を持っているだろうか？　美学と政治とのこのような錯綜した関係を、善悪の闘いという物語で理解するのはたやすいかもしれないが、そうした享受の仕方こそがいまだに暴力の蔓延を許しているのではないのか？　2015年という「戦後70年」の節目の年にSPACが選択した「現代劇」は、簡単に答えることができないこうした問いに迫る。
　『メフィストと呼ばれた男』の戯曲の基になったクラウス・マンの小説『メフィスト』の主人公ヘンドリック・ヘーフゲンには、現実のモデルがいる。ナチス時代にプロイセン国立劇場の芸術監督だったグスタフ・グリュントゲンスである。マンの小説はラノワが舞台化する以前に、イシュタヴァーン・サボー監督の映画『メフィスト』（1981年）にもなっており、ドイツの国民的作家ゲーテの『ファウスト』から連なるこの文学的・哲学的主題の魅惑の大きさを物語る。ナチス支配下の芸術家や知識人たちのなかには、ユダヤ民族でなくても、ナチスへの協力を拒み亡命した人も多い。しかしイギリスやアメリカ合州国に逃れて「芸術の真実」を貫いた人々と、ドイツ国内にとどまり支配政権と妥協しながら「芸術の灯」を絶やさなかった人々のどちらが正しかったかは容易に判断できない。『メフィストと呼ばれた男』には、この芸術と亡命という主題が影を落としている。

特にここで扱われているのは、演劇という集団芸術である。ほかの芸術と違って、演劇には劇場・役者・スタッフ・観客が不可欠だ。そのため演劇人にとって亡命は、自らの芸術生命の危機を意味する。このように演劇の運命は、ナチスのような強圧的な政権下にかぎらず状況に大きく左右されるだろう。作品中で引用される『桜の園』の台詞のように、自分がいる場所が「わたしたちの家じゃない」という亡命の現実を扱うこの作品は、演劇という現実への具体的コミットメントであると同時に、現実からの魂の亡命に関わるすべての人たちに、大きな問いを投げかけずにはおかない。演劇人として人生の円熟期にある宮城聰が挑んだ、時間を超越した「現代演劇」である『メフィストと呼ばれた男』は、このような奥行き持つ作品なのである。

2　「私のすべきことは分かってる」──テーブルと柱

　舞台はドラム缶を叩いたような鈍い鉄の音から始まる。しかしその響きはわずかで、あっという間に軽やかな打楽器の音に混じり、耳の奥に消えてしまう。そこにいるのはハンチングにジャケット、スカーフにスカートという民衆姿の演奏者たち。この不協和音と人々の姿が、緞帳という幕によって閉じられることがない舞台の幕開きとなる。
　この作品はナチス時代の芸術家を描きながら、上演の焦点を、暴虐と闘って芸術の自律性を守り抜いた／守りきれなかった演劇人の勝利／敗北にではなく、どんな時代でも演劇が抱え込まざるをえない自己と他者との矛盾した関係に置く。そのために宮城演出は、私たち観客が普通期待するような舞台と客席との安定した関係を根底から掘り崩すような空間変成をおこなう。まず、静岡芸術劇場の客席から舞台にいたる空間を縦半分に仕切り、下手側の半分を劇の舞台に、上手側の半分を観客席に振り分ける。その上手側のステージ上にはもとの劇場の客席とは90度角度を変えた観客席が設けられる。観客席はステージ上だけではなくもとの客席にも設置され、また、通常の客席の一部も利用されるが、どこにもステージと正面で向かい合う席はなく、横から眺める配置となっている。そして、もとの客席の中央には演出家用のテーブル、半分を観客席に占拠されたステージにはセットのイスが数脚、ステージ後方に演奏者の囲み、背面に小ぶりのコンテナほどの台が置かれる。

つまり観客から見ると、左手に演出家席（劇場の客席）、中央にステージ、右手に台という横並びの配置になり、劇中劇ならぬ「劇場内劇場」といった構図となる。さらに舞台セットとして使われる2本の柱の1本を俳優がいるステージに、もう1本を観客席の間に置くなど、観客に自分が座っている場所がステージの一部であるということを常に意識させる。この劇の内側に図らずも入り込んでしまったような居心地の悪さは、CTスキャンされ本来なら見ることができない体内が断面として可視化されることの戸惑いにも近い。観客は奥行きがある画面であるはずの舞台の、その内部に押し込まれ、限られた側面だけを見るような体験を強いられるのだ。

　これまでも既存の形態とは異なる舞台空間を多く作ってきた宮城だが、今回はそれらの非プロセニアム型劇場とも決定的に異なる。なぜなら形状にかかわらず、これまでの舞台では観客と俳優とが面として対峙する関係性が存在した。たとえば独白という演技スタイルもその関係があって成立する演劇の約束事だ。しかしこの舞台構造では、そのような関係性そのものが築けないため、観客は正面から独白を特権的に受け止める存在ではいられない。いわば俳優も観客も孤独のなかに放り出されるのである。

　主人公はドイツ国立劇場の名優クルト。国家を意味する「シュターツ」という語をその名に含むこの劇場は、ドイツ演劇だけでなくシェイクスピアやチェーホフなども上演する。演出を兼ねるクルトが、演出家席から若い俳優ニクラスに古典作品の価値と台詞の韻の踏み方を教えているところに、国政選挙のため遅れてきた女優たちが加わり『ハムレット』の稽古が始まる。ところがニクラスは、レベッカがユダヤ人だからと彼女に触れるのを拒否する。俳優たちはニクラスの差別的な態度や発言を非難するが、ナチス勝利の選挙結果が伝わり一同が騒然となるなかで、レベッカは「私のすべきことは分かってる」と劇場を去っていく。

　このように同じ劇場で働いていても、俳優たちの階級や人種、思想や立場は多様である。子ども時代から天才とたたえられたクルト。芸術監督であり共産党シンパのヴィクター。ナチス党員のニクラスは貧しさのなかで育ち、気が強い女優のニコルは裕福な家庭の出身。ひたむきな新人女優アンゲラ、ユダヤ人の大女優レベッカ。みなの面倒をみるクルトの母親ママヒルダ——さまざまな出自の人々が集えた場であったはずの劇場が、ナチス勝利のニュースで一瞬にして様変わりするのである。

第11章　『メフィストと呼ばれた男』

もちろん劇場に集うのは俳優だけではなく、奥にいる演奏者たちも劇場の一員だ。彼らはこの作品の演奏担当者ではなく、劇場のミュージシャンとして演奏していて、ときにはお茶を飲みながら俳優たちの議論に耳を傾けたり、手招きして俳優に何かを耳打ちしたりと、俳優と同じ状況を生きている。ただ、役名を持つ俳優たちに対し、彼らには名前も台詞もない。しかしいつも政治を動かすのは無名の民衆ではないか？　ナチスも民衆の支持によって政権を獲得したのだ。が、ナチスに抵抗したのもまた民衆である。こうして彼ら／彼女らが社会を動かし、時代を変えていく。

3　「ただの俳優にすぎないのよ」——カップと制服

　レベッカが去った劇場に現れた巨漢の文化大臣は、みなが恐れていたとおり劇場の方針に変更を求め、ヴィクターを芸術監督から解任し、代わりにクルトを指名する。そのうえ1度クビになったナチ党員のニクラスを劇場に戻し、さらに自分の愛人リナを女優として加える。ヴィクターやアンゲラは、この状況に不安の色を隠さないが、クルトは闘いのなかでは妥協も必要であり、そのために自分が「あなた達のための生贄になるんです」とみなを説得し、巨漢の提案を受け入れる。それでも納得できずに辞めようとするヴィクターには、『ジュリアス・シーザー』の台詞で呼びかけ、2人はその応酬によって友情を取り戻す。
　『ジュリアス・シーザー』のやりとりが象徴するように、この作品ではさまざまな名作の台詞が随所で使われている。それは劇中劇の稽古場面だけでなく、日常でも俳優たちは自分の心情を台詞に託して言うからだ。ここでは台詞と日常会話の区別がない、というより、台詞なしの日常会話は成立しない。戯曲を作る「詩」が彼らの会話であり、詩こそが彼らの共通言語なのだ。演劇という同じ目的を持つ者だけが語りえる詩という特別な言葉。しかしときに人は詩の美しさに閉じこもることで見たくない現実に幕をかけることもできる。詩の特殊性を特権にすり替えることによって。つまり役者たちにとって、詩の使用は2つの意味を持つ。1つは「詩的会話」によって演劇への結び付きと友情を育むこと。しかし半面、詩の特殊性が特権性にすり替われば、現実の政治的な力関係を隠蔽することで、演劇作品のなかで輝くべき台詞と

しての詩の本来の機能を奪う危険もある。詩学と政治学の連関が忘れられたとき、まず犠牲になるのは、詩そのものなのである。

『桜の園』の稽古を見学しながら、「現代的」演出方法に難色を示す巨漢は、ニクラスの口語的な台詞回しを注意し、執拗に韻のリズムを刻ませる。この巨漢の行動は『ハムレット』でクルトがニクラスに注意していたことを思い起こさせる。2人とも古典作品の価値を認め、韻律の美しさを語るが、その姿勢は正反対だ。ニクラスに対するクルトの行為は作品への理解を深めるための演出だが、巨漢の行為は「古典」という権威をふりかざし、それに服従せよ、思考停止せよという命令でしかない。ニクラスはこの命令に従わないだけでなく、自分が支持していたナチスの変貌ぶりを批判し、ついには命を落とす――「ナチス」という権威を思考停止せずに考え続けてしまったために。こうして次第に演出は命令にすり替わっていく――クルト自身が思考停止していくなかで。

一方、劇場を去ったレベッカが舞台奥にある台の上に現れる。どうやら亡命先の部屋らしい。台のレベッカと演出家席にいるクルトは、当初、2人だけで稽古をするように手紙を読み合っていたが、レベッカが口にする『ロミオとジュリエット』の別れの朝の台詞のままに、2人の時間は長く続かない。『桜の園』のリハーサル中もずっと薄暗い台の上でたたずむレベッカ。クルトが巨漢を気遣い、自分の演出を変えていくにつれ、別の空間にいるレベッカの影が薄くなっていくようだ。その声は聞こえず、彼女の目にリハーサルが見えているのかさえ観客にはわからないけれども、彼女の仕草はたしかに『桜の園』の台詞に呼応している。そしてレベッカが台の上でカップをチンと鳴らす音が静かに鳴り響くと、『桜の園』で耳を澄ます場面を演じるクルトたちはその遠い音に思いを馳せる。カップの澄んだ、しかし悲しげな音は、『桜の園』から出ていかなくてはならないラネーフスカヤにも似て、劇場で役を演じることができないレベッカが鳴らす演劇への弔鐘、それともクルトへの警鐘だろうか。ロミオとジュリエットは手紙の行き違いによって死を迎えたが、クルトとレベッカの手紙は困難な状況にある互いの「生」の確認のためにあったはずだ。それがいまや互いの演劇の「死」の確認となってしまったのである。

巨漢の介入に目をつぶるクルトを俳優たちは批判するが、ママヒルダはクルトも「ただの俳優にすぎないのよ」と弁護する。図らずも俳優という営み

が特別ではなくなり、かわりに特権的な地位へと回収されてしまったことを息子の才能を信じる母親本人が語ってしまっているのだ。この言葉が絶望を引き寄せ、世界そのものが暗転してしまったかのように舞台は暗闇となる。

4　「私は今メフィストを演じるべきかい?」──王冠と化粧台

　暗転後、「10年後」という字幕とともに、王冠をかぶり『リチャード三世』の台詞を言う王冠をかぶったクルトの姿が見える。すでに時はナチス政権崩壊前夜だが、クルトの劇場は存続しているらしい。しかしヴィクターとアンゲラの姿は見えない。クルトは1人で椅子に縮こまり、歪めた体にはそれまでの快活さは見られない。仲間がいない孤独な影がリチャード三世の役柄と重なっている。そこに巨漢が宣伝大臣を連れてやってくる。宣伝大臣もまたリチャード三世のように片足を引きずり、高圧的な態度でドイツ人作家の作品だけを上演するよう命じる。躊躇するクルトに1つの選択肢が示される。それは芸術と政治、クルトと宣伝大臣の条件をともに満たす作品である『ファウスト』の上演だ。クルトはつぶやく、「メフィストを演じるべきかい?」と。

　ニコルが用意した化粧台に座り、クルトは観客席に背を向けて化粧を始める。その頃、台の上のレベッカの隣にはアンゲラがいて、2人でチェーホフの『かもめ』の台詞合わせをしている。女優志望のニーナの台詞を言うアンゲラをまぶしそうに見守りながら、レベッカは作家としての理想に挫折するトレープレフの台詞に声を詰まらせる。希望を失わずに稽古を続けるアンゲラの姿は、リチャード三世に扮することで後ろめたさを隠すように背中を丸めるクルトの孤独感を浮かび上がらせる。薄暗い部屋で上演の予定も立たない『かもめ』の稽古をする2人。その状況は苛酷だが、2人は孤独ではない。アンゲラの演劇に対する情熱とレベッカに対する友情──かつてクルトが持っていたものがここにはあるからだ。

　たしかに対照的に見えるレベッカとクルトだが、実はクルトもまたレベッカ同様、終わらない稽古のなかにいるのではないだろうか。クルトは宣伝大臣に舞台の盛況ぶりを語る。もちろん劇場はナチス支配下でも存続してきたのだから、事実としては演劇上演が続けられてきたはずである。しかしこの

クルト（阿部一徳）とアンゲラ（山本実幸）［撮影：日置真光］

　舞台は、劇場を支える重要な要素である観客の存在をいっさい示すことがない。仮に1度でも民衆が観客としてこの舞台に参加していたなら、俳優と観客の往還のなかに演劇の可能性を垣間見ることもできたろう。しかしこの作品にそのような救済はなく、クルトの台詞は結局どこにも届かず、誰もいない空虚な客席で行き場を失うのである。

　クルトにあるのは観客不在の上演だけだ。つまりはリハーサルしか存在しない。クルトはひたすらリハーサルを続けているだけなのだ。いやクルトだけではない、この作品のなかで演じられるものはすべてがリハーサルである。ステージで延々と繰り返される稽古、台上での台詞合わせ、客席での母親による朗読――舞台、台の上、客席、すべての空間でおこなわれているのは本番のためのリハーサルだ。だから私たち観客が本番の場面を見ることは決してない。そもそも私たちは劇場本来の客席にさえいないのだ。いつまでたっても訪れない本番。客席から演出家席がなくなることも、幕が閉じることもなく、クルトは1度として劇場の外に出ることがない。劇場という幕／膜

に守られながら、リハーサルという永遠の現在にとどまっているのだ。しかし演劇という行為を、現実の時間と切り離すのは不可能ではないだろうか。ついにクルトにも現実の時間が迫ってくる。そこではじめてクルトは自分が演じる役について、「いまメフィストを演じるべきか」と自問するのだ。

　クルトにとってメフィストを演じることは、芸術性の証明のためなのか。しかし、すでに政治家によって選別された『ファウスト』は、それ以前の『ファウスト』と同じものであるはずがない。この上演は演出によってなされるのではなく、命令によってなされるのだから。むろん詩学と政治学を完全に切り離して考えることなどできない。だが問題は、クルトがメフィスト役を演じるのは、芸術と政治との間で葛藤するジレンマを前にして思考停止するためではないかということだ。そうしてクルトがメフィストを選んだとき、『ファウスト』は「詩」であることをやめ、まさに「悪魔との契約書」となるのである。

5　「なにかが腐っているのだ」——銃と死体

　レベッカとアンゲラが稽古する一方で、ママヒルダは演出家席の上で発作を起こし助けを求め、宣伝大臣はバルコニーから演説を始める。台詞と助けを呼ぶ声と演説、大量の言葉が舞台にあふれるが、戯曲の言葉と身体から発する言葉と暴力を導くプロパガンダの言葉というそれぞれ目的の異なる3種類の言葉は、不協和音にしかならず、耳は言葉を捕らえるが、その意味をつかむことはできない。聴覚だけではなく、縦半分に切られた中心がない空間構造により観客の視線もまた定点を失う。そしてクルトはつばがない黒い帽子に黒いローブ、顔を白く塗り、『ファウスト』をはじめ『ワーニャ伯父さん』『ダントン』などの名台詞を次から次へと、前後に動きながら何かに憑かれたように朗々と語る。だが、その言葉を受け止める観客が存在しない以上、それは自己と他者との交流を欠き、独白にもならない。劇場から「民衆」を抹殺し、代わりに「ドイツ国民」や「アーリア民族」の役をあてはめることを意図する宣伝大臣の演説とは対極にあるはずの「詩」が、狂騒のなかでその色と質を変えていくのだ。

　名作の台詞がクルトの口から発せられるたびに、1つずつ詩性を失ってい

アンゲラ（山本実幸）とレベッカ（美加理）［撮影：日置真光］

く。その台詞はクルト自身の叫びのようにも聞こえるが、聞き手を持たない発話となってしまった韻文の残響にすぎない。台詞がすでに「契約」になってしまった以上、これは詩ではなく、証文なのだ。1つの台詞と台詞の間、白塗りのクルトはふと悪夢から醒めたように立ち止まり、「なにかが腐っているのだ」と『ハムレット』からの引用を反復する。しかしクルトにはハムレットの迷いや決意も、他者との友情もない。かくして彼の悪夢が醒めることも、台詞が観客に届くもこともなく、彼は延々と一方的な語りを繰り返し、舞台の上を往復し続ける。メフィストを演じることもできず、いろいろな役に移り変わりながら、すでにリハーサルさえ成立していないことにクルトは気づいているだろうか？

　リハーサルの魔法が切れた劇場には、現実の死が訪れる。母親は演出家席のテーブルの上に倒れ、ヴィクターは銃で撃たれてステージに崩れ落ち、巨漢は台に駆け上がり自分で頭を撃ち抜く。客席・舞台・台の上の3つの空間すべてに死体は横たわるが、自然死・他殺・自殺という3つの死を前にして

もクルトは現実のことと受け止められないようだ。だから自分と行動をともにしてきたニコルが軍服に着替え、舞台中央で「この私を女でなくしておくれ」と死の覚悟をもってマクベス夫人の台詞を語る姿をも、彼は客席から見つめるだけである。かつて台詞は彼らの共通言語だったが、詩を失ったクルトはもはやそのときの台詞が真に意味することを理解できないのだろう。ニコルの言葉がリハーサルの台詞ではないことも、死体があることも、これらが劇でないことも理解しがたいのか、それとも理解することを停止したのか、すべてが遠い出来事のようにぼんやりとしている。ニコルはライフルを抱えて劇場を飛び出し銃撃戦の音のなかに消えるが、クルトはそれでも劇場から出ることなく、客席に座り続ける。この劇場の唯一の俳優／観客として。

　たった1人になった劇場で、役を演じることもできないクルトは、王でも悪魔でもなく、白い顔をした道化のようだ。メフィストを演じると決めたとき、悪魔と契約を交わしたファウストのように、これまで演じてきた役もすべて売り渡し失ってしまったのではないか。ハムレットとして悩むことも、ロパーヒンとして決断することも、リチャードとして孤独を味わうことも、もはや彼にはできない。役柄を失ったクルトは、自分自身をも失ってしまったのである。

6　「私は…私は…」──客席と幕

　呆然と客席に座るクルトに、ナチスドイツに勝利したソ連の新総統が近づき穏やかな口調で語りかける。劇場は今後も続けられ、クルトもそのまま劇場に残れる、と。クルトはその提案をぼんやりしたまま受け入れる。戦争は終わって新しい時代が幕を開け、劇場はナチスからソ連の支配下に移った。建物は大きな損失を受けず、戦後も多少の修理だけで使えることになる。しかし、俳優たちはどうだろうか。最後にはすべての俳優がいなくなった。俳優のいない劇場は、劇場なのだろうか。ここからどのようにして「リハーサル」ではない本当の舞台を始めることができるのか。劇場の幕は閉じられることなく、クルトは変わらず劇場にいて、そのまま次の時代に流れ込む。だが閉じない幕はどうやって開ければよいのだろう？　この問いは私たち観客にも向けられている。いままでの安穏とした客席ではなく、（不）可視の存

在として参加を強いられた観客——この台詞を持たない参加者は、どのような言葉をもってこの舞台を考えていくのか。試されているのは私たちなのである。

　最後にレベッカとアンゲラがやってくる。2人の姿に喜び、劇場に戻ってくるよう頼むクルトに対して、レベッカは「できないわ」と断り、アンゲラは演技ではなく、「本当の傷みを表現してクルト。本当の情熱を」と強く言う。しかし2人が去った後、ステージ上ではじめて私たちのいる客席と正面から向き合うクルトの口から出てくるのは、「私が感じているのは…私が言いたいのは…。私は…（間）私は…」という言葉にならないつぶやきだけだ。この言葉の空白は、およそハムレットの最後の台詞、「あとは沈黙」の深甚な雄弁さも強靭な意思も持たない、閉じることができない口から漏れる空しい息にすぎない。クルトはもう台詞以外の、自分自身の言葉を発することができなくなってしまったのか。舞台のはじめには雄弁に語っていた名優が、いまや抜け殻のようになって自らの言葉さえ話すことができない。この落差に観客は圧倒され、言葉を失う。この人間、「メフィストと呼ばれた男」は、永遠に演じられることがないメフィストであり続けるほかない——観客がいない終わりがないリハーサルのなかで。

7　「芸術なんかじゃ太刀打ちできないような悲劇が、この世には存在するのよ」——詩学と政治学

　古典作品の演出を多く手掛けてきた宮城聰にとって、現代劇の演出はこれまでとは趣の異なるもののように見えるが、彼がこれまで実践してきた空間と身体と言葉の関係を再考する方法は変わっていない。この舞台の平行構造が示すのは、とどめることができない一方向的な時間の流れである。客席、舞台、奥の台という3つの空間を並列に可視化し、もとの劇場構造をそのまま使うことで、劇場の扉から出るのも、舞台袖に入るのも、見立てではなく、実際の行為と一致させる。時空間をワープする袖幕も、橋掛かりのような異界への回路もない。通常の舞台より広いスペースを使いながら、逃げ場のない閉鎖な空間を作ることで、時間から神話性を奪うのだ。こうして宮城は、現代における演劇の意味を再考させる舞台を創造したのである。

　そしてこの劇は「言動一致」の演技スタイルで、かえって彼らの言葉／台

詞が身体から乖離していく様子を見せつける。アンゲラがクルトに彼自身の言葉を要求するように、ここではそれぞれの人物が、乖離していく言葉と身体をどうにかつなぎとめるために必死で台詞を言うのだ。だから『桜の園』のリハーサルでヴィクターが酔っ払っているのも、台の上に1人いるレベッカが無言なのも、3人の死体がその場に残るのも、言葉を体内にとどめようとする必死の抵抗なのかもしれない。

　異なる空間を並列させ、場面転換という時間と空間の余白を失くすことで作られた不可逆的な時空間。この操作により、観客は安全な距離を置いた居心地のよい観劇も許されず、物語への安易な耽溺も禁じられる。横に広がった観客席には中心となる見やすい特権的な場所もない。座った席によって、見える光景も聞こえる音も変わることだろう。この劇場空間の改変は、観客の舞台に対する姿勢をも問うのだ――何が見え何が聞こえるのか、ではなく、何を見て何を聞くのか、と。劇の最後、劇場の建物そのものは残っているが、ステージ上で役者たちが座っていた椅子の主はもういない。とすれば、私たち観客が3時間余りのあいだ延々と続くリハーサルを見続けるために座らされていた椅子とはいったい何だったのだろう。椅子や劇場が観客としての特権性をもはや保証してくれない以上、問われているのは、私たち自身が作っている他者との関係性という政治的な力学、そして他者への想像力によって、この問いを終わらせないための詩学ではないのか。レベッカが言うように、「芸術なんかじゃ太刀打ちできないような悲劇が、この世には存在する」。政治と芸術のどちらかを選ぶということではなく――劇場の人々の選択に正解のレッテルを貼ることができないように――、現実の悲劇を思考するためにこそ、芸術が必要とされるのだ。「アウシュヴィッツのあとで詩を書くことは野蛮なのか？」――この問いの前に、演劇を愛する私たちもつまずき続けるほかない。自らの生をリハーサルとせず、他人とともに演じるために。

❖コラム11❖

宮城聰名言集──劇場篇

『メフィストと呼ばれた男』は劇場が舞台になった作品です。宮城さんは劇場についてこう書いています。「劇場は、世界を見るための窓です。／この窓から見える世界には、ちゃんと、生身のからだがあります。いま世界がどうなっているかを、目の前のからだが伝えてくれます。／文字や画像データとちがって、生身のからだが発する情報量は無限大に多く、受けとる我々はそれを処理しきれません。じゃ、処理しきれない情報を受けとめてしまった時、ひとはどうするでしょう？…対話が始まるのはその時です。／劇場は、対話が生まれる場所です」(「Shizuoka春の芸術祭2008」パンフレット)。ではクルトがしていたのは対話でしょうか？　クルトは演劇を通して変われるでしょうか？　ふたたび宮城さんの言葉を──「でも現在はどうでしょう？　変わるのはいろいろと難しいし、むしろ変わらずに前のままにやってゆくほうがいいという気分が主流になってはいないでしょうか。／たしかに、外側の変化をつかって自分たちが変わるというやりかたは、いささか手抜きなのかもしれません。それに考えてみると歴史上のある地点（たとえば敗戦）で日本人ががらりと変わったように見えるのは、一種の目の錯覚なのかもしれません。／とはいえ、人間は変わらない、とシタリ顔で言うことからは何も生まれない気がします。／つまりいまこそ、人間と社会を「継続性」の中で見なければいけない時かなと思うようになりました。／なるほど、人間はそう簡単には変われない。／でも、まるで「不変」を選んだかのように見える人ほど、着実に変わっている。それをまのあたりにすることは改めて人間の可能性を感じさせてくれます。／では、社会のほうはどうでしょう？」(「ふじのくに⇄せかい演劇祭2013」パンフレット)。たしかに、演劇の育たない社会、変わる可能性のない社会ほど、不幸なものはないと言えそうです。

D 身体:向こうには何が?

第12章 『グリム童話〜少女と悪魔と風車小屋〜』
――奇跡と手

2011年3月5日、6日、12日、13日／静岡芸術劇場

作：オリヴィエ・ピィ
訳：西尾祥子／横山義志
音楽監督：棚川寛子
舞台美術：深沢 襟
照明デザイン：大迫浩二
衣裳デザイン：堂本教子
舞台監督：内野彰子

出演
父親・骸骨1：大内米治
母親・骸骨2・こどもの声：仲谷智邦
少女：美加理
悪魔：武石守正
天使：塩谷典義
庭師：大道無門優也
王様：永井健二
演奏者：池田真紀子、竹内 舞

❖ストーリー❖

　森のなかを1人の男が歩いていると悪魔が現れ、「お前の風車小屋の後ろにあるものを、3年後に俺にくれると誓えば金持ちにしてやる」と言う。悪魔と契約した男が小屋に戻ると、妻が着飾った金持ちになっていたが悪魔と会ったとき風車小屋の後ろにいたのは自分たちの娘だったと知る。3年後、悪魔が娘を迎えにやってくる。娘は悪魔が近づけないように、自分の周りに円を書いたり、手に水をつけたりするが、悪魔は父親に斧を渡し、娘の手を切り落とさせる。しかし切られた腕が涙で濡れたため悪魔は近づけず、娘は旅に出る。旅の途中、娘の前に天使が現れる。天使は空腹の娘が果樹園に行けるよう小川の橋となる。娘が梨を食べていると、王様が現れ2人は結

婚するが、王は戦争へ。残った娘は赤ん坊を生み、そのことを庭師が王に手紙で知らせるが、王からの手紙を悪魔がすり替え、赤ん坊を殺せという返事が届く。娘は赤ん坊とともに、ふたたび旅に出る……。

1　童話と暴力

『本当は恐ろしいグリム童話』という本が、この国でベストセラーになったことがある。秩序の追認やハッピーエンドで終わる物語が、原点に戻れば、殺人や傷害や人肉食のような暴力にあふれていて、ともすれば「童話」が与える微温的なイメージは、編纂者が暴力的な部分をカットした結果だということを暴き出す本だった。童話が原作としたさまざまな民話は、人間に理不尽に襲いかかる災厄や不幸を、人々がなんとか受け入れるためにつむがれた物語の集積という側面もあるため、そこに恐ろしい事件や惨劇があってもおかしくない。だが、本当に恐ろしいのは、そのような暴力を生み温存している社会構造のほうだ。そしてさらに恐ろしいのは、そのような社会に抗すべき詩や芸術がもつ想像力を私たちが忘れてしまうことだろう。グリム童話を今日読み、そして宮城聰によるその舞台化を検討することは、そのような童話と暴力との関係を考えることにつながる。グリム童話は、間違いなく「本当に恐ろしい」のであって、その怖さはストーリーや登場人物の性格よりも、詩的な想像力の深みにあるのだ。

『グリム童話〜少女と悪魔と風車小屋〜』は、2011年3月に静岡芸術劇場で初演された。その3公演目は、東日本大震災の翌日におこなわれ、4月29日には同劇場で震災のためのチャリティ公演もおこなわれた。地震と津波という自然の暴力、原発という人為的な暴力、これら同時代の事象を背景に考えるとき、この作品の詩的なイメージの鮮烈さが忘れがたい。

『グリム童話』の演出にあたって宮城聰は、「詩の復権」と「弱い演劇」ということを掲げた。宮城によれば、2500年にわたる演劇の歴史は、身体や言葉を支配する男性的な欲望に憑かれた「強い演劇」が主導してきて、役者も観客も自己や他者をコントロールできる強さを求めてきた。この舞台ではそうではない演劇の新しい形として「弱い演劇」が模索されている。

『少女と悪魔と風車小屋』は一見して「静かな演劇」である。だがそれは、

日常をあるがままに描こうとする舞台のことではなく、文字どおり「静かな」演劇。この舞台でも多くの音や歌が聞こえてくるが、それでもなおこの舞台は、不思議な静謐さに包まれている。この戯曲はもともと「Shizuoka春の芸術祭2009」で、作者であるオリヴィエ・ピィの演出により『オリヴィエ・ピィのグリム童話』3部作として上演されている。オリヴィエ・ピィの演出は、グリム童話の猥雑さや民俗性をヴォードビル風の賑やかな歌とあふれる色彩で表現した。一方、宮城は、日常言語でもコミュニケーションの道具でもない「詩」を前面に押し出し、それを役者が体現する際に、これまで演劇がおこなってきたような「強い演劇」ではない方向を目指すのだ——それがいったいどういうことなのか、舞台をひもときながら考えていこう。

2　「すべてのものが、あるべき場所に」——折り紙とまばたき

　この劇は、アコーディオンを持った天使（見た目は村の男と変わらない）が舞台前方に現れ、音を出しながら観客に向かって次のように語りだして始まる——「よくお聴き、よくご覧／悪魔が話すのを聞いたことがなかったら、耳を澄ませてよくお聴き／天使が羽ばたくのを見たことがなかったら、目を見開いてよくご覧……」。舞台上にはすべて真っ白な紙で作られた世界がある。巨大な紙を二つ折りにして床と背景にした舞台美術が作られ、その周囲をやはり紙で折られた鹿や鳥、木々が取り囲む。小道具も紙でできており、登場人物も衣装もすべてが白い。白色だけの世界は幻想的でありながらも、紙の質感がもたらす脆さをも併せ持っている。地震のような激しい揺れでたちまち壊れてしまいそうな舞台では、登場人物たちの動きもひっそりとしている。
　「さあ、お話が始まる。…」と立ち去る天使の次に登場するのは、貧しく疲れた様子の男と、その背後にしのび寄る悪魔。まず驚くのは2人の動きと声の出し方だ。一語一語が区切られた話し方は、モールス信号か預言者の語りのように、どこか彼方から届いてくる音をそのまま伝達するさまを思わせ、声に色や調子がない。しかも2人とも金縛りにあったように、動かないままで会話する。ただし、ときおり短い暗転が入ると、その後の2人のポーズは

変わっている。しかもそのポーズが不安定なため、静止しているのでもなく、動いているのでもない、異なる時間感覚をもたらす身体となっているのだ。声も身体性も日常的ではないが、それでいて強烈な違和感を与えるわけではないので、異常とも言えない。知らないようで知っている、ある種の既視感(デジャブ)──そこに現れる者が悪魔だ。

　悪魔は、この白い世界のなかで唯一黒い存在である。全身真っ黒で、目の周りだけがわずかに赤い。黒と赤というより、闇と血。悪魔は男の背後にいて男のポーズを真似るため、観客は2度同じポーズを見る。しかも白い舞台において白い登場人物たちは、存在の輪郭さえはっきりしないのに、悪魔だけは輪郭がくっきりと浮かび上がり、中身のない影そのもののように映るのである。

　悪魔は男に、自分が「色んな名前で呼ばれている」とさまざまな悪魔の名前を挙げ、自分の顔を見るようにと手鏡を渡す。そして男に契約を持ちかけ、「契約のサインとして、まばたきしろ」と言う。男はまばたきしてしまうが、そもそも人はまばたきを避けることなどできない。ポーズが変わるたびに差し込まれていた短い暗転も、暗転ではなく私たち観客自身の無意識のまばたきだったのではという思いが湧いてくる。私たちもまた、無意識にまばたきして悪魔と契約してしまっているのではないか。こうしてこの作品は、観客の無意識の目の開閉さえも自覚させていくのである。

　男が家に戻ると、特大の指輪をはめバッグを手に持ち、すでに金持ちになっている妻がいる。たくさんの物を持っている母親と対照的なのが、悪魔に渡すことになる彼らの娘。この少女はバケツで洗ったシーツをはためかせるだけで、何も持っていない。装飾品で飾る母の手と、働く娘の動く手とが対比されるのだ。さらにそれは、物と歌との対照としても印象づけられる──「すべてのものが、あるべき場所に／春は野山に／死者はお空に／My future is just on your face...」。この場面、少女は窓から顔を出して歌うが、メロディーは流れていても、実際に歌声は聞こえてこず、英語字幕で歌詞が示されるだけである。娘の口は歌をうたっているが、声は私たち観客の耳に聞こえてこない。そして少女は何事もなかったかのように、家のなかへ入ってしまう。耳に聞こえない音と、心に残る歌詞とのズレ。どうやらこの舞台を通して、宮城が思い描く「詩」のありようは、この聞こえない歌と関係がありそうだ。そして劇は進んでいく。

3 「両手をきりおとせ」——影絵とアコーディオン

　3年後、迎えにきた悪魔が近づかないよう、その手でさまざまな工夫をする少女と、悪魔に命令されてそれを止めようとする父親との間で奇妙なことが起こる。2人の動きがシンクロするのだ。本来なら止める父親に少女が抵抗してもおかしくないが、少女の動きは父親と同じ動きにしか見えない。抵抗ではなく同調。動きが空気の振動として体内に伝わり、その振動のままに体が動いているかのようだ。いやむしろ、少女は父親がこれから起こす行動を先取りして、その体に写し取っているのかもしれない——この舞台に頻出する予兆の構造が、ここにある。少女は手に何も持っていないが、両手が涙で濡れているために近づけない悪魔は、「両手をきりおとせ」と父親に斧を渡す。この斧はほかの小道具とは違って、折り紙ではなく鈴がついた楽器で、手を切る衝撃的な場面を、斧と同じ鉄からできた鈴の音で、つまり音色の響きによって見せる。

　宮城が言う「弱い演劇」とは、強さをよしとする価値観から弱さへとまなざしを向けることだ。弱さを標榜するというより、強さ／弱さ、あるいは恐さ／優しさではかる価値観そのものに疑問符を突き付ける。「当然」と思っていることが本当に当たり前なのだろうか、という素朴で大胆な問いかけ。だからこの舞台でも、当然でないことが次から次へと起きる。手を切り落とされた少女は、動かないままで父親と母親とともに、「死が忍び寄る／運命の女神はお前を裏切り、お前の境遇は辛い／深い闇がお前を呼ぶ…」と歌う。この歌はもはやメロディーを持たない叫びに近い。ところが、白い折り紙の背景に映っている少女の影のほうは、痛々しい声からも動かない3人からも自由に、両手でピアニカを優雅に吹くのだ。目の前の哀しく恐ろしい情景とは反対に、影絵は喜びを物語る。こうして宮城は、当然ではないことを詩的な表現として舞台に積み重ねていくことによって、形としては描くことができない「奇跡」を孵化していくのである。

　家を出て旅路についた少女が、疲れと空腹で歌をうたおうにも「声が出ない」、「いったい何日、目も閉じず、まばたきもせず歩き続けたことでしょう」とつぶやいていると、天使がアコーディオンを鳴らして、折り紙の舞台

の前方に現れる——「あなたはどなた？」「お前には見えない者」「本当だわ。頭の後ろから光が射していて、お顔が見えないわ」。「顔」と「歌」は、この作品にずっとつきまとう。風車小屋で「My future is just on your face...」と少女が歌った歌声の聞こえない歌は、未来が顔の上にあると言っている。天使と出会った少女は、次に王と出会い結婚し、王と2人で風車小屋で歌をうたう。そこではじめて「My future is just on your face...」という歌詞が観客の耳に届く。ではなぜ最初の歌は聞こえなかったのだろうか。あのときすでに悪魔との契約は成立していたため、少女の声は少女自身よりも先にそのことを知り、「声が出ない」ようになっていたのかもしれない。宮城作品で音の存在が重要なのは言うまでもないが、本作で音は登場人物の背後にあるのではなく、むしろその本質を描き、導くものとして使われている。たとえば、悪魔と天使という人間ではないものの存在の、それぞれの悪魔性や天使性という形ではなく本質が、音によって示唆されているのだ。ほかにも、この物語にはたくさんの歌が出てくる。しかし、親子の歌や悪魔の歌は、叫びや語りとなって、風車小屋の歌のようなメロディーを持たない。悪魔と関わりを持った者はメロディーを失くしてしまうのだろう。一方で、天使は顔が見えない代わりに、アコーディオンの音で存在を示す。もちろん観客からは天使の姿も顔もはっきりと見えているが、それを見せなくするのではなく、そこにアコーディオンという楽器を加えることによって、天使性を聞かせるのだ。

　アコーディオンは鞴（ふいご）の原理によって空気を音に変換する楽器だ。見えない空気のような存在の天使、その空気を音として可視化するアコーディオン。少女の影が吹いていたピアニカもまた、人の息を耳に聞こえる音に変える楽器だ。それに対して、悪魔が立ち去るときに聞こえるのは「ギー」という低いコントラバスの耳障りな、空気ではなく弦による摩擦音。色のない舞台では、音がさまざまに色をつけていく。だが、そもそも人間の体も鞴であって、呼吸した空気が音に変わり言葉や歌声となる。登場人物たちのゆっくりとした発声は、音が言葉となって意味に依存する手前の、空気から変わったばかりの言葉の響きを舞台に置こうとする。それこそが宮城の言う「詩」なのではないだろうか。「詩」と「弱い演劇」の考察を進める前に、天使と少女の出会いの場面に戻ろう。

少女（美加理）［撮影：K.Miura］

4 「あなたが二度妃にして下さった」──梨と鳥

　少女は天使に欲しいものを聞かれ、「梨を一つ」お願いする。いままで出てきた折り紙の小道具とは別に、梨は立体ではなく影絵で表される。正確には、木々は影だが、梨は丸い光で映し出される。その梨を鳥のようについばむ少女の姿を見て「少女の顔をした精霊」が現れたと噂が立つ。なぜなら精霊には手がないからだ。この折り紙の小道具と影絵との関係が「持つこと」の意味を考えさせる。光の梨はそもそも持つことができない。けれど、少女は両手を切り落とされたので持てない、のではなく、そもそも物を持たないのではないか。少女の手はバケツで水を運びシーツを干す働く手で、物を持つのではなく使う手である。悪魔が彼女に近づけなかったのも、きれいな涙で濡れているからというよりも彼女の手が物をほしがらないからだろう。同時に彼女は手を切られるまでは、いっさいの台詞がなかった。両手を失うことで、自らの意志を伝えなくてはならない世界の一員となる──ここにも「詩」や「弱い演劇」へのヒントがある。
　王様と少女が結婚すると、2人への祝福に庭師が鳥の形の笛を吹きながら、舞台の下手にいる演奏者たちを指揮する。演奏者たちに照明が当たると、彼らの頭には折り紙の鳥が付いていて、庭師の指揮に合わせて彼らも鳥笛を吹き、鳥たちの大合唱となる。鳥という手を必要としない生き物の形をした笛を、庭師も手を使わずに口だけで吹く。この鳥たちの歌は、持つこととは無縁の少女にとってのこのうえない贈り物だろう。しかし王は彼女に銀の義手を贈る。義手を見て「手など何の役に立ちましょう。見えるところにあなたがいらっしゃるのに」と少女は1度断るが、結局、王が義手を少女の腕に差し込み、2人はダンスを踊る。一見、贈り物がダンスに結び付く美しい場面だが、不吉な義手の造形が一抹の不安を呼び起こす。これまでも少女の体が予兆していたように、この武器にしか見えない武骨な義手も悪いことの前兆ではないのか。そして、まるで義手が引き寄せたように、翌朝には戦争が始まる。
　戦争に行く王は妻に言う、「王の仕事は、愛することと、戦争をすることだ。一日のうちに僕は二度、王になった、夜には君の腕で、朝には僕の武器

で」。王妃は応える、「あなたが二度妃にして下さった。愛して下さることと、そして私を置いていかれることで」。王の言葉の「君の腕」と「僕の武器」から、手のない腕と義手を読み込むこともできるだろう。とすれば、少女の「愛して下さる」と「置いていかれる」から、存在しない手と義手という物を連想することも可能だが、ここで注目したいのは「二度」という言い方だ。『少女と悪魔と風車小屋』で感じる既視感、知っているようで知らない、知らないようで知っているデジャブの感覚は、物語でも舞台上の表現でも繰り返し出てくる「二度」の構造によって生み出されている。それが2度でなくてはならないのは、2度目が1度目とは悪魔と天使ほどにも異なるからだ。つまり繰り返されることにより1度目の出来事がそこで完結せずに、2度目を呼び起こすための予感をもはらむようになる。同じ失敗を繰り返さないためには変わらなくてはならない、そして変わるためには出来事が繰り返されなければならないのである。この構造は、悪魔の再度の登場ではっきりと視覚化される。その場面の前に、しばし庭師の言葉に耳を傾けよう。

5 「花々の名前をお教えしたのは無駄だったのか?」──骸骨と十字架

　背中に籠を背負う庭師は、この「弱い演劇」のなかでもいちばん「弱い」人間かもしれない。そして王の付き人が、大臣でも騎士でもなく庭師である点がこの物語の要だ。鳥の合唱を指揮した庭師は、戦争に行った王がいない王宮で、王妃に花と虫の歌をうたう。「テントウムシがガタガタの歯でヒナゲシの花をかじり…花よ花よ、散れ、枯れろ。だからお前は美しい」。この歌も2度繰り返され、2度目はお腹が大きくなった王妃もその手ぶりの真似をする。続いて、庭師と王妃のもとに2人組の役者がやってくる。彼らの出し物は骸骨踊りで、王妃は彼らに質問する、「あなた達は芸術家なの？　芸術とは何なの？」と。役者たちは「ひと言で言えば、喜びとともにある死です」と、哲学的な答えを残していく。

　たわいもない場面だが、庭師も役者たちもともに「死」について歌い、踊り、語る。そして、もう1人「死」を語る者がいる、ほかならぬ悪魔だ──「戦争は楽しいな、戦争は素敵だな／「死の舞踏」は大好きだ…」。薄く赤い色がついた照明のなかで、「弱い」歌としてではなく「強い」語りとして彼

が伝えるのは、「罪のない人々が次々に殺される」戦争の死、赤い血の出る死だ。庭師や役者が言う植物や芸術の死よりも、悪魔の語る死の方が本物なのだろうか？　しかしヒナゲシが虫によって死んでもまた次の花が咲き、骸骨踊りをする役者の体は生に満ちている。庭師や役者たちの「死」は、生と死という営みとして繰り返される死、「二度目」の死である。対して悪魔の「死」は生を断絶する斧によって「二度目」を断ち切るための死だ。庭師たちの「死」とは、戦争や悪魔に抵抗するための「死／詩」なのである。

　悪魔は、王と庭師との間で手紙を運び、内容をすり替える。この場面には、ポーズが変わる「まばたき」暗転の手法がふたたび用いられ、まばたき暗転のなかでも繰り返しの構図が使われる。庭師からの手紙を悪魔が王に渡したときのポーズと、いくつかの暗転の後、王が悪魔に返信するときのポーズがまったく同じで、また庭師が王への手紙を悪魔に渡すときと、悪魔が持ってきた王からの手紙を受け取るときも、ぴたり同じポーズになっている。所作が繰り返され、幸福な手紙が不幸の手紙に変わるのだ。庭師から王への手紙は、赤ん坊が生まれた報告で、書きつくせない喜びを赤・黄・青の十字架で描いたもの。それを悪魔は、紙いっぱいの黒十字で、ウロコと昆虫の足を持つおぞましい子が生まれた内容に変えてしまう。どんな子でも愛するという王の優しい返事は、「斧で赤ん坊を殺せ。その目と舌を引き抜いて、殺した証拠にとっておくように」という残酷な内容に様変わりする。しかしここでも宮城演出は、この童話らしい「本当は恐ろしい」展開を戯画化するのではなく、まばたきと繰り返しの構造によって、肉体的な感傷にではなく、詩的な思考へと訴える。

　悪魔は2度目の斧（＝鈴）を庭師に手渡す。すると硬直する庭師の影は、鈴ではなく斧の形を映し出す。影は鈴の本質を見抜いているのだろう、庭師は悪魔に騙されることなく、赤ん坊の代わりに折り紙の雌鹿の目と舌を取り、「戦争が、王様をここまで変えてしまったのだろうか？　花々の名前をお教えしたのは無駄だったのか？」と嘆く。これまでの静謐な演出が、この台詞に一層の重みを与える。1つの言葉が、1つの動き、1つの音、1つの影、1つのゆらめきが、まばたきほどの繊細さをもって俳優の身体と空間に置かれるからこそ、庭師という戦争の指揮者ではなく鳥たちの指揮者がこの作品の要となる。戦争の役にも立たない「弱い」彼の言葉が、「おとぎ話」の絵空事として片づけられない重みを持つのだ。花々の名前を教えるとは、生死その

庭師（大道無門優也）と悪魔（武石守正）［撮影：K.Miura］

ものの意味を教えること――「弱い演劇」で宮城が目指す「詩が復権する」瞬間。身体の道具でもなく、欲望の手段にもならない「花々の名前」こそが「詩」ではないか。

　庭師に促されて、王妃は義手を置いて舞台を去る。激しいパーカッションのリズムとともに、召使に赤ん坊を背負わせてもらい逃げていく影絵が映る。いよいよ影絵そのものとなった少女は、ふたたび森へと入っていくのだ。

6　「これからは、すべての奇跡に驚き続けよう」――バケツとシーツ

　赤ん坊を連れ2度目の旅に出た少女は、ふたたび天使に出会い、今度は梨ではなく森のなかの木こり小屋をもらう。この小屋も梨と同じように木々の影のなかに光で形作られたもの。庭師のことを心配する少女に「彼のことも見守ってやろう」と言う天使の見えないまなざしは、またしてもアコーディ

オンとピアニカの音によってその存在が示される。7年が過ぎ、王は戦争から戻ってきて、自分の手紙が悪魔によってすり替えられていたことに気づく。このとき庭師が握っている手紙は、この折り紙の舞台の形そのもので、まるで「運命」がそのなかに入っているかのようだ。この王と庭師の再会の場面でも「まばたき」暗転が使われ、ふたたび悪魔が登場する。悪魔は、少女が最初に登場した窓から同じように顔を出し「すべてのものは、あるべき場所に」と、少女と同じフレーズを語り始める。構造は同じだが、2度目は意味が大きく変わるのだ――「すべてのものは、あるべき場所に／この広い戦場で／馬がなき／人が死ぬ／砲撃のさなか／おかしくなってくる／どうにかこうにか／茂みに一発…」。少女の父親がまばたきしてしまったように、悪魔は「あるべき場所」をいつでも人にそっと差し出し、少女の歌の「すべてのもの」を「すべての物」にすり替える――「すべての物が、あるべき（欲望の）場所に」と。しかし「詩」を知る庭師は、悪魔の歌には騙されない。悪魔は立ち去り、王様は王妃と息子を捜しにいく。

　王が木こり小屋にたどり着く前に、「赦し」を求めて娘を捜していた父親が木こり小屋を訪れる。だが、父親は少女を見てもそれが自分の娘であるとは気づかない。なぜなら、バケツをさわる彼女の腕には白い2本の手があり、頭にはその両手の花が咲いたかのような白い髪飾りがついているからだ。このとき舞台の隅で悪魔が2人をうかがっているが、もう少女にも父親にも近づくことができない。はじめから真っ黒な影のように見えた悪魔は、ここでは闇そのものとなっている――俳優の身体があたかも気体と化したかのように。悪魔とは倒すべき敵ではなく「魔」そのものなのではないか。この悪魔が「本当は恐ろしい」のは、登場人物として客観視ができず、魔／間として観客の皮膚に直接触れてくるからだ。「弱い演劇」を試みたこの作品で、観客さえも自らのもろさや可傷性に敏感に出会うことになる。次の暗転で、舞台の上空にはきらきらと星空がまたたき、こうして悪魔による「まばたき」は終わる。しかし星もまた光のまばたきであるとするなら、まばたき自体に罪があるわけではない。まばたきを避けられない人の「弱さ」をいかに詩によって思考するかを、この舞台は問うのである。

　ようやく王様が木こり小屋に着くが、王もまた、少女の顔を見ても妃であることがわからない。王は少女が敷いたシーツの上で、顔にハンカチを載せて休む。白いハンカチを顔に載せ横たわる王はまるで死者だ。そういえば

「My future is just on your face...」と歌われながら、いつも顔が見えていない、天使も王様も、少女の顔も。だが王が寝返りをうちハンカチが落ち、顔が再度見えたとき、王ははじめて息子と対面する——影絵と声だけの息子の姿と。「私の未来が顔の上にある」から顔は見えないのか。それとも、顔が見えないから未来も見えないということなのか。それでも手がバケツの水を運び、シーツを干しているかぎり、あるべきところへと、未来は私を導いてくれることだろう。

  王 僕が愛した女は銀の手をしていた。だがその手には血が通っている
  お妃 あなたをお待ちしている長い夜の間に、また生えて来たのです
  王 やっと会えた
  お妃 すべてのものは、あるべき場所に

　森から始まった物語がふたたび森へ戻ってきたように、木こりが木を切っても森がふたたび芽吹くように、手も人も「すべてのものは、あるべき場所に」戻り、王は2度目の婚礼祝いを妃に誓う——これから国の法律では「すべての結婚式は二度行われなければならない」と。「すべてのものが、あるべき場所に」あるためには、旅をしてふたたび戻らなくてはならない。繰り返されることのほかに、「すべてのものが、あるべき場所に」戻ることはありえない、生と死が別々に存在しないように。この作品の演出は、見事なまでに「二度目」の構図を繰り返しながら、すべてのものを「あるべき場所」へと戻していくのである。
　最後は当然、始まりが繰り返される——天使の登場だ。「王が芝居の最後に言う言葉、これを、出来るだけ長く、頭と心にとどめなさい。さあ、よくお聴き」

  お妃 あなたは私の手が生えたことに驚いている。／でも春になるたび森じゅうで新しい葉が生えるのです。／そのことに驚いていましたか？
  王様 そうだね愛しい人。これからは、すべての奇跡に驚き続けよう

「これからは、すべての奇跡に驚き続けよう」とは、「これからはすべての生と死が奇跡だということに驚き続けよう」ということにほかならないだろ

う。奇跡とは天使と出会うことではない。木々の芽吹きも、鳥の歌も、花の名前も、少女の歌声も、繰り返される営みすべてが奇跡なのだ。こうして2人の姿はシルエットになり、紙の森は緑に光り、この物語は幕を閉じる。歴史は繰り返される、1度目は悲劇として、2度目は笑劇として。演劇も繰り返される、1度目は死として、2度目は詩として。

7　詩の復権と弱い演劇

　少女の「聞こえない歌」のように「弱い」ものであったはずの「詩」が、なぜ2500年間の演劇史で「強い」ものになってしまったのか。この問いを考えるためには、いくつかの前提が必要だ。まず「弱さ」を非専門的な素人俳優から生み出されるものと考えてはならないこと。宮城の言う「弱い演劇」は、徹底的に訓練された役者の技能をもってしか実現できない。また「弱さ」を力の強弱の軸で測ってはならないこと。俳優が舞台上に立っているときに、それが地面を全身で力強く押して立っているのか、それとも（宮城自身の表現を借りれば）薄氷を踏みながらかろうじて立っているのか、あるいは風が吹けば肌が破れて血が噴き出すような脆い身体を支えているのか……。また強い身体が男性のもので、弱い身体が女性のものであるという思い込みも疑う必要がある。この場合の問題はジェンダーという社会的な性差でも、セックスという生物学的な性差でもなく、あらゆる性差を超えた詩的な感性にあるからだ。こうした前提を踏まえたうえで、いったい宮城が目指す「詩の復権」と「弱い演劇」はどのように可能となるのだろうか？

　それまで台詞のなかった少女が、父親に手を切られてしまったことにより、コミュニケーションの道具としての言葉を生存のために使わざるをえなくなる。そして枯れ枝から花が咲くように、切られた腕からも手の花が咲いて、詩が再生する。「弱い演劇」は、演出家や俳優によってだけ果たされるものではない。観客も言葉や身体を強力に支配できる役者を名優と呼び、批評家も「強い、強度」といった乱暴な表現で自らの欲望を舞台に投影するからだ。演劇に接する私たち自身が、強弱の基軸を疑わず、強さに憧れているかぎり、目の前の「詩の雨に濡れる弱い身体」は見えてこない。歴史をひもとけば、演劇の「強さ」が尊重されてきたのは、共同体存続の手段として演劇が使わ

れてきたからである。「弱い演劇」を提唱する宮城は、そのような歴史からの離脱を試み、これまでおよそ考えられてこなかった新しい地平を切り開こうとしているのである。

　天使を真似て、この章もエピローグでしめくくろう。『グリム童話〜少女と悪魔と風車小屋〜』で庭師の役を演じていた俳優は、『グスコーブドリの伝記』でブドリに農業を教える赤ヒゲ役を演じている。『少女と悪魔と風車小屋』と『グスコーブドリの伝記』には、宮城の演出手法において通じるものがある。2度目は奇跡を生む──そのことに学べば、宮城作品でも、あらゆる舞台が「2度目」の舞台（再演という意味ではなく）であり、舞台を作り続ける繰り返しのなかにこそ奇跡が生まれるのだ。『少女と悪魔と風車小屋』と『グスコーブドリの伝記』の間にあるつながり（物語的な継続というよりも音楽的な循環）を思うとき、花の名前を教えていた庭師が「2度目」に現れて、今度は農業を教えていることに私たちは打たれないだろうか──預言にたじろぎ、突然の雨に濡れるように。たまたま同じ俳優が演じているだけかもしれない。しかし、庭師の明るく深い知性をたたえる声が赤ヒゲで繰り返されるとき、それを観客はこのうえなく幸福な経験として受け止める。「弱い演劇」において「詩」が再生するとは、役者と観客で分かち合うそんな「奇跡」のことではないだろうか。

❖コラム12❖

悪魔

『グリム童話〜少女と悪魔と風車小屋〜』で、悪魔は自分が「色んな名前で呼ばれている」と、ベルゼブブ、ルシファー、リヴァイアサン、サタナス、メフィストフェレスと列挙します。多くの名前と顔を持つ悪魔は身体・視覚・聴覚・皮膚感覚・観念・哲学・宗教と、多くの側面から造形できる、演劇にとって魅力的な素材でしょう。身体が表現基盤である演劇にとって、身体の影や身体の先にある悪魔や天使や亡霊の存在を考えることは必須です。そんな絶対的な他者を考えることが、自分の身体や生に戻ってくるのですから。

　悪魔といってもタイプはさまざま、『マハーバーラタ』でナラ王の体に入り込む悪魔カリはユーモラス、『ペール・ギュント』の悪魔は長い爪に蹄の足で西洋風ですが、口調は仕事をさばく役人といった風情。メフィストフェレスの名を持つ登場人物となると、『メフィストと呼ばれた男』のクルト、『真夏の夜の夢』のメフィストの2人がそろいます。名優クルトはメフィストにたとえられ、『真夏の夜の夢』のメフィストも芸名ですから、まさに彼らは「色んな名前で呼ばれている」。シモーヌ・ド・ボーヴォワールの「人は女に生まれるのではない、女になるのだ」という言葉を借りれば、悪魔も「悪魔に生まれるのではない、悪魔になるのだ」と言えるでしょう。宮城演出は、悪魔や悪を生み出す構造に目を向けます。だから悪魔をホラー映画のように恐怖で味付けすることはありません。それゆえに、悪魔たちの奥底にある焦燥や嫉み、悲しみや諦めといったものが透かし見えてくるのではないでしょうか。

　そんな悪魔たちのなかでも、『グリム童話』の悪魔は、外見は人間と同じですが、ほかの悪魔たちと温度が違います。ここでの悪魔は、敵というより「魔」そのものなのかもしれません。「魔」は「間」であり、それを人は「闇」と呼びます。人は弱い存在として「間」を避けることができない、だから悪魔は恐ろしいのではないでしょうか。

第13章 『ふたりの女 平成版 ふたりの面妖があなたに絡む』
―― 分身と砂

2015年4月29日、5月3日、5月6日／舞台芸術公園　野外劇場「有度」／
（初演　2009年6月）

作：唐 十郎
装置デザイン：村松厚志
照明デザイン：樋口正幸
音響デザイン：金光浩昭（㈱三光）
衣裳デザイン：畑ジェニファー友紀
舞台監督：林 哲也

出演
六条／アオイ：たきいみき
光一：永井健二
是光：奥野晃士
看護婦：舘野百代
老人：三島景太
青年：春日井一平
患者1：若宮羊市
患者2：石井萠水
患者3：吉見 亮
患者4：木内琴子
患者5：武石守正
母：木内琴子
弟：吉見 亮
駐車場係員：武石守正
不動産屋：春日井一平

❖ストーリー❖

　伊豆の砂浜で、光一が婚約者アオイにラブレターを書いている。海辺に立つ精神病院に勤務する光一は、そこで六条という入院患者と出会う。彼女はアオイと同じ顔で、違うのは髪の色と声だけ。自分を「あなた」と呼ぶ六条からサウンド・バギーの鍵を預けられた光一は、妊娠中のアオイと出かけた富士サーキットの駐車場で、六条に再会する。体調を崩したアオイの自宅を見舞う光一に、六条と名乗る女から「鍵を返してほしい」と電話がかかる。アオイは電話の女との関係を問い詰めるが、その声は次

第に六条の声に替わり、2人の人格が入り乱れていく。六条のアパートに呼ばれた光一に、今度は入院しているはずのアオイから呼びかけがある。鍵を手に持ったアオイは、六条を「永遠に消してみせるわ」と言いながら自殺してしまう。アオイの死に衝撃を受けた光一は、自ら病院の六条がいた6号室に入りたいと願い出る……。

1　アングラと革命

　唐十郎は1960年代後半からの日本の演劇シーンにおけるアンダーグラウンド演劇の中心人物の一人である。「アングラ」は当時の「新劇」に対する異議申し立てとして生まれ、いくつかの革命的実践を含んでいた。まず、演劇の方法論（ベルトルト・ブレヒトが主たる参照項）と、哲学（「アンガージュマン」を唱えたジャン＝ポール・サルトルの実存主義が代表格）、言葉や存在への懐疑（サミュエル・ベケットの文学）、肉体と空間の祭儀性（アントナン・アルトーの思想）とが有機的に結び付いていたこと。その点から、それまでの日本の新劇では疑われることがなかったリアリズムから、演劇の時空間を解放する試みがおこなわれた。さらに重要だったのは、演劇における言葉と身体の関係の変革である。新劇では戯曲の言葉から登場人物の心理や性格をいかに等身大に描くかに焦点が合わせられるのだが、アングラ演劇では日常性を取り払った非－等身大の役者によって戯曲の言葉そのものの存在、詩性が立ち現れた。結果として、特異な身体性を持つ白石加代子、小野碩、麿赤兒、四谷シモン、李礼仙といった「特権的肉体」に観客が熱狂した。それまで文学性に依存していた演劇の言葉を肉体性によって解放し、戯曲の形態そのものの解体にさえ、アンダーグラウンド演劇は踏み込んだのだ。また、多くのアングラ劇団は、集団生活をするなど集団のあり方に対する実践をもおこなった。そうした営みによって育まれた特権的な肉体は、1人の観客があたかも自らの部屋で芝居を鑑賞するかのような近代演劇の虚構を徹底的に打ち砕き、演劇空間そのものを劇場から解き放つことで、あらゆる場所——テント、街頭、喫茶店、風呂屋、地下室——が劇場となった。このような劇場空間の解放は、観客の存在、舞台と観客の関係性をも問い直した。それまで当然とされてきた演劇の一つひとつの事柄に疑問符を打ち出すこと、アンダーグラウンド演劇は演劇そのものに対する意識の変革だったのである。
　アングラ革命で目指されていたものを一言で表すならば、感動や現実の追

認で終わってしまうような芝居ではなく、居心地が悪い自己批評の貫徹ということになるだろう。唐十郎の演劇も、独特な響きを持つ詩と文法、強烈な役者たちの肉体、そしてテントという非日常な異空間によって、1960年代後半からの世界的な政治・文化の革命の熱気のうちに、新たな芸術・演劇を求める観客を魅了していった。それはまさに、これまでになかったオルタナティブな場の創生だった。そのような時代から50年がたとうとしているいま、社会には多くの制約が生まれ、電子メディアとともに空間が平面化していくなかで、当時のような場を生み出すことはもはや困難である。それでもなお、現在においてアングラ演劇は革命的意義を持ちうるのだろうか。

　アンダーグラウンド演劇を2015年に再演すること。宮城聰が唐十郎の戯曲『ふたりの女』を選んだのは、唐十郎という稀代の詩人に対するオマージュにとどまるものではない。そこにどのような時代の必然があるのだろうか？　宮城聰が考えるオルタナティブとはどのようなものなのか、舞台を追いながら考えたい。

2　「僕を『あなた』と呼ぶ見知らぬ妻に会いました」
　　――サウンド・バギーと鍵

　『源氏物語』を謡曲化した『葵上』にチェーホフの『六号室』を加えたという、唐十郎の戯曲『ふたりの女』。唐は独特の発想によって、光源氏、正室の葵上、そして生霊になって葵上を苦しめる六条御息所の3人を、精神科医の光一、その婚約者アオイ、入院患者の六条として再生させる。この戯曲のト書きにはこう記されている――「ここに登場する六条とアオイは、一人の女優によって演じられることを守ってほしい」。作者によって指定されたこの条件は、宮城聰の演出する舞台空間で、同じ顔を持つ2人の女の間で揺れる男という、わかりやすい男女の三角関係の物語を超え、人という個を顕微鏡で見るような体験を生み出す。その顕微鏡から見えてくるのは「分身(ダブル)」というテーマである。

　戯曲『ふたりの女』の初演は1979年で、唐が主宰していた「状況劇場」ではなく、石橋蓮司、緑魔子を中心とする劇団「第七病棟」によって上演された。当時の扇田昭彦氏の劇評に、「かつて六条は、政治セクトの『軍団』に加わっていたことがある。そこで出会い、結局は彼女を見捨てた男の面影

を、六条は精神科医である光一に投影する。光一は、妻によく似た六条の魅力に心をわしづかみにされるが、おそらく彼は六条のうちに、彼がエリートとしてその半生のうちに切り捨ててきたすべてのものを見てとるのだ」(『唐十郎の劇世界』右文書院、2007年)とあるところから、初演時の背景にはかつての政治の季節の名残りがあったことがうかがえる。六条の台詞に、警察官に追われた「あの人」が自分に身分証明書の入ったパスと鍵を渡し、砂をかぶせて去っていったという説明もあるので、当時の時代背景がこの戯曲の一要素であることは否定できない。しかし、SPACによる2015年の「平成版」は、時代的な背景を限定させない汎時代的な演出により、唐戯曲が持っている圧倒的なポエジーが軽々と時代を超えることを証明する。

　光一という主人公はとても奇妙な男である。彼は精神病院の医師であり、患者としてはじめて六条と出会う。六条は彼のことを「あの人」と思い込んでいるが、他方、光一にとって六条は婚約者アオイと同じ顔を持ち、しかも自分を「あの人」と呼ぶ明らかに常ならざる存在だ。しかし、光一の彼女に対する反応はきわめて淡々としていて、アオイと同じ顔ということに驚く様子もなく、六条に対してことさらの拒絶も愛着も見せない。それはまるで、六条が光一を「あの人」と思い込んでいるのではなく、光一のほうで六条を忘れてしまっているかのようだ。つまりここでの光一は、2人の女性の間で揺れ動く男性ではなく、この舞台のなかで唯一揺らぐことがない人物なのではないか。彼はその名のとおり、「一」なる存在である。「一」である光一と、同じ顔を持つダブル、すなわち「二」であるアオイと六条。この1＋2の構造が作品全体を貫いているのだが、とりわけ冒頭の情景がそのことを明らかにする。

　舞台にひとり立つ光一、その足元の床には、砂が格子模様を描いている。背後には舞台を受け止めるように湾曲し、八面の扉を持つ壁。壁の上に積まれた大量の木材は、海から漂着した流木を思わせる。砂浜のイメージをはらんだ野外劇場の背後に、日本平の森の木々が揺れる。海のかわりに木の葉が波打つなかで、光一が砂の上に文字を書くように指を走らせる。その見えない文字、客席に向かって読まれるアオイへのラブレターが「僕を『あなた』と呼ぶ見知らぬ妻に会いました」という不可思議な一文で締めくくられると、突然、大音量のファンクミュージックが耳を襲うのだ。

　耳をつんざくこの曲は、在日ファンクというグループの「根にもってま

病院（三島景太、たきいみき、永井健二、舘野百代）［撮影：日置真光］

す」。「根に根に根に……根にもってます」という奇妙な歌詞と激しいファンクのノリに合わせて壁に8つのT字の影が映る。首を折り曲げ、肩と同じ高さに伸ばした腕は肘から先をだらりと曲げる。T字の影は床面の格子模様に似ながらも、影は肘から先をぶらぶら揺らし踊りだす。それぞれ2つの影が1つに合体したかと思うと、T字から足と頭が現れ人間の形を成してさらに激しく踊り、回転扉をくるりと反転させると、それが入院患者の登場となるのだ。砂の模様が影として運動し、それが人となる見事なメタモルフォーゼ。1が2となり、ふたたび1に戻る影の細胞分裂。「根にもってます」という恨み節の意味内容がズラされ、狂気の世界へと移行させることによって、1つの「根」から複数の枝葉が派生するという一対多の構造が示されるのである。

　入院患者のなかに紫の髪をした六条がいる。舞台中央の極小のテントを挟んで、彼女は老人とアリのサーカスをめぐる台詞の掛け合いをし、2人の周りを見えない壁を這いつくばる男がうろつく。ここで見逃せないのは、六条の話の聞き手としての老人の役割である。老人が六条の身の上を聞くことに

より、内面が声となって現れ、「分身」へと誘われていくからだ。後に出てくる駐車場係の男の内面の声を聞くのもこの老人であって、彼は聞き手でありながら不気味なユーモアを漂わせており、人の話を聞き流すことによって、内容よりもむしろ「影」を引き出していくのである。

　老人と六条の場面が終わると、光一と是光という2人の医師と看護婦がやってくる。ここにも1＋2の構造がある。六条は光一に、病院を出るために自分のサウンド・バギーを病院に横付けしてほしいと、その鍵を預ける。ちなみに砂の上を走る車はサウンド・バギーではなくサンド・バギーのはずだが、この本気ともダジャレともつかない言語感覚が、唐戯曲の詩性の源泉なのだ。六条は光一を「三度」呼んだと言い、その後、アオイは「四度」も呼ばせないでよと言う。砂（サンド）は音（サウンド）となり、「三度」という音を得て「四度」に発展する。唐独特の言葉の響きが新たな意味とイメージへと飛翔し、かくしてそのポエジーがまさに言葉の分身として、台詞のいたるところで絡み合いながら、さらなる分身を生み出していくのである。オペラのレチタティーヴォのような音の単性生殖。このサウンド・バギーの鍵は、実在の鍵ではなく、チャリンという音響効果だけで2人の間を通行する。後に出てくる鍵も音だけでその姿はない。1＋2構造は、究極的に一なる存在を消してしまうのではないか？　姿なき鍵の通行がそんな疑問を生み、アオイの存在／非在へとつながっていくのだ。

3　「こんなところに止めちゃ困る」──サーキットと駐車場

　壁の材木の上に、アオイが立っている。同じ役者が演じているので、顔は六条と同じだが、髪は栗毛で白い日傘を差し、六条のダミ声とは違う甘い声で横にいる光一に話しかける。2人がいるのは富士サーキット。『源氏物語』で、六条御息所と葵上の従者が牛車の置き場をめぐって争った有名な「車争い」の場面は、サーキット場に所を変え、牛車は自動車となって唐版の「車争い」が始まる。2人のもとにアオイの弟・次郎が駆け込んできて（勢いのあまり転げる姿はクラッシュした車を連想させる）、駐車場でトラブルがあったことを告げながら、車の鍵をアオイに投げるが、鍵が違うと投げ返される。ここでも鍵の本体は存在せず、音だけが通行する。この鍵の取り違え

によって、アオイと六条の交換が導かれ、次郎を追いかけて立ち去るアオイの代わりに、今度は髪を黒く染めた六条が登場する。

　次郎が取り違えた車の鍵は六条のもので、光一は次郎に鍵を返すように促す。このとき次郎は「あんた姉貴とこれとどっちをとるのかはっきりしろよ」と光一に詰め寄るが、光一はそれには答えずに鍵の取り違えだけを淡々と処理していく。しかも『源氏物語』の六条御息所は、葵上の従者の乱暴な態度を耐え忍ぶのに、ここでの六条は次郎に平手打ちをくらわせる強引さで、他人の領域に入り込むことを辞さない。サウンド・バギーの横付けを頼んだり、鍵の取り違えによって車が動かなくなったり——どうやら駐車とは、六条にとって1から2を作り出す「根」のようなものなのかもしれない。

　そもそも駐車場とは何か。それは動くべき目的をもって作られた機械が止まらざるをえないところ、いわば本性を奪われた空白の場所だ。そしてサーキットを高速で疾走する自動車とは対極の姿をしたモノが滞留する場である。このような本質的な要素を欠いた姿、それを体現するのが駐車場係の男である。3人が揉めているところに、「もう、閉めなければならないんですが……」と、扉に横向きのシルエットという声と影だけで現れた駐車場係は、次郎が去った後にようやくその姿を現す。さらにこの舞台では、驚くべきことにここで演出の宮城聰自身が登場する。「こんなところに止めちゃ困る」と甲高い声で目を見開き、六条と駐車場係に割って入ってくる珍妙なキャラクターに客席は大いに沸く。これはかつて状況劇場のテントで、唐十郎が登場すると観客から声援が飛び、舞台が一気に沸騰する、そんなアングラ演劇へのオマージュとも受け取れる。だがここにも明確な演出の意図があるはずだ。それはオマージュやハプニング性といった効果以上に、分身に関するいくつかの意味を舞台にもたらす。まず『源氏物語』のダブルともいえる『ふたりの女』において、「原作者」唐十郎のダブルを登場させることで物語を複層化すること。さらに、この劇における1＋2構造の維持がある。この原作にない人物の登場により、六条と駐車場係の2人だけになるはずだったシーンはこの1＋2構造のうちに収まり、さらに六条・光一と駐車場係を対比させる役目をも果たすことになるのだが、駐車場係については後で触れることとして、まずはアオイに戻ろう。

　アオイを見舞いにきた光一が、出迎えたアオイの母親と話をしている。するとそこにアオイが先ほどの駐車場係の男と同じ横向きのシルエットで現れ、

光一に応える。姿が同じ六条とアオイを分けるのは髪の色と声だから、シルエットになってしまえば髪の色はわからず、その影をアオイと判断するのは声だけである。分身というテーマからここで興味を引くのは、光一にかかってくる電話だ。1度目は光一がシルエットのアオイと話している間で、光一が受話器を受け取ると無言のうちに切れてしまう。しかしアオイが姿を現した後でふたたびかかってきた電話は、無言ではなく六条の声が聞こえてくる。六条の「鍵を返してほしい」という電話をきっかけに、アオイはその鍵を光一の荷物から見つけ自分が持っていると言いながら、その声はところどころ六条の声に変化するようになり、2人の人格が入り乱れ始める。つまりシルエットのときには声音によってそれがアオイのものであると観客は判断していたのだが、一人二役という原作者が設けた条件によって、同時に舞台には出られないという物理的な限定が生み出され、その結果、アオイと六条の「一人性＝分身性」が出現するのだ。それは二重人格ということではない。姿と声と内容という三位一体の一致によって「身分証明」がされるという私たちの日常的な認識が揺らぐ演劇的契機。鍵によって通交するアオイと六条の声。演出家自身が「こんなところに止めちゃ困る」と言ったのは、2人の声の通行のことだったのではないだろうか。

4　「その六条という女。永遠に消してみせるわ」──髪油とケーキ

　アパートに呼ばれた光一は、六条に疑念をぶつける──六条がアオイに乗り移って声を出しているのではないか、と。サーキットで会ったときに六条が光一に渡した化粧品が、実は顔につける化粧品ではなく髪油ではなかったか、と。どちらも六条は否定するが、ここでも『源氏物語』における葵上と六条御息所の関係が変奏されていることに注目したい。『源氏物語』で生霊となり葵上を取り殺す六条御息所は、自分が生霊となっていることを知らない。しかしある朝、自分の体から祈禱に使う芥子の香りがすることに気づき、自分が生霊となっていたことを悟る。一方、『ふたりの女』では、六条が光一を通して髪油をアオイに渡し、化粧品と思って顔につけたアオイはその匂いが消えずにいる。そしてアパートの部屋にいる六条も同じ髪油の匂いを漂わせている。アパートにアオイから案内を頼まれたという不動産屋が登

場したとき、光一は「髪油の匂いが、あそこまでたどりつくかもしれないでしょうし……」と、アオイが入院する病院に六条の髪油の匂いが届いたのではないかと考える。つまり、この作品は匂いを身体にとどまらせず、風によって運ばせることで、生霊ではない六条とアオイとの間に香りの道を作る。髪油という目に見えないものの匂いが、分身同士をつなぐ道しるべとなるのだ。

　六条はアオイを捜しに行き、不動産屋もいなくなったとき、壁の上のさらに奥まったところ、木々のなかにアオイの姿が浮かび上がる。「……光一さん、よくお聞き。あたしはね、あんたの目の前から、その六条という女。永遠に消して見せるわ……」とスカートのなかから鍵を出し、「あなた、あたしの声をよくお聞き、あたしが誰だか分かります？……風がこっちからそっちへ吹いてゆく。そしたら、この髪油も匂うでしょ。……あたしは六条、あんたの妻よ」と言いながら、飛び降りてアオイは消えてしまう。アオイにとって、六条もアオイも同じ姿であるのなら、鍵の持ち主である六条を消すことは、鍵をもっている同じ姿の女＝アオイ自身を消すことと同じだろう。ここで姿が同じという同一性が反転し、入れ替わったのか？　むしろ、分身とは本体と影という対立ではなく、それぞれに本体であり影であるという二重性によるのではないだろうか。ここでのアオイの行動は、アオイでありながら六条でもあるような、始点と終点が同じ道を通行した結果なのである。

　分身のテーマは人だけにとどまらず、物や空間そのものへと広がっている。アパートに登場した不動産屋が光一と話しながら卓袱台の上のケーキに突っ伏すふざけた場面も、髪油という形がないものに対する卓袱台と顔に付くケーキという具体物を強調する。しかも不動産屋は壁に触れ窓を開けるという動作をマイムで示すが、この動作は病院の場面で壁を這いずり回っていた男の姿と瓜二つであり、実際、同じ俳優によって演じられている。そもそも病院では是光医師と看護婦が入院部屋の拡張について話し、その前に六条はアリのサーカスの小さなテントに大きな体を入れようとしていた。アオイが死んだ後、光一は病院に戻り、六条が何を考えていたかを知るために、六条がいた6号室へ自分を入れてくれと是光に頼む。看護婦が「広さを自由と先生は考えましょうが、この人たちの内面は、広すぎて不自由なんです」と語るように、この作品ではアパートも病院もテントも、その内面との関係性が問題となっている。つまり「不動産」という概念が、空間においても人の姿と

してもありえないということではないだろうか。そのことを舞台上で常に象徴しているのが、床に格子上に撒かれていた砂だ。それは人が動くたびに少しずつ崩れていく。1つの場所にとどまることができず、原型をとどめないことが原型であるような存在——砂こそは分身の起点と結点なのである。

5　「それはあなたが、僕の影法師を見ているからです」
　——フェリーと風呂敷

　分身における内面の不自由さ——それを誰よりも雄弁に物語るのが、サーキットの場面で登場した駐車場係の男である。サーキット場の駐車場に現れたこの男は、すっとした直線的な光一とは対照的に重い足取りで背中を丸め、震えるような声で六条に語る。「それはあなたが、僕の影法師を見ているからです」「ほら、ゆらゆら、ゆれているでしょう？」。彼はいつも、まるで自分が何者でもないかのように、自信／自身がない。駐車場でとつぜん登場した宮城には「そういう君は誰なんだー！」と突っ込まれ、アオイの家の場面の後に、花道から酔っぱらった老人とともに登場し、老人に「おまえは何なんだ！」と絡まれる。自分自身を「死んでいます」と言う駐車場係は、驚く老人が立ち去った後も、透明な何かに肩を貸して「さあ、おじいさん行きましょう」とふたたび歩きだす。そして光一が6号室への入院を志願しているとき、8号室にいる兄の見舞いにやってくる。
　駐車場係は徹頭徹尾、何者でもない自分というものを呟き続けている。宮城の登場もまた、彼の何者でもなさを強調するために必要だったのだろう。繰り返し何者であるか問われ、何者でもないことを呟く彼は、光一が「一」であるならば、「0」(ゼロ)の存在と言えるかもしれない。しかしそれは同時に、登場人物のなかで唯一、彼だけは精神病院の患者になれない人物だということではないだろうか。なぜなら、駐車場係だけは自身の空っぽの中身を自覚しているからだ。中身が空白であるなら、別の人格が入り込む余地はない。6号室に入りたい、自ら壁のなかに入ることで中身になりたいと思う光一と対極にいるのが、駐車場係の男なのである。
　駐車場係は、壁を這い回る兄を病院から出したいと是光医師に願い出る。病院から出し、フェリーに乗せる——「そんな旅に身を任せれば、這いつくばって、声を埋める壁さえも、ないのだということが分かってくれるよう

な気がします」と。しかし医師は耳を貸さず、彼の持っている風呂敷だけを取ろうとする。駐車場係は、中身を抜かれ風呂敷さえもぬけの殻になると言いながら、医師たちにすがるが、最後には正面に向き直り、両手で砂をつかんで長台詞を言う。情感あふれる音楽とともに声は高揚し、指の隙間からこぼれ落ちる砂が照明にキラキラと光る。このまま彼のからだ自体も砂の粒子となって崩れていくのではないか、そう思わせる駐車場係による独唱(アリア)。論理的な意味ではなく詩の力で聴く者の身体を圧倒する唐のオペラティックな言葉が、駐車場係の肉体の重さと強さによって音楽へと昇華し、奥の森の木々が揺れ、絶唱に会場全体が呑み込まれる。「0」である駐車場係の男の背後には、SPACの俳優として彼がこれまで演じてきたハムレットやペールなどの影さえも浮かび上がるように、「分身」としていくつもの影法師が重なり、蜃気楼のような情景を創り出す。駐車場係の男が兄をフェリーに乗せたいのは、サウンド・バギーでも車でもなく、姿や壁を超えた蜃気楼の向こう、砂の向こう側にある大河へ行くためだ。そうしてはじめて彼と兄とは、「ダブル」の隘路から抜け出すのである。

　こうして駐車場係に誘導されるように、光一と六条が舞台に現れる。この場面転換が、分身というテーマの終焉を見事に示唆している。光一は駐車場係が語っている間、前方でうずくまりその存在を消していたが、駐車場係がふたたび砂をつかむためしゃがみ込むと、その身体の流れに反比例して立ち上がり、ふたたびアオイへのラブレターを書き始める。六条は、舞台の背後の回転扉へと去っていく駐車場係と反転し、入れ替わるように立ち現れる。一連の動作はスローモーションで、まるで時間までも砂の粒子と化したかのように美しく流れる。お別れを言いにきたという六条は、その前に光一に「この声」をお返ししないといけないと言いながら、途切れることなく言葉を続ける。「きさまは六条だ」と自分に言い聞かせるように繰り返す光一に、六条は「いいえ、ここには六号室もありません。六条さえもおりません。こうしてゆっくり、帰ってゆかねば」——ここから2人は半円の軌道を歩き、立っていた位置を反転させ、向かい合う。照明が2人だけを照らし、光一は六条を引き寄せると手を首に滑らせ、首を絞める。六条は手を伸ばし、もがくが、そのまま2人はしゃがみ込み、抱き合い、照明が落ちる。夕暮れのまだ明るさの残る黄昏時に始まったこの作品は、舞台も森もすでに夜の闇に包まれた時間に終わり、残るは波の音だけ。「これから、あたしたちは、小さ

六条と光一（たきいみき、永井健二）［撮影：日置真光］

く小さくなって、ケンビキョウの世界に入るのよ」と言った六条の言葉のとおり、2人は砂のなかのアリとなり、砂の粒子となっていく。かくして「2」は「1」となり、そして「0」となる。砂の格子がくずれて粒子となるとき、分身も砂となって消えていくのである。

6 「パット・ブーンの『砂に書いたラブレター』をかけて」——手紙とアリ

　最初の光一のラブレターは「いつか二人で聞いたパット・ブーンの『砂に書いたラブレター』をかけて、この甘い手紙を読んでおくれ」と甘いメロディーをうながすが、この舞台の大きな特徴として挙げられるのは、間断なき音の重なりである。宮城演出はこれまで、俳優によるパーカッションの生演奏という手法を主として用いてきたが、この作品では生演奏ではない音響システムを採用している。その理由は、これまでの作品とは異なり、唐戯曲は

揺らぎとも言える言葉そのものの独特のリズムによってその世界を構築しているため、パーカッションによるリズムと相容れないためだろう。唐の詩と言葉遊びによる言葉の変化の速度は、外側からリズムとして正確に刻もうとすると、その飛翔を妨げてしまう。そのうえ、ここでの登場人物たちの会話はキャッチボールされておらず、それぞれが独白をしているように、いつもどこか嚙み合っていないのだ。

　その代わりに流れ続けているのが、さまざまな音だ。1人の人間のなかにさえ異なるリズムが存在している。台詞の飛翔を後追いするドラマチックな音楽と音楽の間も、最初の病院の場面では心電図の「ピッピッ」という電子音、アオイの家では柱時計の「コチコチ」という音、サーキットの車の音や波の音、雑踏……音はずっと続いている。しかもそれがはたして波の音か車の音か、それを正確に聞き分けることはできない。普段ならノイズとして私たちが耳を傾けることもないような、聞こえていない音。そのような音の混在が観客の耳を揺らし続ける。音響もまた音同士のダブルとなって、分身しているのである。

　病院で六条が入りたいと言っていたアリのサーカス。砂はアリの住み家だ。舞台の最後で、格子状に描かれていた床の砂の線はほとんど崩れ、舞台上に砂が散らばる。アリとなり、砂となった光一と六条の姿を私たちが見ることはもはやできないが、騒音とも波の音ともとれる響きによって、その粒子を想うことはできる。砂に書いたラブレターは波が来れば流されて消える。それは波が文字を消すからではなく、砂の粒子が動いていくからだ。消滅は細胞となり、分身こそが存在である。1であった光一も最後は2となり、砂に戻ってふたたび1となるのだろう。駐車されることもなく、寄せ来る波が尽きないように、砂は砂として、アリはアリとして、「一」にして「多」、「1」にして「0」として、分身し続けているのである。

7　器官と身体

　アントナン・アルトー、そしてそれを敷衍したジル・ドゥルーズとフェリックス・ガタリによれば、身体には有機体とは別に欲望する身体があり、そこでは生命維持のための臓器そのほかの器官は必要ないとされる。たとえば

生殖器という器官はたしかに人間の性活動に必要だが、それは人間の欲望が性的な活動を生み出す結果として生殖器が重視されるだけで、生殖器の存在が性欲の基本にあるわけではない。性活動がさまざまな創造性や豊かな他者との関係につながるのは、むしろ生殖器に限定されない欲望の可能性のゆえである。

　このことを演劇と結び付けて考えれば、この器官と身体との関係に、宮城聰が現代に唐十郎のアングラ演劇を通して、何を示そうとしたのかを考えるヒントが生まれるだろう。その一つは、見えるものと見えないものとの境界を想像させることではないか。つまり、単に忘れているものを思い出させるのではなく、忘れているという事態そのものを記憶させること、この居心地がいいとは言えない不気味さが演劇の核だ。器官と身体との関係で言えば、私たちは普通、器官があって身体という有機体が支えられていると考えがちだが、実は身体には器官を超えた、器官を必要とはしない欲望や創造性があって、それが身体を自己と他者との関係の要点にしているのである。この章の最初の節で述べたように、アングラ演劇の革命性はそれまで疑われることがなかった言葉や身体の自明性を根底から解体することにあった。そのような認識や実践を支える政治的力学や具体的な場がすでに消滅してしまった時代に、アングラ演劇を再興することの意義があるとすれば、それは新劇に対する異議申し立てとしてアングラ演劇を考えるのではなく、ちょうど器官なき身体のように、あるいは忘却なき記憶のように、物事と論理の順番をひっくり返して、テクストのなかに秘められた可能性を再発させることにあるのではないだろうか。それがおそらく宮城の考えるアングラ演劇のオルタナティブな可能性であり、21世紀の現在になって唐十郎の演劇を上演する意味だろう。アルトーの「分身」の思考を軸に、特権的肉体や時代の精神という社会力学ではなく、鍛えられた身体により唐戯曲の文法や詩を、劇作家本人では困難な精緻さをもって舞台に再現した宮城版『ふたりの女』——それは、野外劇場という空間で、古典化したアングラ演劇とも、1970年代アングラ演劇へのオマージュとも異なるオルタナティブな唐作品の表象を実現する。すでに述べたように、アングラ演劇の革命性を言葉、肉体、劇場、劇団、観客にわたるものと捉えるならば、宮城聰が公立劇場という枠組みでおこなっていること、特に演劇を作る集団と観客の創造性を生かそうと挑み探り続ける姿勢は、アングラ演劇とは無縁に見えながら、その精神を引き継ごうとす

るものと言えないだろうか。

　宮城が冒頭の場面で使った「根にもってます」という曲は、歌詞を知らずに聞くと「根に根に……」が「many, many,……」と聞こえる。それは「根」という「一」にして「多」を標榜する存在の様態でもあるだろう。舞台の床を形作る格子の牢獄を抜け出し、ここではないどこか、これではない何か、というオルタナティブの探求こそがアングラ演劇の精神だとすれば、「平成版」と銘打たれた2015年のSPAC版『ふたりの女』こそは、一が多であり、多が一であるような分身の術を舞台に具現することによって、そのオルタナティブ性を世界に刻印するのである。

❖コラム13❖

俳優宮城聰

『ふたりの女』では俳優として登場し観客を驚かせた宮城さんですが、彼はク・ナウカ シアターカンパニーの初期には俳優としても活動していました。またそれ以前には「ミヤギサトシショー」のパフォーマーとしても。一方、宮城さんは名プロデューサーでもあります。たとえば2007年の『転校生』では、演劇活動から遠ざかっていた飴屋法水さんに平田オリザさんの戯曲の演出を依頼して、伝説的な舞台を生み出しました。13年には、実験的な作風で知られるテアトル・ガラシ（インドネシア）のユディ・タジュディンさんにミヒャエル・エンデの『サーカス物語』を、15年には宮城さん自身が長年温めきたマヌエル・プイグの『薔薇の花束の秘密』を森新太郎さんに託しています。

さらに宮城さんにはラジオ・パーソナリティという一面もあり、静岡では「宮城聰の頭のなか」というラジオ番組で毎週1つのお題を30分間語ります。内容は多岐にわたりますが、毎週30分話し続ける「頭のなか」にどれほど膨大な知識が詰まっているのでしょうか。しかも見事に30分でまとめるのですから、まさに話芸の達人です。宮城さんの落語好きは有名ですが、ラジオを聴いていると落語家としての才能もありそうな……。このように多才な宮城さんですが、結局のところすべてが1つの才能に行き着くのではないでしょうか。身体感覚、戯曲の読み、知識と話の組み立て──そう、演出家の才能です。

しかし演劇人にとって何よりも大事な才能は「信頼」では？ ほかの演出家に戯曲を託すことも、リスナーに向かい真剣に話し続けることも、俳優として演じることも、相手への信頼あってこそ。演劇は俳優から、舞台スタッフ、制作、チケットのもぎり、会場案内まで、多くの人が関わらないと形にならないメディアです。そこにおいて信頼し、信頼されること。これ以上の才能はないのではないか、と宮城さんの仕事を見ているといつも思います。

第14章 『黒蜥蜴』——変装と宝石

2016年1月16、23、24、31日、2月6日、7日／静岡芸術劇場

原作：江戸川乱歩
作：三島由紀夫
音楽：棚川寛子
舞台美術：高田一郎
照明デザイン：沢田祐二
衣裳デザイン：畑ジェニファー友紀
演出補：中野真希
舞台監督：山田貴大
技術監督：村松厚志

出演
黒蜥蜴：たきいみき
明智小五郎：大高浩一
岩瀬早苗：布施安寿香
雨宮潤一：若菜大輔
岩瀬庄兵衛：阿部一徳
ひな：榊原有美
明智の部下　堺：泉 陽二
　　　　　　木津：加藤幸夫
　　　　　　岐阜：春日井一平
御用聞き　五郎：若宮羊市
用心棒　原口：牧山祐大
　　　　富山：小長谷勝彦
　　　　大川：吉植荘一郎
岩瀬夫人／売店のおかみさん：桜内結う
女中　夢子：石井萠水
　　　愛子：佐藤ゆず
　　　色江：赤松直美
黒蜥蜴の侍女：鈴木真理子
黒蜥蜴の侍女：永井彩子
洗濯屋／黒蜥蜴の部下・北村：横山 央

❖ ストーリー ❖

　大阪のホテルで宝石商岩瀬庄兵衛の娘・早苗は、緑川夫人に自分の誘拐をほのめかす脅迫状が届いており、父が私立探偵の明智小五郎を雇っていることを教える。緑川夫人の正体は女賊の黒蜥蜴で、手下の雨宮に手伝わせて早苗を連れ去るが、すべてを見通していた明智は早苗を取り戻し、緑川夫人の正体を見破る。だが黒蜥蜴は明智のピストルを奪い、変装して逃走する。半月後、黒蜥蜴一味は東京の岩瀬邸から、家政婦として住み込んでいた部下ひなの手引きで、早苗を長椅子のなかに入れて誘拐。黒蜥蜴はダイヤ「エジプトの星」と引き換えに早苗を返すと連絡し、東京タワーで宝石を受け取るが、早苗は返されることなく船に乗せられる。船内で長椅子のなかに明智が隠れていることに気づいた黒蜥蜴は、手下に長椅子ごと縄で縛って海に放り込ませる。船が着くと、そこには宝石と人間を飾る黒蜥蜴の私設美術館があった……。

1　戦後と高度成長

　江戸川乱歩が1934年に書いた探偵小説を原作として、三島由紀夫がこの戯曲を書き下ろしたのは61年。56年に経済企画庁が「もはや戦後ではない」と宣言、アジア太平洋戦争における敗戦の混乱が収束し、今後は民主主義に基づいた経済的な成長を目指すという国家の意志が表明された。宮城聰自身も59年・東京の生まれだから、家庭に電化製品が次第に増え、食事の内容がより豊かになり、町が景観を変えていく、いわゆる「右肩上がり」の時代に育っている。

　しかしそうした繁栄がどんな犠牲によって支えられていたかを考えると、戦後の高度経済成長の実態が見えてくる。まず敗戦国である日本による東アジアの戦勝国への賠償が、金銭ではなく車などの日本の工業生産品の輸出という通商条約によって「支払われた」ために、戦後の経済的なアジア進出の足掛かりとなったこと。また敗戦によって壊滅した日本経済を復興させたのは、朝鮮戦争、ヴェトナム戦争と続くアメリカ合州国主導の戦争に基地と物資を提供する「戦争特需」であったこと。さらに日本国内でも、アメリカ軍基地を押し付けられた沖縄をはじめとして、軍事的な過重負担が地域によって偏在し、公害など重工業生産のひずみが随所に現れていたこと。このように日本本土では8月15日で終わったとされる戦争もアジアでは継続した。言い換えれば、戦後民主主義と高度経済成長という日本の戦後を支えた神話は、戦争特需と東アジアに対する侵略の忘却によって作られたということである。

このような日本の戦後の虚妄に誰よりも鋭く感応し、それに対する芸術的な抵抗を類まれな美文によって表現したのが三島由紀夫という作家であった。三島は海外でも最も有名な日本語の小説家の一人だが、戯曲も多く書いており、宮城もク・ナウカ時代に『熱帯樹』を演出している。宮城は、「世界演劇の教科書」を作るとすれば日本近代で三島は必ず入ると言っているように、三島に対する思いは強い。その宮城がSPACで満を持して上演したのが『黒蜥蜴』——映画やドラマ、舞台でもおなじみの商業主義的な色合いの濃い作品である。右肩上がりの時代が終わり、新自由主義とグローバリゼーションによって貧富の格差は広がり、これ以上成長という名の搾取を続ければ、地球環境そのものが崩壊することが明らかとなった21世紀に、三島が乱歩の探偵小説を、戦後の「高度成長」の時代に移し替えたこの戯曲がなぜふさわしいのか？　この問いの答えを探すことが、宮城版『黒蜥蜴』を読み解くことになるだろう。

2　「物と物とがすなおにキスするような世界に生きていたいの」
　　——電気飴と産毛

　日本の戦後における降ってわいたような平和と繁栄が民主主義と高度成長の鍵であったとすれば、そのことにきわめて意識的だった三島由紀夫が、『黒蜥蜴』の登場人物である、叩き上げの宝石商岩瀬と、彼の娘と宝石を狙う怪盗黒蜥蜴とのあいだに、富をめぐる切り離せないつながりを見いだしたことは必然だろう。15歳のとき、石切り場の人夫をしていて、偶然「緑いろに光るもの」を見つけたことが、自分の「立志伝の最初のページのエピソード」と言う岩瀬の夢は、金を儲けて「十万ヶの鯛焼き、百万串の焼鳥。……二十万人の黒い赤ん坊。一千万匹の金魚。三千万本の電気飴」を売る「世界一の縁日」を買い取ること。まさに数と増殖の論理が岩瀬の人生観を支えている。だから彼は自分が所有する娘もダイヤも探偵も「日本一」であることに満足する。明智を月百万円の報酬で雇ったということは、明智が守る早苗の価値も月百万円、つまり「脅迫状が来たおかげで、お前も本当の宝石になった」ということだ。脅迫状がダイヤと同じく、正確かつ客観的な娘の保証書となったのである。
　他方、岩瀬が秘蔵する113カラットのダイヤ「エジプトの星」と早苗の両

方を奪おうとする黒蜥蜴の人生観と行動を支えるのが、「物」の接合という論理である。「物と物とがすなおにキスするような世界に生きていたい」という彼女は、「宝石も小鳥と一緒に空を飛び、ライオンがホテルの絨毯の上を悠々と歩き、きれいな人たちだけは決して年をとらず、国宝の壺と黄いろい魔法瓶が入れかわり、世界中のピストルが鴉の群のように飛び集ま」るような世界を理想とする。「物」の存在が金銭や数による価値観を超越し、貴賤が逆転する世界を実現するために、黒蜥蜴は「物」としての宝石と人間が並列に展示される私設美術館を作っているのである。

　この「縁日」における増殖の論理と、「美術館」における均衡の美学との対抗関係を示すために、宮城は三島の華麗でありながらあくまで論理的な台詞を、言葉の宝石のように舞台上に展示する。舞台は唐突に、緑川夫人と早苗の会話から始まる。助走もないまま、どちらもが正面を向きほとんど動かず、三島の長台詞を硬質に刻んでいく。2人の会話は意味の応酬というより呼吸の合奏で、彫像を思わせる立ち姿は黒蜥蜴が集める「人形」そのものに見える。岩瀬の信奉する増殖論理のなかで暮らす早苗は、謎めいた緑川夫人に惹かれていて、彼女の勧めに従い、青年実業家と会う。それが黒蜥蜴の手下・雨宮である。早苗と雨宮の対面でも、2人は相手の顔を凝視し人形のように立ちながら、無言のままで互いの距離を直径とする円をゆっくりと回る。円の中心にいる黒蜥蜴が2人の代わりに「恋のためにひらいた一つ一つの毛穴と、ほのかな産毛は美しい」と語り続ける。「物」への偏執がまなざしを顕微鏡に変えて、身体の微細な部分を捉えていくのだ。

　宮城の演出は、「物」への意識を物体そのものの提示ではなく、暗示によって観客に想像させる。そのための手段が高田一郎による装置と沢田祐二の照明、棚川寛子の音楽、そして鏡の多用である。舞台上には、左右に大きな階段があり、最上段の上で斜めに数本の鉄パイプが交差している。この階段はむき出しの骨組みだけで、高度経済成長で次々とコンクリートの建物が作られている最中の工事現場、さらには成長が行き着いた果ての廃墟さえも彷彿とさせる。肉のない骨が持つ不透明性をはらんだメタリックな鉄骨が、場面ごとに異なるライトの色で鈍く光る。またこの装置の土台部分には、もともと高さがあり「高度成長」の人工性と虚妄を示唆する。出演俳優が演奏する楽器類は、舞台前方に置かれ、その場をオーケストラ・ピットと化し、階段と同じ外見をもつ木琴や鉄琴が中心となる。ミニマル・ミュージック的に

早苗（布施安寿香）と黒蜥蜴（たきいみき）［撮影：日置真光］

　淡々と響く音のなかに、ときおりテーマ曲のようなフレーズが繰り返される。音楽も「物と物とがすなおにキスするよう」に、硬質な音が重なり、組み立てられているのだ。
　鏡もこれらの装置と同様に、不透明であることで自明性を生み出す道具である。鏡が使われるのは、登場人物たちがしばしば変装するので当然とも言えるが、映像作品と違ってその場にいる本人が変装しなくてはならず、そもそも役者が役に変装しているという複雑さがある演劇において、鏡の効用は変装していることを観客に知らせるとともに、そのことを自分の台詞によって確認するという、まさに自己を他者として認識する鏡像関係性にある。だから雨宮が髭をつけたり、黒蜥蜴が鬘をかぶったりする際には、鏡と対面して自分を確認する仕草が入念に提示される。しかし舞台で使われる鏡の多くは枠組みだけか、まったく何もない想像の鏡である。明智に正体を見破られた黒蜥蜴が青年紳士に変装してホテルから逃亡するときに、鏡を見つめながら「又あした別の鏡に映る別の私に訊くとしましょう」と語るように、彼女

の「私」という実体は、鏡のなかの鬘をかぶった「別の私」という虚像と区別がつかず、どちらも「物」としては同価値だ。それこそが宝石商人の数の論理に対抗する、女盗賊の「夢という現実」に根ざした美学なのである。次に、黒蜥蜴と明智という、もう1組のライバルの様子を見てみよう。

3　「指紋よりたしかなもの」——トランプと紋章

　早苗を12時に誘拐するという犯人からの電報によって、岩瀬の部屋にやってきた私立探偵の明智小五郎のもとに、早苗本人をすでに誘拐し、ベッドには身代わりの人形の首を置いた黒蜥蜴＝緑川夫人がやってくる。2人は12時まで時間をつぶすためトランプを始める。鏡台をテーブルとし、観客には鏡に映る2人の手札が見える。鏡に逆様に映るカードは、ネガとポジの関係の示唆だろう。後に登場する、岩瀬邸の用心棒の1人がカメラ好きであることからもわかるように、写真は戦後資本主義の繁栄を写し出す「物」で、虚像によって実体を表出するメディアだ。鏡を作るガラスと、鉄とコンクリートで構築された舞台のなかで、虚と実が交換可能でありながらも、同時にその境界が暗示されているのである。
　興味深いことは、単純なトランプ・ゲームである「アメリカン・ピノックル」に興じる2人が、子どものように無邪気なことだ。トランプの勝敗をめぐって、緑川夫人は持っている宝石すべてを、明智は探偵という職業を賭ける。ゲームは勝敗が明らかでないまま終わり、明智が終了の合図に手札を映していた鏡を平行にする。この時点ですでに犯人が目の前の緑川夫人であることを知っている明智にとって、鏡の効用を失わせるこの動作は、これからいよいよ探偵と女賊とのアイデンティティを賭けたゲームが始まることを意味する。
　明智の部下たちの尾行と調査によって正体を見破られ、早苗も取り返されたことを知った黒蜥蜴は、明智のポケットからすり取ったピストルを岩瀬や明智に向け、その場を立ち去る。そのとき左袖をまくり上げて二の腕を見せ、こう語る——「これをおぼえていて頂戴ね。指紋よりたしかなもの。私の紋章。このやさしい二の腕の黒蜥蜴を」。この刺青の紋章こそ「たしか」で「やさしい」彼女のアイデンティティだ。白い肌と黒い爬虫類の接吻が、「物

と物がすなおにキスする」世界に観客を誘う。この瞬間、名実ともに緑川夫人でなく〈黒蜥蜴〉が舞台に誕生するのである。

　一方で明智は、黒蜥蜴に逃げられたことを残念がるどころか、この場をしめくくる華やかな儀式として、手に持ったトランプの束を空中に放り投げる——好敵手(ライバル)を相手にこれからもゲームが続くことのうれしさを表明するかのように。明智も私たち観客と同様、黒蜥蜴の誘いに喜んで応じるのだ。ここで休憩となり、いよいよ宝石商の財産である娘と宝石をめぐる、探偵と女賊との真剣勝負が始まる。しかし2人の主人公だけに注目するのではなく、集団そのものの性格に着目し、しかもそのことを空間設定によって明示するところに、宮城演出の妙味がある。休憩後、岩瀬邸の台所、明智探偵事務所、黒蜥蜴の隠れ家と、空間も次々に変装していく。

4　「そして最後に勝つのはこっちさ」——長椅子と書類

　第2幕は岩瀬邸の台所から始まる。第1幕ではクローゼットの役割を果たしていたコンテナのような枠組みが並び、横長の空間を作り、台所というよりもシステムキッチンといった趣だ。中央に大きなテーブルがあり、真ん中に家政婦、下手に御用聞き、上手に用心棒と、対照的に人物が配置されている。老家政婦のひなが言う「きちんと秩序のととのったお台所」のように見えるが、実のところ、仲居は用心棒に色目を使い、用心棒は3人ともモコモコの肥満体。なのに「剣道四段、柔道五段、唐手三段、あわせて十二段」と、訳のわからない計算で強さを吹聴する。しかも岩瀬も岩瀬夫人も台所には現れず、命じる声だけが天井から聞こえてくる。宮城はたわいもない場面のなかにも、階級による社会構造をさりげなく盛り込むのだ。やがて長椅子を取りに家具屋が来るが、そのなかには早苗が隠されている。その手配をしたひなは、黒蜥蜴に電話をして、暗号で報告する。知と美が衝突してスパークしたようなゴシックでグロテスクな暗号によって——。

　　猿たちが牛の背中に蠟燭を飾り、朱肉のような吐息を洩らします。絹の自動車。小人ばかりの内閣。男の頸(くび)からは女が生れ、女の耳からは海老(えび)が生れたのです。山の中で人が燃え、人の中で海が燃える。ええ、

……柘榴の帽子が硝子のように粉々になりました。

　徹底して論理的でありながら意味を超越したこの暗号こそ、黒蜥蜴一味が依拠する世界観の表明にほかならない。台所の場面では音楽がいっさい使われないが、ひなの台詞はその俗な日常性を一気に破砕する音響と色彩、身体的な官能性を兼ね備えている。爬虫類が愛する宝石は、表面的な美だけではなく五感すべてに訴えてくる多重存在だ。早苗はトリックによって誘拐されたが、彼女の誘拐を可能にした亀裂を岩瀬邸に生じさせるのは、この暗号なのである。

　いよいよ対決が熟してきた黒蜥蜴一味と明智探偵事務所の4人。前者が、戦後民主主義の徒花にして陰画とするなら、後者はモダニズムの申し子にして陽画だろう。この対照を示すため、宮城は空間を左右に分けそれぞれの一団を並列に置く。まず下手側、黒蜥蜴の隠れ家では、長椅子に横たわる黒蜥蜴を部下たちが囲む。黒い色調を包む水色の照明が水底を思わせる。ひなは長椅子の下から這い出てきて、2人の侍女は絶えずくねくねと動き、常に変化し流動する時空間を象徴する。黒蜥蜴は早苗誘拐の件で論功行賞をおこない、ひなには爬虫類の位である「青い亀」という称号と5カラットのサファイヤを与える。ひながこの宝石を、自分の「たった一人の身寄りで、南千住にお煎餅屋をひらきたがっている」甥にやっていいかと尋ねると、黒蜥蜴は「サファイヤがお煎餅に化けたりするのは、悪いことじゃありません」と威厳をもって答える。サファイヤと煎餅がキスする奇想天外な図式こそが、黒蜥蜴版の高度経済成長の模範である。この集団の結束は、アウトローで人間離れした多様性に基づく。論功行賞という中世の武士めいた規則が、血縁に基づく下町の煎餅屋をサファイヤの輝きが支えるという飛躍と矛盾せずに共存し、美意識だけが奉仕と献身の対象となるような、高度経済成長時代におけるユートピアを創っているのである。

　それに対して上手側、明智たちの世界はどう描かれているか？「世間の秩序で考えようとする人は、決して私の心に立入ることはできないの。……でも、……でも、あの明智小五郎だけは……」という黒蜥蜴の台詞で、音楽の色合いが変わり、明智と3人の部下がオレンジの照明に浮かび上がる。明智の世界観は科学と研究調査に基づく。空間を構成するのは、黒蜥蜴の黒に対する白（書類、テーブル、ワイシャツ）と、うねりに対する直線である。4

黒蜥蜴（たきいみき）一味と明智（大高浩一）の探偵事務所　［撮影：Eiji Nakao］

人ともが黒縁の眼鏡をかけ、同じように動く。彼らはテクノロジーによって複製された明智のクローンだ。明智が理想とする私立探偵の仕事とは、事実を調査することだけではなく、事実の裏に隠された虚構、犯人自身も気づかない心理や、犯罪そのものに隠された意義や矛盾さえも暴くこと。明智は頻繁にライターを取り出して火を灯すが、他人のためにも自分のためにもタバコに火をつけない。明智にとってライターは、何かを燃やすための実用品ではなく、理知の光というアイデンティティのシンボルだからである。4人はいずれも分厚い書類の束を手に持っているが、そこに書かれているのは、ひなの暗号という詩とは対照的な事実の集積だろう。彼らの信念は、地表を這う爬虫類の運動とは違って、階段の高みから見下ろすように犯罪を俯瞰することだ。この場面の最後で、階段に等間隔に座った探偵たちの一人が書類の束を後方に放り投げ、それを明智が受け取る。トランプ札のランダムな規則性がゲームを支えるものであるとすれば、コピーのコピーである書類はクローン同士のあいだで受け渡されることで、黒蜥蜴の「物と物」の接合を科学

の論理によって牽制する最大の武器となるのである。

　黒蜥蜴も明智もともに「変装」を得意とするが、黒蜥蜴の変装が自分自身の無限定な変容であるとすれば、明智のそれはコピーの連続だ。黒蜥蜴の「物」のまなざしが産毛一本までも見るとすれば、明智の調査の視線はX線のように皮膚を通り越して内臓そのものを透視する。空間を並列に置くことで、2人の類似点が同時に相違点でもあることが明確になる。黒蜥蜴の隠れ家と明智探偵事務所の場面が往復し、一方の場面のときには他方の照明も完全に暗くはならず、止まっている人物たちが見えるので、互いが意識し合っている緊張感が常に漂う。こうして2つの世界がまったく同じ重みで対照され、最後に2人は、

　　明智　法律が私の恋文になり
　　黒蜥蜴　牢屋が私の贈物になる。
　　黒蜥蜴／明智　そして最後に勝つのはこっちさ。

と声をそろえる。結局のところ、2人の対決は女賊と探偵との恋物語でも、詩と科学との対立でもなく、「法律」や「牢屋」といった世間の秩序が「恋文」や「贈物」に変化する、そんな世界への憧れを演劇化したいという渇望に基づいているのだ。こうして、冷徹にして華麗な結末へと舞台は一気に加速していく。

5　「この世界には二度と奇蹟が起らないようになったんだよ」
　　──ライターと夜光虫

　黒蜥蜴は早苗の身代金として「エジプトの星」を要求する。受け渡しの場所は東京タワー。宮城は、流れる歌謡曲、安っぽい木作りの売店や望遠鏡、浮かれた観光客の仕草によって、繁栄の陰に潜む虚妄を喚起することを怠らない。観光客たちは全員グレーの服装で、売店の主人と妻はオレンジ、そして黒蜥蜴がエメラルドグリーンのコートと、色による識別がされる。1958年に竣工された東京タワーは、64年の東京オリンピックと並んで、戦後日本の経済成長のシンボルである。工事現場という建設中にして解体中の抽象的な舞台装置のなかに、具象的なタワー展望台が置かれることで、高度経済

成長の虚構があぶり出されてくる。最初の大阪のホテルの場面では12時を知らせる時計のシルエットがいくつも舞台背面に映し出されたが、ここでも背面の壁にエレベーターの昇降盤が映る。時計の針もエレベーターの針も目に見えない運動を数値に還元し可視化する、科学の試みである。岩瀬が覗いた望遠鏡がお金を入れないと見えないように、人の感覚がいつのまにか数値にすり替えられていくことが示唆されているのだ。

　ダイヤを受け取った黒蜥蜴は売店の妻に変装して姿をくらます。暗転の後、場面は黒蜥蜴の船に変わる。背後には映像の波がたゆたい、まるで海のなかから現れてきたように歩いてくる黒いドレスの黒蜥蜴の姿が圧倒的だ。信念と疑惑が拮抗する彼女の台詞は、これから起こる出来事を予知して余りある——「宝石は自分の輝きだけで充ち足りている透きとおった完全な小さな世界。その中へは誰も入れやしない。……ダイヤのように決して私がその中へ入ってゆけない人間。……そんな人間がいるかしら？　もしいたら私は恋して、その中へ入って行こうとする。それを防ぐには殺してしまうほかはないの。……でもむこうが私の中へ入って来ようとしたら？　……そのときは私自身を殺すほかはないんだわ。私の体までもダイヤのように、決して誰も入って来られない冷たい小さな世界に変えてしまうほかは……」。この台詞が美しいのは、彼女がここで内心を語っているからではない。黒蜥蜴の言語の美は、詩と論理との完璧な整合性にある。そしてこの論理を支える倫理とは、他者意識にほかならない。自分のなかに入って来ようとする他者を殺すのではなく、自己を殺すことによって冷たい宝石に変えてしまうこと。この冷徹な美意識と、恋愛を超越した論理とが、私たちの感性を陶然とさせながら、同時に理性をも覚醒させるのである。

　船内で黒蜥蜴と早苗はふたたび言葉を交わす。このときも2人は正面を向いたままだが、今度は2人とも静かに揺れている。こうして言葉だけではなく、波のたゆたいも身体を通して観客に届く。さらにこのたゆたいのリズムが、その後の黒蜥蜴と明智の対話の準備となる。2人の対話には、いつも人工的な仕掛けが施されている。トランプ・ゲーム、探偵事務所と隠れ家の対峙、そして今回は長椅子に隠れる者と座る者。長椅子のなかに明智が隠れていると信じた黒蜥蜴は、部下の掌に指示を書いて手下を呼び寄せ、長椅子をロープで縛る。そして「水葬礼」の前に、黒蜥蜴は長椅子を全身で抱きしめ接吻して、恋を告白する——「あなたがこれ以上生きていたら、私が私で

なくなるのが怖いの。そのためにあなたを殺すの。……好きだから殺すの。好きだから……」。彼女にとって、実際に明智と対面することはほとんど意味がない。彼女のあらゆる告白は、鏡を相手におこなわれていると言っても過言ではない。彼女は、明智という肉体ではなく、明智という観念に恋しているからだ。しかし実際に肉体を持った明智は、長椅子のなかではなく、その下のハッチのなかに隠れ、手下の松吉の変装をしている。出てきた明智はアイデンティティの印にライターを灯す──黒蜥蜴の恋に応えるべきなのは、自分の生身の肉体ではなく、ライターの明かりに象徴される理知であることを知っているのだろう。

　本物の松吉を入れて長椅子が水葬された後、自分の命令とはいえ明智を永遠に失ったと思っている黒蜥蜴にとっては、いまや水葬礼に参加しなかった松吉だけが、心を許せる相手だ。紗幕が下りた舞台を青色の柔らかい光が包み、骨組みのそこかしこに赤い光が灯る。「夜光虫があんなに光っている」と黒蜥蜴が語るとき、私たちはそれが工事現場の作業灯だと気づく。弱々しい明かりは都市建設によって失われた小さき物たちを思わせる。明智に対する勝利が、自分にとっては敗北となることを黒蜥蜴は知っている。明智がいない世界──勝負をする相手はもういない。「この世界には二度と奇蹟が起らないようになった」という彼女の嘆きが、夜光虫の輝きに重なるとき、私たちも慄きとともに予感する、この世界から黒蜥蜴が失われてしまうだろうことを。そのとき世界は決定的に貧しくなるということを。明智のライターの火と、黒蜥蜴が見つめる夜光虫の光──それははかない形象にすぎないが、東京タワーをシンボルとする開発や経済成長の虚妄を静かに告発するほのかな灯なのである。

6　「うれしいわ、あなたが生きていて」──ダイヤと石ころ

　早苗を連れた黒蜥蜴一行は、客席の前を通り舞台に上がっていく。黒蜥蜴は早苗に自分のコレクションを自慢し、人間をそのまま人形にした4体の「生人形」を早苗に見せる。この生人形をどのように造形するかはこの作品の難しい点の一つだろう。宮城は4つの台の上に人形を置き、白い3つの幕に柔らかな光を当てて奥の人形を暗示し、真ん中の一つを空洞とすることで

早苗が入ることを暗示する。
　黒蜥蜴の明智への思いに嫉妬する雨宮は、早苗を助けるふりをしてあえて黒蜥蜴を怒らせ、早苗とともに檻に入れられるが、この檻も鉄格子のない黒い小さな台だけ。もとより舞台全体が鉄骨で囲まれているので、この場全体が檻のような印象を与える。あらゆるものが骨組みだけの世界のなかで、見えない檻のなかの若い2人だけが自由なのかもしれない。それを裏付けるように、檻に閉じ込められた早苗は自分が偽者であると告白し、雨宮は早苗を助けようとしたのが「嘘」だったことを告げる。話していくうちに偽者同士の2人は、いまは偽者でもやがて「本物」の恋人同士の生人形になれることを夢見る。そして、最後には「本物」の恋人同士になってしまうのだ。
　黒蜥蜴は松吉に「黄いろい鰐」の称号を授け、指にはめていたダイヤの指環を形見として与える。松吉に変装した明智は眠りにいく黒蜥蜴を見送って、寝室の前に、明智の勝利と、早苗の帰還および婚約を告げる新聞を置いておく。しかし誘拐事件の顛末は明智の仕組んだとおりに終わるとしても、演劇はそのようには終わらない、終わってはいけないのだ。
　一発の銃声とともに早苗たちが入る予定だった台の幕が落ちる。明智の部下たちが舞台四方で拳銃を握り、明智は松吉の変装を解く。正面で向かい合う明智にひるむことなく、自ら毒を仰いで死にゆく黒蜥蜴は、「あなたの本物の心を見ないで死にたい」と言う。そして、階段を上がり息絶える寸前、彼女は驚くべき言葉を口にする――「うれしいわ、あなたが生きていて」。宮城の演出は、黒蜥蜴の肉体を自らの力で人々の手の届かない高みへと運ばせる。この「あなたが生きていて」という徹底して他者への想いだけに立脚した台詞こそが、黒蜥蜴の勝利を決定づける言葉でなくてなんだろう。孤高の黒蜥蜴と、この言葉の衝撃に立ちすくむことしかできない明智の姿が、私たちの胸を打つ。江戸川乱歩の原作では、明智の腕に抱かれながら死にゆく黒蜥蜴が最後に口づけを求め、それに明智が応じるという結末が用意されていた。三島の美学は、そのような結末を拒絶する。最後に恋を告白するのでも、恨みを述べるのでもなく、事実をただ事実として喜ぶ黒蜥蜴の姿勢が、彼女の世界観を際立たせる。これで自分は幸せに死ねる、ではなく、ただ単に「うれしい」、その端的な表明で彼女は「物と物」の接合の論理と倫理を全うするのである。
　たしかに明智と黒蜥蜴は、勝負を共有しながら、最後まで調和することは

なかった。しかし黒蜥蜴の最後の台詞によって、明智は岩瀬に「エジプトの星」を返しながら、「あなたの御一家はますます栄え、次から次へと、贋物の宝石を売り買いして、この世の春を謳歌なさるでしょう」と述べる。「贋物の宝石」には、もちろん財閥の御曹子との婚約を受け入れ、この場に父とともに何事もなかったかのように登場している「本物」の早苗という「商品」も含まれている。「贋物」という言葉に驚く岩瀬に、「本物の宝石は、もう死んでしまったからです」と言って舞台を締めくくる明智の言葉は、明智による敗北宣言である。黒蜥蜴が探し当てた明智の心は「冷たい石ころ」だった。明智はそのことを認めることにより、黒蜥蜴が「本物の宝石」であることにようやく気づく。では本物の宝石を知ってしまった明智探偵は、これから何を守るのか？ 舞台は岩瀬が代表する世間をまず暗闇へと落とし込み、黒蜥蜴と明智とを光のなかに浮かび上がらせながら、ゆっくりと溶暗していく——2016年のいま、いったいどこに黒蜥蜴がいるのだろうか、という喪失感を私たちに残しながら。

7　美意識と自死

　宮城版『黒蜥蜴』は、21世紀もすでに15年を過ぎて、日本でも世界でも資本主義の限界が明らかになり、これ以上の経済成長を望めば地球環境そのものが崩壊する時代に、そうではない道がまだありえたかもしれない半世紀前の日本を展望する試みでもある。現在の世界には、環境も経済も政治も末期的な状況が明らかでありながら、それに対するあがきのように、新自由主義による貧富の格差や、宗教を口実としたテロリズム、民主主義の形骸化といった状況が蔓延している。そんな時代にあって、三島由紀夫がその文学と生きざまにおいて体現していた美意識はいったいどんな意義を持つのか、という問いに、宮城は正面から挑んだのである。
　この戯曲にかぎらず、三島のきわめて息の長い台詞を語るには、たしかな肉体が役者に備わっていなければならない。それは単に長いだけでなく、きわめて論理的に構築されながらも、日常語とはかけ離れた華麗なレトリックに飾られ、それでいて不必要な単語がいっさいない。黒蜥蜴を演じた女優が舞台後のトークで、「言葉の持っている肉体性に自分の体が追いつけるだろ

うか、自分はやっとその出発点に立っただけのような気がする」と述べていたが、三島の言葉の論理と美にどれだけ迫ることができているのかが、この舞台を評価する軸であり、その点でこの舞台は、宮城とSPACが追求してきた詩と身体のありようが、主演俳優だけでなくアンサンブルとして具現し、それを音楽や照明や装置が支えることで、まさにオペラのような総合芸術となったと言えるだろう。

　宮城が目指してきた演劇は、登場人物の性格や個性的な役者による「役作り」などとは無縁だ。たとえばギリシャ悲劇ならば誰も人物の性格などは云々しない。しかし近代劇になると人物の内面が重視され、しかも日本の現代劇となると、戯曲の言葉よりも性格なるものが優先されていく。だが宮城の作品は一貫して、戯曲の「言葉＝詩」をいかに身体化するか、その一点に賭けられている。

　三島は初演の後で書いた自作解題で次のように述べていた――「嘘八百の裏側にきらめく真実もあるという、そういう舞台の具現が、われわれの夢なのである」（三島由紀夫『黒蜥蜴』〔学研M文庫〕、学習研究社、2007年、177ページ）。劇場には、ときに夜と悪魔と嘘と幻影と反現実こそがふさわしい。そのような「嘘」を支えるのは、美しかない。そして美とは徹底した「弱さ」に生きることの「強さ」なのかもしれない。その2つを兼ね備えた存在として、ともに自死を選択することで人生の幕を閉じた黒蜥蜴と三島とは双子である。単なる模倣ではなく、どちらも本物で、どちらも鏡像であるという意味において。乱歩の原作を大胆に改変し、黒蜥蜴の全面勝利に終わらせた三島の戯曲を、宮城は半世紀前の高度経済成長ただなかの日本における虚構なる熱狂という歴史的な文脈に置き直し、さらにそれを現在の時点から検証する。そして、現実の反現実による転覆を狙う黒蜥蜴＝三島の美学を、演劇という「変装」によって、オルタナティブな別の現実を「宝石」のようにきらめかせる営みによって、逆照射しようとしたのである。

◆コラム14◆

演劇の教科書？

　SPACのような地方自治体の予算によって運営されている公立劇場の責務には、観客の育成および演劇教育が1つの柱として考えられます。日本はその点で他国に後れを取っており、SPACのような団体の重要性がもっと認識されるべきです。この文脈で宮城さんがよく言及する試みとして、「演劇の教科書」を舞台上で実現することがあります。歴史を追って世界の重要な演劇を網羅した「教科書」を作るとして、そこに挙がるだろう作品を順次、SPACの秋から冬のシーズンで上演していこう、という遠大な企みです。

　三島由紀夫の『黒蜥蜴』もそのような基準で選ばれているのかもしれません。日本語圏の演劇のなかでは、世阿弥、近松門左衛門、近代では泉鏡花、三島由紀夫、そして現代では唐十郎、別役実、野田秀樹、平田オリザといったところがはずせないでしょうか。日本以外の世界ではどうかというと、古代ギリシャのアイスキュロス、ソフォクレス、エウリピデス、アリストファネスといったところがまず入るでしょう。ヨーロッパの近世以降の演劇では、やはりシェイクスピア、セルバンテス、カルデロン、ロペ・デ・ベガ、ラシーヌ、コルネイユ、ゴルドーニ、ゲーテ、モリエール、ゴーゴリ、チェーホフ、ストリンドベリ、イプセン、ロルカ、ショー、ワイルド、ベケット、ピンター、エンデと続くでしょうか。アメリカ合州国では、ユージン・オニール、テネシー・ウィリアムズ、アーサー・ミラー。南米からはマヌエル・プイグ。アフリカからはカテブ・ヤシーン、アトル・フガート。インドの『マハーバーラタ』、中国の高行健、韓国の呉泰錫……。

　このうちのすでにいくつかを宮城さんは上演（演出ないしはプロデュース）していますし、今後もSPACのレパートリーに加えられていくことでしょう。SPACを見れば、世界の演劇の宝に触れられる──「演劇の教科書」とは、そんなぜいたくで芳醇な体験へのガイドなのです。

宮城聰主要演出作品リスト

「会場ほか」にある星印は海外公演を表す。

日時	作品	会場ほか
1990年10月	『ハムレット』	青山円形劇場
1991年9月	『サロメ』	メソッド高井戸倶楽部
1992年5月	『サロメ』	ベニサンピット
1992年8月	『世の果ての舞踏会』	六本木キャラメル
1992年12月	『トゥーランドット』	ラ・フォーレミュージアム原宿
1993年7月	『チッタ・ヴィオレッタ』	イースト・ギャラリー
1993年8月	『サロメ』	★釜山文化会館(韓国・釜山)／富山県利賀芸術公園 野外劇場
1994年3月	『フェードルの方へ』	下北沢OFF・OFFシアター
1994年8月	『フェードル』	原宿クエストホール
1994年9月・10月	『日米合作 トゥーランドット』	★14thストリート・プレイハウス(アメリカ・アトランタ)
1994年10月	『日米合作 トゥーランドット』	草月ホール
1995年3月	『トリスタナ』	タイニイ・アリス
1995年5月	『エレクトラ』	富山県利賀芸術公園 新利賀山房／川崎市市民ミュージアム
1995年7月	『サロメ・ユーゲント』	アート・ラボラトリー・リアル
1995年10月・11月	『サロメ～セ・グロテスク』	青山円形劇場／高知県立美術館ホール
1996年3月	『道成寺』	アサヒ・スクエアA
1996年5月	『天守物語』	富山県利賀芸術公園 野外劇場／黒部市国際文化センター コラーレ大ホール
1996年6月	『日仏西合作 サロメ』	★シチェス エスパイ・メディテラニ(スペイン／シチェス国際舞台芸術祭招待作品)／モンペリエ シャトー・ドー中庭特設舞台(フランス／モンペリエ国際演劇祭招待作品)
1996年10月	『天守物語』	湯島聖堂・中庭
1997年4月・5月・6月	『熱帯樹』	富山県利賀芸術公園 利賀山房／黒部市国際文化センター コラーレ能舞台／旧細川侯爵邸和敬塾3階
1997年10月	SPAC県民参加体験創作劇場『シンデレラ』	静岡県舞台芸術公園 野外劇場「有度」
1997年11月	『エレクトラ』	ニッシン物流・品川倉庫(日本インターネット演劇大賞 大賞)

日時	作品	会場ほか
1997年12月	『天守物語』	★カリカット大学演劇校／ケララ音楽演劇アカデミーホール（インド・ケララ州）／リアカット・メモリアルホール（パキスタン・ラワルピンディー）
1998年1月・3月	『天守物語』	道新ホール（札幌）／彩の国さいたま芸術劇場 大ホール
1998年4月・5月	『桜姫東文章』	富山県利賀芸術公園 新利賀山房／目白・旧細川侯爵邸和敬塾 庭園
1998年8月・9月	SPAC 県民参加体験創作劇場『シンデレラ』	静岡県舞台芸術公園 野外劇場「有度」
1998年10月・11月	『天守物語』	増上寺本堂前野外特設ステージ／小倉城本丸広場野外特設ステージ
1999年2月	SPAC 県民参加体験創作劇場『ロミオとジュリエット』	静岡県舞台芸術公園 屋内ホール「楕円堂」（演出：宮城聰＆竹内登志子）
1999年2月	『天守物語』	三重県文化会館小ホール
1999年5月	『忠臣蔵』	清水港イベント広場（第2回シアター・オリンピックス）
1999年8月	『天守物語』	★和平影劇院（中国・遼寧省・瀋陽市）／昆明市第十五中学小講堂（中国・雲南省・昆明市）／ノルブリンカ宮（中国・チベット自治区・ラサ）／人民影劇院前広場（中国・チベット自治区・ツェタン）
1999年10月	『王女メディア』	スミックスホールESTA／アサヒ・スクエアA
2000年1月・2月	SPAC 県民参加体験創作劇場『シンデレラ』	静岡芸術劇場
2000年1月	若手新人公演『オイディプス・レックス』	アイピット目白
2000年5月	『オイディプス王』	富山県利賀芸術公園 野外劇場
2000年5月	『王女メディア』	静岡県舞台芸術公園 野外劇場「有度」
2000年7月・8月	『オイディプス王』	東京都庭園美術館 西洋庭園／日比谷公園野外大音楽堂
2000年8月	『オイディプス王』	★亀淵劇場（韓国・居昌郡／第12回居昌国際演劇祭招待作品）
2000年9月	『天守物語』	★オペラハウス野外劇場（エジプト・カイロ／第12回カイロ国際実験演劇祭招待作品）
2000年10月	『熱帯樹』	目白・旧細川侯爵邸和敬塾3階（千年文化芸術祭優秀作品賞受賞）

日時	作品	会場ほか
2000年11月	『王女メデイア』	青山円形劇場
2000年12月・01年2月	SPAC県民参加体験創作劇場『忠臣蔵』	静岡芸術劇場
2001年5月	『マクベス』	富山県利賀芸術公園 新利賀山房
2001年6月	『王女メデイア』	★華城行宮・野外特設舞台（韓国・水原／第5回水原華城国際演劇祭招待作品）
2001年6月・7月	『王女メデイア』	★ヨーロッパツアー（メイエルホリド・シアター・センター〔ロシア・モスクワ〕／国立ムハンマド5世劇場〔モロッコ・ラバト／ラバトフェスティバル招待作品〕／テアトロ・ヴァッシェーロ〔イタリア・ローマ〕／グルノーブル劇場〔フランス・グルノーブル／ヨーロッパ演劇祭2001招待作品〕）
2001年7月	『天守物語』『王女メデイア』	高知県立美術館中庭・高知県立美術館ホール
2001年7月	『天守物語（新演出版）』	都立潮風公園噴水広場
2001年9月	『忠臣蔵』	新国立劇場小劇場（第8回 BeSeTo 演劇祭）
2001年9月	『天守物語』	早稲田大学演劇博物館正面舞台
2001年10月	『トリスタンとイゾルデ』	青山円形劇場
2002年3月	『生きてゐる小平次』	法政大学学生会館大ホール
2002年5月	『マクベス』	富山県利賀芸術公園 新利賀山房
2002年5月	『王女メデイア』	★阮朝王宮調和殿・野外劇場（ベトナム・フエ／フエ・フェスティバル2002招待作品）
2002年6月	『天守物語』	★長安公園（韓国・水原／第6回水原華城国際演劇祭招待作品）
2002年6月	『王女メデイア』	★UCCホール（シンガポール／シンガポール・アーツフェスティバル2002招待作品）
2002年9月	『天守物語』	久松山御表門石段仮設舞台（鳥取）
2002年10月・11月	『欲望という名の電車』	ザ・スズナリ
2002年11月・12月	『王女メデイア』	★フランス国内ツアー（セーン・ナショナル・リュー・ユニーク〔ナント〕／ブルターニュ国立演劇センター〔ロリアン〕／エスパス・ジュールヴェルヌ〔ブレティニー・スール・オルジェ〕／ノルマンディ国立演劇センター〔カーン〕／日本文化会館〔パリ〕）

日時	作品	会場ほか
2003年1月	『サロメ』	東京デザインセンターガレリアホール
2003年3月	『トリスタンとイゾルデ』	静岡芸術劇場
2003年3月	『天守物語』	めぐろパーシモンホール
2003年3月	『天守物語』	★アメリカ3都市ツアー（ジャパン・ソサエティ〔ニューヨーク〕／ダートマス大学ムーアシアター〔ニューハンプシャー〕／ピッツバーグ大学エディシアター〔ピッツバーグ〕）
2003年7月	『サロメ』	日比谷公園　草地広場
2003年11月	『マハーバーラタ』	東京国立博物館東洋館地下1階（第3回朝日舞台芸術賞受賞）
2004年1月	『天守物語』『トリスタンとイゾルデ』『マクベス』	★フランス・パリ　カフェドラダンス（パリでの1カ月公演）
2004年3月	『ウチハソバヤジャナイ』	東京芸術劇場小ホール1（演出：宮城聰〈前半〉／外輪能隆〈後半〉）
2004年3月・4月	『天守物語』	★太陽大酒店・天楽宮（中国・敦煌）／国立中正文化中心・国家戯劇院（台湾・台北）
2004年6月	『アンティゴネ』プレビュー	バンカート横浜1929ホール
2004年7月	『アンティゴネ』	★デルフィー古代競技場（ギリシャ・デルフィ／第12回古代ギリシア劇世界会議招待作品）
2004年10月	『アンティゴネ』	北九州芸術劇場中劇場／東京国立博物館本館前・野外特設舞台
2004年11月	『マクベス』	ザ・スズナリ
2004年11月	『山の巨人たち』	ザ・スズナリ（演出：宮城聰、深沢襟）
2004年12月	SPAC 県民参加体験創作劇場『忠臣蔵2004』	グランシップ大ホール
2005年1月・2月	ミュージックシアター『浄土』	愛知県芸術劇場・小ホール／アサヒ・アートスクエア／BankART
2005年6月	『トロイアの女』	静岡県舞台芸術公園 野外劇場「有度」／名古屋市東文化小劇場（演出：宮城聰＆ヤン・ジョンウン）
2005年7月・8月	『王女メデイア』	東京国立博物館　本館特別5室／滋賀県立芸術劇場 びわ湖ホール 中ホール
2005年9月	『マハーバーラタ』	★ボコの丘（インドネシア・ジョグジャカルタ）
2005年9月	『マクベス』	★韓国国立劇場（韓国・ソウル）

日時	作品	会場ほか
2005年11月	『ク・ナウカで夢幻能な「オセロー」』	東京国立博物館　日本庭園　特設舞台
2005年11月	『トロイアの女』	★鄞州文化芸術中心大劇院（中国・寧波）
2005年12月	『加藤訓子 演奏会』	静岡県舞台芸術公園 屋内ホール「楕円堂」
2006年1月	『オセロー』	★カマニ劇場（インド・ニューデリー／全インド演劇祭招待作品）
2006年7月	『トリスタンとイゾルデ』	東京国立博物館 庭園 特設舞台
2006年9月	SPAC 県民参加体験創作劇場『東海道四谷怪談』	静岡県舞台芸術公園 野外劇場「有度」
2006年10月	『マハーバーラタ』	★ケ・ブランリー美術館　クロード・レヴィ＝ストロース劇場（フランス・パリ／同劇場オープニング公演）
2006年10月	『王女メデイア』	★ CAFE DE LA DANSE（フランス・パリ）
2007年1月	『王女メデイア』	★カマニ劇場（インド・ニューデリー／全インド演劇祭招待作品）
2007年2月	『奥州安達原』	文化学園 体育館 特設舞台
2007年3月	『赤西蠣太（の恋）』	八芳園 白鳳館
2007年11月	『巨匠』	静岡芸術劇場
2007年12月	『コヨーテ・ソング』	静岡県舞台芸術公園 屋内ホール「楕円堂」／学習院女子大学 やわらぎホール
2008年5月	『夜叉ヶ池』	静岡芸術劇場
2008年11月	『ハムレット』	静岡芸術劇場
2009年6月・7月	『ふたりの女〜唐版・葵上〜』	静岡県舞台芸術公園 野外劇場「有度」
2009年10月・11月	『夜叉ヶ池』	静岡芸術劇場
2010年3月	『ペール・ギュント』	静岡芸術劇場
2010年4月	『王女メデイア』	★ Theatro Colsubsidio（コロンビア・ボゴタ）（ボゴタ・イベロアメリカ国際演劇祭）
2010年6月	『ペール・ギュント』	静岡芸術劇場
2010年6月	『若き俳優への手紙』	静岡芸術劇場
2010年6月	『王女メデイア』	静岡県舞台芸術公園 野外劇場「有度」
2011年3月・4月	『グリム童話〜少女と悪魔と風車小屋〜』	静岡芸術劇場
2011年6月	『真夏の夜の夢』	静岡芸術劇場

日時	作品	会場ほか
2011年6月・7月	『天守物語』	静岡県舞台芸術公園 野外劇場「有度」
2011年9月・10月	『王女メデイア』	鳥の演劇祭特設野外劇場／★アメリカツアー（ジャパン・ソサエティ〔ニューヨーク〕／CAPA〔ピッツバーグ〕／ハンティントン高校〔ハンティントン〕）
2012年1月・2月	『グリム童話〜少女と悪魔と風車小屋〜』	静岡芸術劇場
2012年2月・3月	『グリム童話〜本物のフィアンセ〜』	静岡芸術劇場
2012年3月・4月・6月	『ペール・ギュント』	★Teatro Colsubsidio（コロンビア・ボゴタ／イベロアメリカ国際演劇祭）／静岡芸術劇場
2012年6月	『マハーバーラタ〜ナラ王の冒険〜』	静岡県舞台芸術公園 野外劇場「有度」
2012年9月・10月	『夜叉ヶ池』	静岡芸術劇場／竜洋なぎの木会館 いさだホール
2012年11月	『音楽付きコメディ 病は気から』	北とぴあ さくらホール（北とぴあ国際音楽祭2012）
2013年2月	『マハーバーラタ〜ナラ王の冒険〜』	★フランスツアー（ケ・ブランリー美術館　クロード・レヴィ＝ストロース劇場〔パリ〕／ル・アーヴル国立舞台 ル・ヴォルカン〔ル・アーヴル〕／ルヴァロワ＝ペレ劇場〔ルヴァロワ〕／ノルマンディー国立演劇センター「コメディ・ド・カーン」 エルヴィル劇場〔カーン〕）
2013年6月	『黄金の馬車』	静岡県舞台芸術公園 野外劇場「有度」
2013年6月	『古事記!!エピソード1』	神田川ふれあい広場（富士山本宮浅間大社内）
2013年9月	オペラ『オルフェオ』	静岡芸術劇場
2013年12月	『忠臣蔵』	静岡芸術劇場／メディキット県民文化センター（宮崎県立芸術劇場）演劇ホール
2014年1月−3月	『真夏の夜の夢』	静岡芸術劇場
2014年4月・6月	『天守物語』	静岡芸術劇場／浜名湖ガーデンパーク屋外ステージ
2014年4月・5月	『マハーバーラタ〜ナラ王の冒険〜』	静岡県舞台芸術公園 野外劇場「有度」

日時	作品	会場ほか
2014年5月	『現代神楽　ヤマタノヲロチ！』	清水マリンパークイベント広場
2014年7月・9月	『マハーバーラタ〜ナラ王の冒険〜』	★ブルボン石切場（フランス・アヴィニョン／アヴィニョン演劇祭）／KAAT神奈川芸術劇場
2014年10月	『近代能楽集　綾の鼓』	静岡文化芸術大学 講堂（静岡文化芸術大学×SPAC連携事業公演）
2015年1月・2月	『グスコーブドリの伝記』	静岡芸術劇場
2015年2月・3月	『ハムレット』	静岡芸術劇場
2015年4月	『メフィストと呼ばれた男』	静岡芸術劇場
2015年4月・5月	『ふたりの女──平成版 ふたりの面妖があなたに絡む』	静岡芸術劇場
2015年5月	『マハーバーラタ〜ナラ王の冒険〜』	駿府城公園
2015年7月	『マハーバーラタ〜ナラ王の冒険〜』	★モソヴィエト劇場（ロシア／モスクワ・チェーホフ国際演劇祭）
2015年6月	オペラ『ポポイ』	静岡音楽館AOI
2015年6月・7月	『夜叉ヶ池』	静岡芸術劇場／掛川市文化会館シオーネ／韮山時代劇場
2015年10月・11月	『真夏の夜の夢』	にしすがも創造舎（フェスティバル／トーキョー15）
2015年12月	オペラ『妖精の女王』	北とぴあ・さくらホール
2016年1月・2月	『黒蜥蜴』	静岡芸術劇場
2016年2月	『メフィストと呼ばれた男』	KAAT神奈川芸術劇場 ホール（国際舞台芸術ミーティング in 横浜2016〔TPAM〕）
2016年5月	『イナバとナバホの白兎』	駿府城公園 紅葉山庭園前広場 特設会場
2016年6月	『イナバとナバホの白兎 (LE LIÈVRE BLANC D'INABA ET DES NAVAJOS)』	★ケ・ブランリー美術館　クロード・レヴィ＝ストロース劇場（フランス・パリ／同美術館開館10周年記念委嘱作品）
2016年9月	『マハーバーラタ〜ナラ王の冒険〜』	奈良平城宮跡（東アジア文化都市2016 奈良市　舞台芸術部門）
2017年1月・2月	『シェイクスピアの「冬物語」』	静岡芸術劇場
2017年2月・3月	『真夏の夜の夢』	静岡芸術劇場
2017年4月	『1940―リヒャルト・シュトラウスの家―』	静岡音楽館AOI ホール（静岡音楽館AOI×SPAC-静岡県舞台芸術センター共同事業）

日時	作品	会場ほか
2017年5月	『アンティゴネ〜時を超える送り火〜』	駿府城公園 紅葉山庭園前広場 特設会場
2017年7月	『アンティゴネ（ANTIGONE）』	★アヴィニョン法王庁中庭（フランス・アヴィニョン／アヴィニョン演劇祭オープニング公演）
2017年10月	新作歌舞伎『極付印度伝 マハーバーラタ戦記』	歌舞伎座
2017年11月	オペラ『ルサルカ』	日生劇場（NISSAY OPERA 2017／ニッセイ名作シリーズ2017）
2018年1月	オペラ『ルサルカ』	静岡市民文化会館 大ホール（静岡市民文化会館開館40周年記念）（NISSAY OPERA 2017／ニッセイ名作シリーズ2017）
2018年1月	『夢幻能 オセロー（Mugen Noh Othello）』	★ジャパン・ソサエティ（アメリカ・ニューヨーク）
2018年2月・3月	『ミヤギ能「オセロー〜夢幻の愛〜」』	静岡芸術劇場
2018年3月	『寿歌』	愛知県芸術劇場小ホール（愛知県芸術劇場・SPAC-静岡県舞台芸術センター共同企画）
2018年4月	『寿歌』	愛知県芸術劇場小ホール／静岡県舞台芸術公園野外劇場「有度」（愛知県芸術劇場・SPAC-静岡県舞台芸術センター共同企画）（その他全国ツアー 5月 熊本・長洲町／5月 福岡・北九州市／6月 茨城・ひたちなか市／6月 愛知県・知立市／6月 愛知県 小牧市）
2018年5月	『マハーバーラタ〜ナラ王の冒険〜』	駿府城公園 紅葉山庭園前広場 特設会場
2018年9月・10月	『顕れ（Révélation Red in Blue trilogie）』	★コリーヌ国立劇場 Grand Théâtre（フランス・パリ／同劇場委嘱シーズン開幕作品）
2018年11月	『マハーバーラタ〜ナラ王の冒険〜（Mahabharata – Nalacharitam）』	★ラ・ヴィレット Grande Halle（フランス・パリ／ジャポニスム2018公式企画作品）
2018年12月	『マハーバーラタ〜ナラ王の冒険〜（Mahabharata – Nalacharitam）』	★アブドゥルアジーズ王世界文化センター シアター（サウジアラビア・ダーラン）
2019年1月・2月	『顕れ〜女神イニイエの涙〜』	静岡芸術劇場

日時	作品	会場ほか
2019年4月	『ふたりの女 平成版 ふたりの面妖があなたに絡む』	静岡県舞台芸術公園　野外劇場「有度」
2019年5月	『マダム・ボルジア』	駿府城公園 紅葉山庭園前広場 特設会場
2019年6月	『イナバとナバホの白兎』	静岡芸術劇場
2019年6月	『イナバとナバホの白兎（LE LIÈVRE BLANC D'INABA ET DES NAVAJOS）』	★ケ・ブランリー美術館 クロード・レヴィ＝ストロース劇場（フランス・パリ）
2019年8月	『天守物語』	黒部 宇奈月国際会館（第9回 シアター・オリンピックス）
2019年9月・10月	『アンティゴネ（ANTIGONE）』	パーク・アヴェニュー・アーモリード リル・ホール（アメリカ・ニューヨーク／Japan 2019公式企画作品）
2019年10月	『寿歌』	静岡県舞台芸術公園 野外劇場「有度」静岡芸術劇場（その後県内公演）
2020年1月・2月	『グリム童話〜少女と悪魔と風車小屋〜』	静岡芸術劇場（その後県内公演）

おわりに

　宮城聰さんのお宅には冷蔵庫がないそうです。そしていま使っているシャープペンシルは学生時代からのものだということです。この2つのエピソードが物語るのは、宮城さんには演劇以外の日常生活はない、ということ、そして、宮城さんの感覚とまなざしはモノ1つもないがしろにはしないということだと思います。世界に優れた演出家は数々いると思いますが、宮城さんほど演劇にすべてを捧げている人はそういないのではないでしょうか。
　文字どおり演劇を生きながら、細やかな感覚をもって世界と向き合い続けること。世界の厳しさから目をそらさず、しかし決して絶望しないこと。宮城さんの演劇を見ていると、多様であること、開かれていること、他者に寛容であること、自由であること、そして身体から身体へと何かが伝えられることの素晴らしさ、かけがえのなさをあらためて考えさせられます。

　　　　　＊

　本書は、SPACのみなさんのご協力のおかげでできました。俳優、スタッフ、ボランティアの方々、いつも私たち観客を劇場で温かく迎えてくださるみなさんの存在がなければ、このような本を作りたいという発想も生まれなかったことでしょう。同じ時代にこのような劇場があり、そこに通うことでさまざまな演劇作品に触れる──そんな時間をともに生きることの奇跡のようなありがたさを思います。本来なら、ク・ナウカの活動やSPACの営みを支えられているすべての方々の名前を挙げたいのですけれど、それもかないませんので、この場を借りまして改めてお礼を申し上げます。
　そしていま一度宮城聰さんに心から感謝を──超多忙なスケジュールのなか長時間のインタビューに応じていただき、そして何よりこうして私たちの思考を誘発する演劇をいまも作り続けてくださっていることに。また、インタビューに応じてくださった俳優とスタッフのみなさまにも心からのお礼を。まさに演劇の多様性を体現していらっしゃるみなさんからうかがった興味深いお話のほんの一部しか、本書には掲載できなかったことが何よりも心残りです。

さらに、執筆にあたりお借りした上演台本や記録映像、舞台写真のご提供、「宮城聰主要演出作品リスト」の補筆やインタビューのためのスケジュール調整まで、ご多忙のなかご協力いただきました制作部のみなさんに心からお礼を申し上げます。なかでも米山淳一さん、大石多佳子さん、そして芸術局長の成島洋子さんには、忙しい時期にご迷惑をおかけしたことをお詫び申し上げるとともに、あらためて感謝申し上げます。とくに大石さんには感謝してもしきれません。大石さんのお力添えがなければ、本書は形になりませんでした。本当にありがとうございました。

　　　　＊

　本書の編集は、青弓社の矢野未知生さんにお願いしました。宮城聰さんの演劇について本を出版するという企画に賛同していただき、厳しいスケジュールのなかで私たちの文章を細かく添削し、そのうえ著者の望みに応えてたくさんの舞台写真が入った本を作ってくださいました。口絵のカラー写真はもちろんのことですが、本文中の白黒写真についても、台詞や音楽がそれぞれ声だけでなく多様な色を持っている宮城さんの舞台を想像するよすがとなれば幸いです。矢野さんなくして本書は生まれませんでした。心からお礼を申し上げます。

　　　　＊

　これからも宮城さんの演劇に触れて、「孤独と向き合う力」を獲得されていかれるだろうみなさんにとって、この本がその力を大切にしてくださるためのささやかな道しるべとなれば、私たちにとってこれ以上の喜びはありません。

2016年4月29日　　　　　　　　　　　　　　　　　塚本知佳／本橋哲也

［著者略歴］
塚本知佳（つかもと・ともか）
1972年生まれ
専攻は演劇批評
論文に「地下演劇における祭儀性について」（「藝文攷」第2号）、「「処女」の喪失と維持――『終わりよければすべてよし』におけるセクシュアリティの力学」（第9回シアターアーツ賞受賞作）、「永遠に失われた春――SPAC『冬物語』」「誰がアンティゴネを弔うのか？――SPAC『アンティゴネ』」（いずれも「シアターアーツ」）など

本橋哲也（もとはし・てつや）
1955年、東京都生まれ
東京経済大学教員
専攻はカルチュラル・スタディーズ
著書に『ディズニー・プリンセスのゆくえ』（ナカニシヤ出版）、『深読みミュージカル』（青土社）、『侵犯するシェイクスピア』（青弓社）、『ポストコロニアリズム』（岩波書店）、『カルチュラル・スタディーズへの招待』（大修館書店）など

宮城聰の演劇世界　孤独と向き合う力

発行―――――2016年5月13日　第1刷
　　　　　　　2019年10月4日　第2刷
定価―――――2000円＋税
著者―――――塚本知佳／本橋哲也
発行者―――――矢野恵二
発行所―――――株式会社青弓社
　　　　　　　〒162-0801 東京都新宿区山吹町337
　　　　　　　電話 03-3268-0381（代）
　　　　　　　http://www.seikyusha.co.jp
印刷所―――――三松堂
製本所―――――三松堂
©2016
ISBN978-4-7872-7388-8 C0074

田畑きよ子
白井鐵造と宝塚歌劇
「レビューの王様」の人と作品

100年の歴史を刻んだ宝塚歌劇の基礎を作った名演出家・白井鐵造——そのデビューから黄金期までの作品と生涯をたどり、「レビューの王様」と呼ばれた実像を描く。独特の美学と舞台作りの魅力を浮き彫りにする。定価2800円＋税

章詒和　平林宣和／森平崇文ほか訳
京劇俳優の二十世紀

激動の近・現代中国を生きた京劇俳優たちのライフストーリーに、同じく時代に翻弄された著者の肉声を重ね合わせ、20世紀の京劇をめぐる情勢、文化大革命などの政治状況に巻き込まれた俳優たちの苦悩などを描く。定価3000円＋税

淡島千景　坂尻昌平／志村三代子ほか編著
淡島千景
女優というプリズム

映画・テレビ・舞台とスターとして最前線で活躍を続けた淡島千景。1年間に及ぶインタビューを通じて宝塚時代の思い出、映画人の横顔、出演作品のエピソード、そして自身の半生を語る。エッセーなども充実。　定価2800円＋税

萩原由加里
政岡憲三とその時代
「日本アニメーションの父」の戦前と戦後

戦前の日本で本格的なトーキー漫画映画を手がけ、セル画という手法を導入し、戦時下の1943年に傑作『くもとちゅうりっぷ』を監督として作り上げた政岡が歩んだ道から、知られざる日本アニメーション史を照らす。　定価3000円＋税

大久保遼
映像のアルケオロジー
視覚理論・光学メディア・映像文化

幻燈、連鎖劇やキネオラマといった19世紀転換期の忘れられた映像文化に光を当てて、それらを同時代の社会制度や科学技術、大衆文化の連関のなかに位置づけることで、日本近代の豊かな視覚文化を照らし出す。　定価4000円＋税